Bilhar 3 Tabelas: Em todo o mundo padrões de mesa

De torneios de campeonato professional

Teste-se contra jogadores profissionais

Allan P. Sand
PBIA Instrutor de Bilhar Certificado

ISBN 978-1-62505-492-0
PRINT 8.5x11

ISBN 978-1-62505-328-2
PRINT 7x10

First edition

Copyright © 2019 Allan P. Sand

All rights reserved under International and Pan-American Copyright Conventions.

Published by Billiard Gods Productions.
Santa Clara, CA 95051
U.S.A.

For the latest information about books and videos, go to: http://www.billiardgods.com

Acknowledgements
Wei Chao created the software that was used to create these graphics.

Índice

Introdução 1
Sobre os layouts de tabela 1
Instruções de configuração da tabela 2
Objetivo dos layouts 2
A: Perna curta (tabelas longa) 3
A: Grupo 1 3
A: Grupo 2 8
A: Grupo 3 13
A: Grupo 4 18
A: Grupo 5 23
A: Grupo 6 28
A: Grupo 7 33
B: Dentro do reverso 38
B: Grupo 1 38
B: Grupo 2 43
B: Grupo 3 48
B: Grupo 4 53
C: Perna estendida 58
C: Grupo 1 58
C: Grupo 2 63
C: Grupo 3 68
D: Grande bola no canto da casa 73
D: Grupo 1 73
D: Grupo 2 78
D: Grupo 3 83
D: Grupo 4 88
D: Grupo 5 93
D: Grupo 6 98
D: Grupo 7 103
D: Grupo 8 108
D: Grupo 9 113
E: Siga para o canto 118
E: Grupo 1 118
E: Grupo 2 123
E: Grupo 3 128
F: Perna curta (modificada) 133
F: Grupo 1 133
F: Grupo 2 138

Other books by the author …

- 3 Cushion Billiards Championship Shots (a series)
- Carom Billiards: Some Riddles & Puzzles
- Carom Billiards: MORE Riddles & Puzzles
- Why Pool Hustlers Win
- Table Map Library
- Safety Toolbox
- Cue Ball Control Cheat Sheets
- Advanced Cue Ball Control Self-Testing Program
- Drills & Exercises for Pool & Pocket Billiards
- The Art of War versus The Art of Pool
- The Psychology of Losing – Tricks, Traps & Sharks
- The Art of Team Coaching
- The Art of Personal Competition
- The Art of Politics & Campaigning
- The Art of Marketing & Promotion
- Kitchen God's Guide for Single Guys

Introdução

Este é um dos livros da série Carom Billiards que mostra como os jogadores profissionais tomam decisões, com base no layout da mesa. Todos esses layouts são de competições internacionais.

Esses layouts colocam você dentro da cabeça do jogador, começando pelas posições das bolas (mostradas na primeira tabela). O segundo layout da tabela mostra o que o jogador decidiu fazer.

Sobre os layouts de tabela

Estas são as três bolas na mesa:

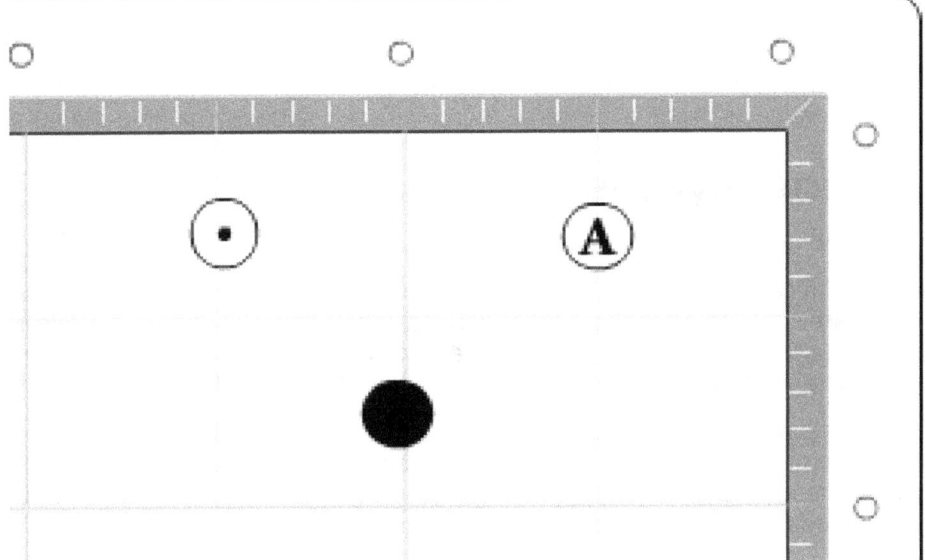

Ⓐ (CB) (sua bola de bilhar)

⊙ (OB) (bola de bilhar oponente)

● (RB) (bola de bilhar vermelha)

Cada configuração tem dois layouts de tabela. A primeira tabela é a posição das bolas. A segunda mesa é como as bolas se movem na mesa.

Instruções de configuração da tabela

Use anéis de papel para marcar as posições da bola (comprar em qualquer loja de material de escritório).

Coloque uma moeda em cada tabelas da mesa que o (CB) vai tocar.

Compare seu caminho (CB) com a segunda configuração da tabela. Para aprender, você pode precisar de várias tentativas. Após cada falha, faça o ajuste e tente novamente até ter sucesso.

Objetivo dos layouts

Esses layouts são fornecidos para dois propósitos.

- Sua análise - Em casa, você pode considerar como reproduzir a configuração na primeira tabela. Compare suas ideias com o padrão real na segunda tabela. Pense na sua solução e considere as opções. Na segunda tabela, você também pode analisar como seguir o padrão. Mentalmente jogue o tiro e decida como você pode ser bem sucedido.

- Pratique a configuração da mesa - Coloque as bolas na posição, de acordo com a configuração da primeira mesa. Tente fotografar da mesma maneira que o segundo padrão de mesa. Você pode precisar de muitas tentativas antes de encontrar a maneira correta de jogar. É assim que você pode aprender e jogar essas jogadas durante competições e torneios.

A combinação de análise mental e prática prática fará de você um jogador mais inteligente.

A: Perna curta (tabelas longa)

Nesta série de configurações de bola, os contatos (CB) primeiro (OB), que é muito próximo da tabelas longa. O (CB) então entra no padrão em torno do padrão mundial.

Ⓐ (CB) (sua bola de bilhar) - ⊙ (OB) (bola de bilhar oponente) - ● (RB) (bola de bilhar vermelha)

A: Grupo 1

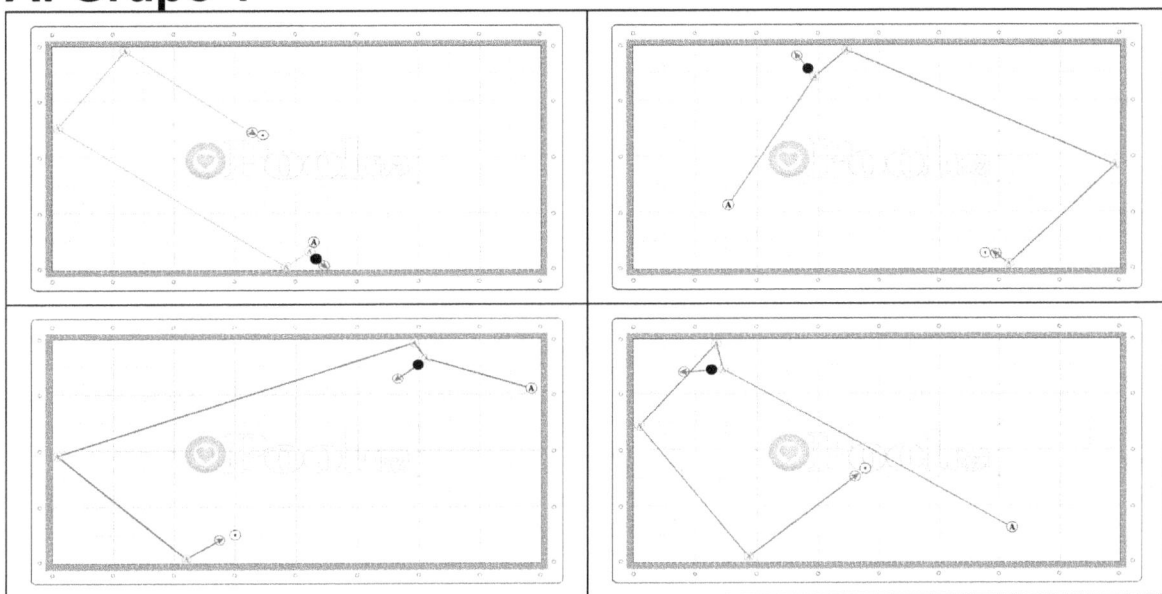

Análise:

A:1a. _____

A:1b. _____

A:1c. _____

A:1d. _____

A:1a – Configuração

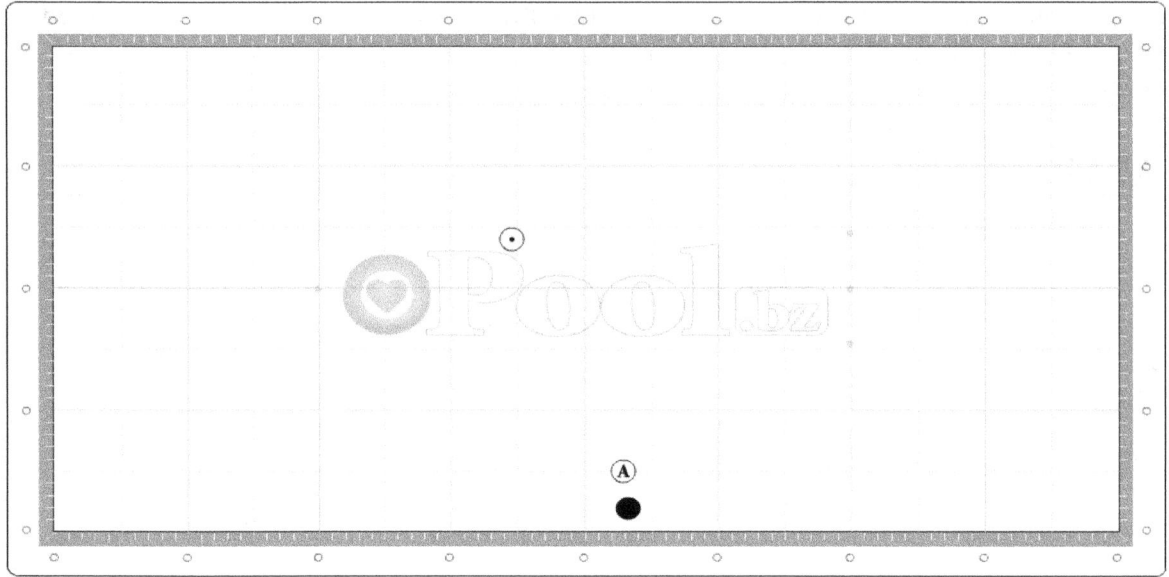

Notas e ideias:

Tiro padrão n

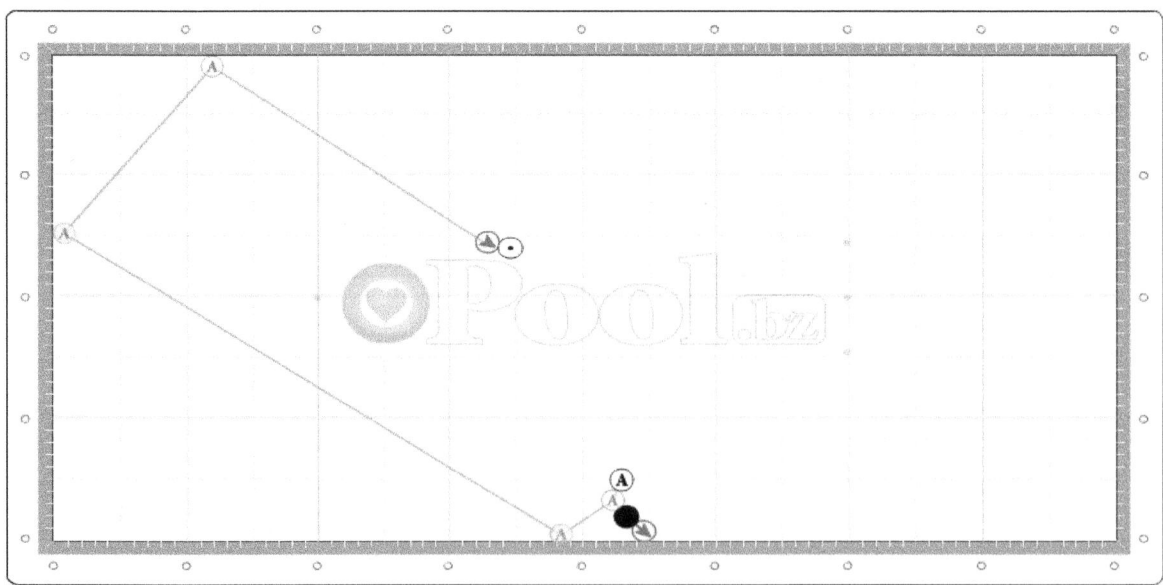

A:1b – Configuração

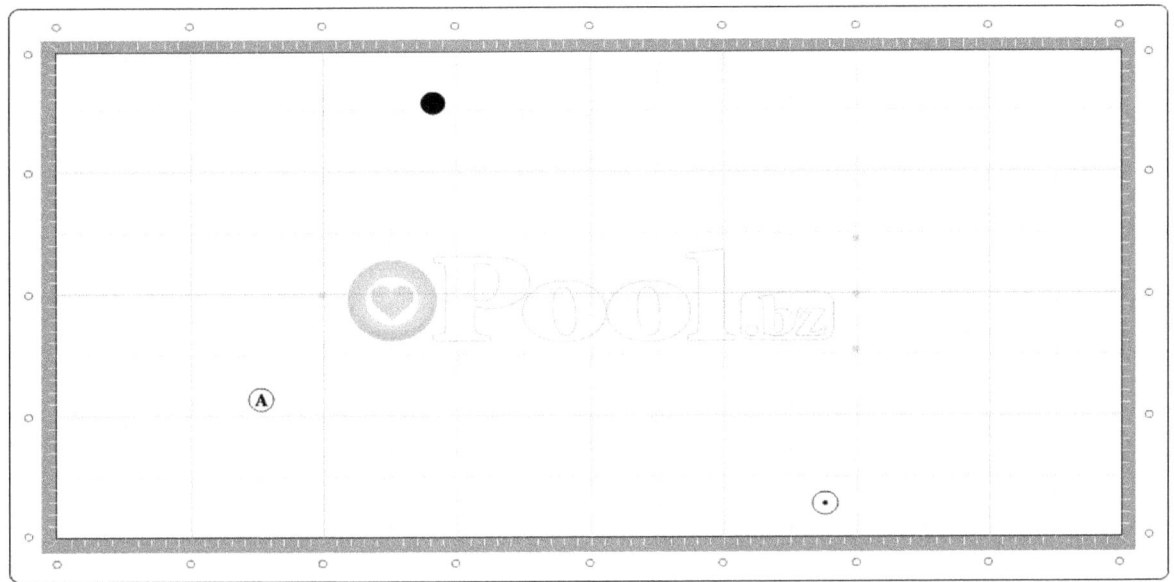

Notas e ideias:

Tiro padrão n

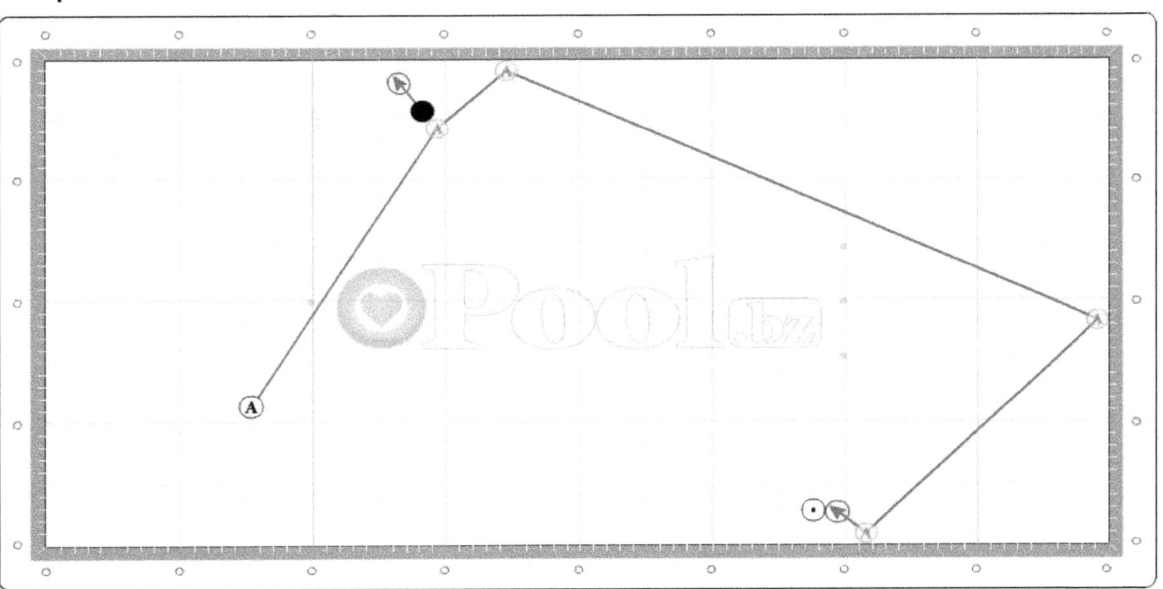

A:1c – Configuração

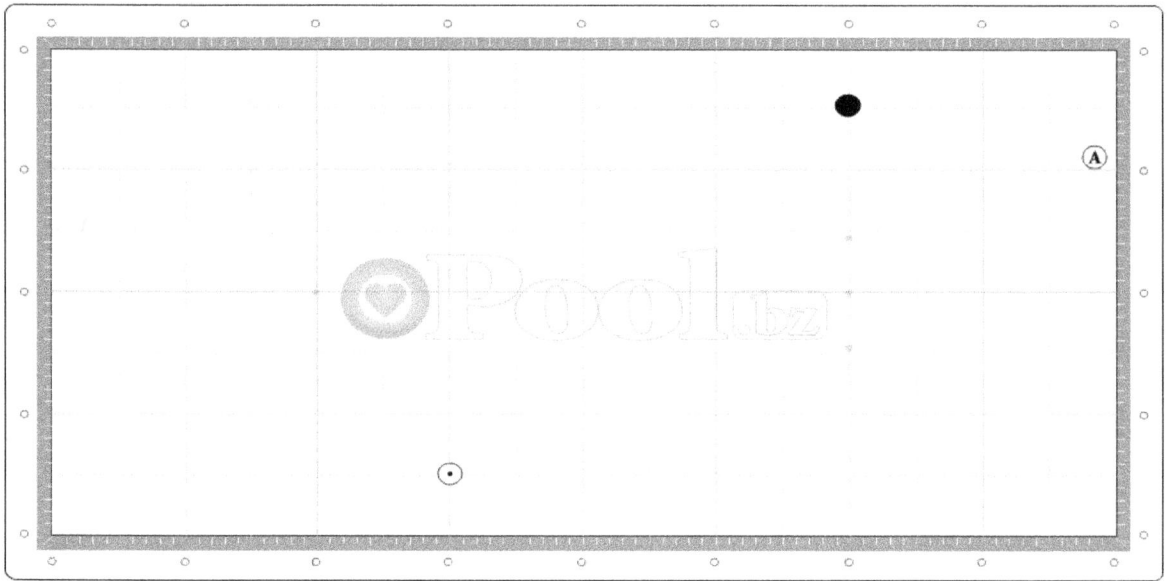

Notas e ideias:

Tiro padrão n

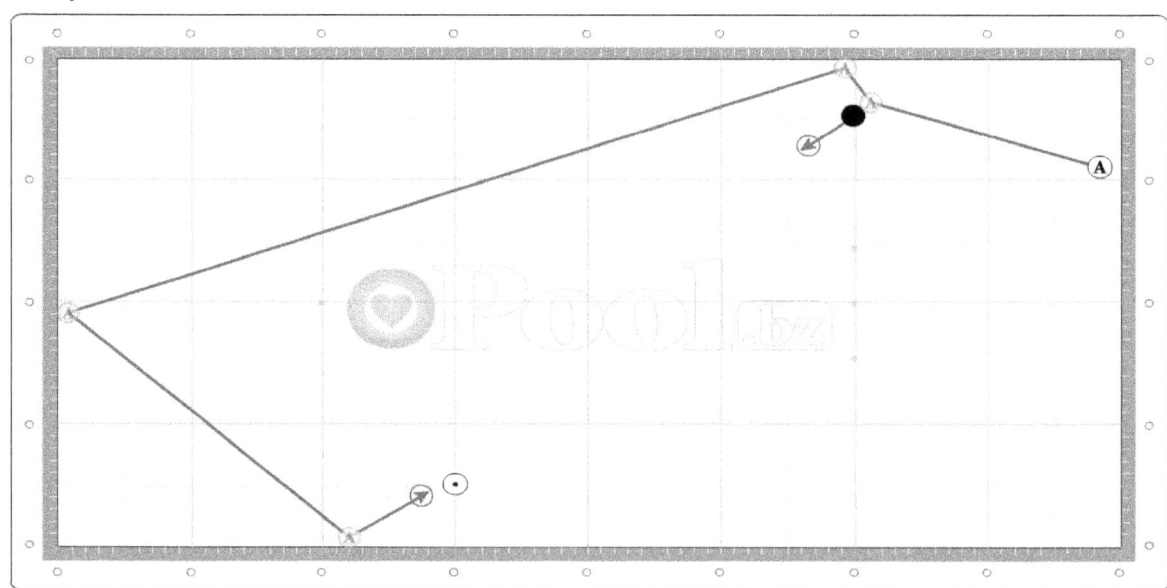

A:1d – Configuração

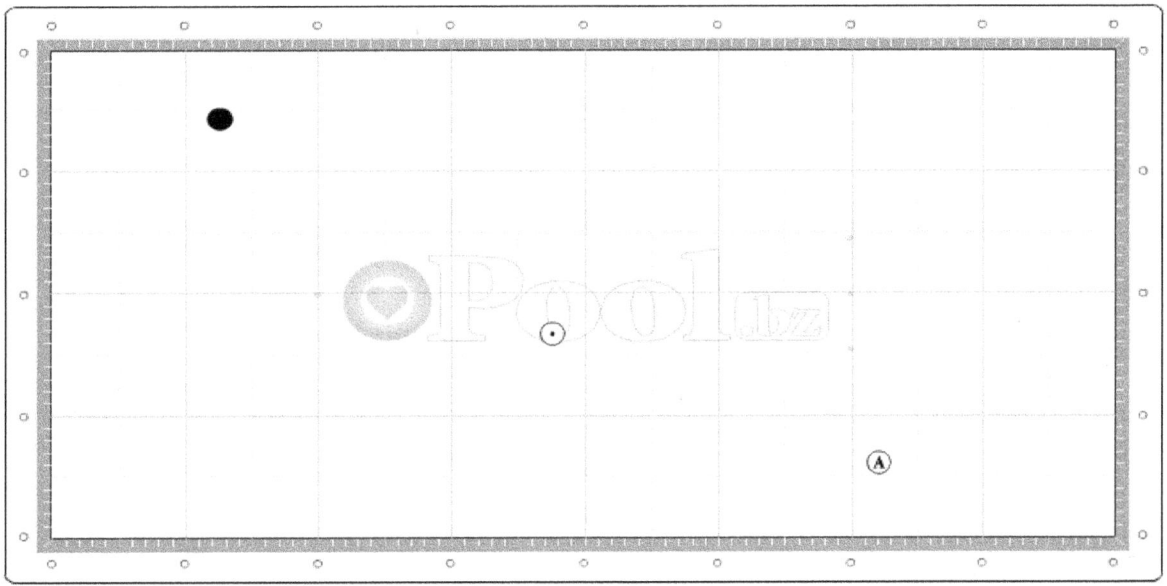

Notas e ideias:

Tiro padrão n

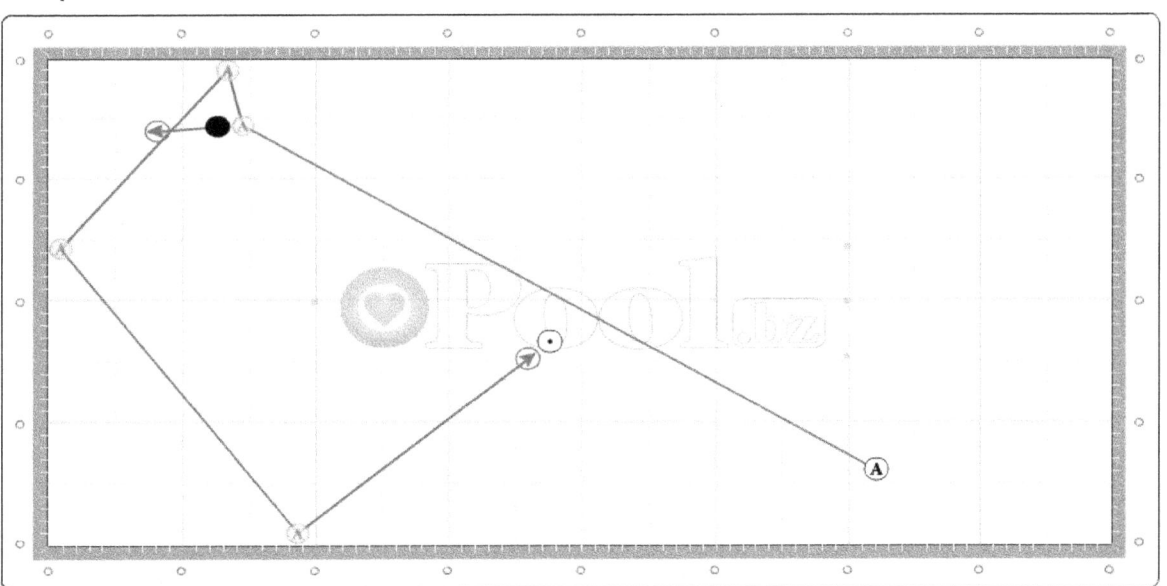

A: Grupo 2

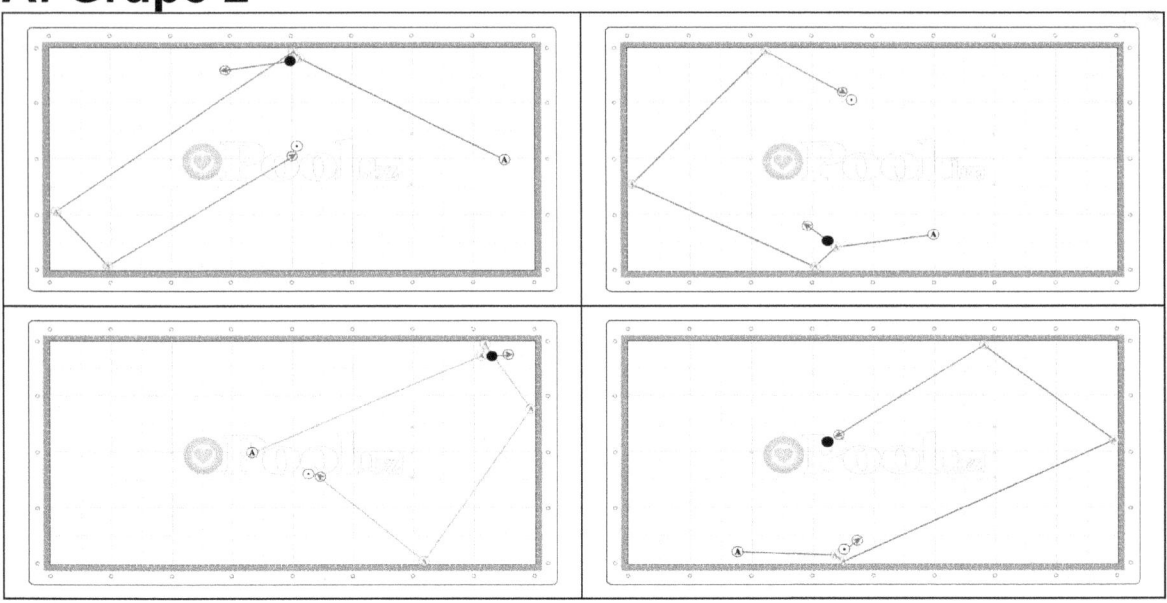

Análise:

A:2a. _____

A:2b. _____

A:2c. _____

A:2d. _____

A:2a – Configuração

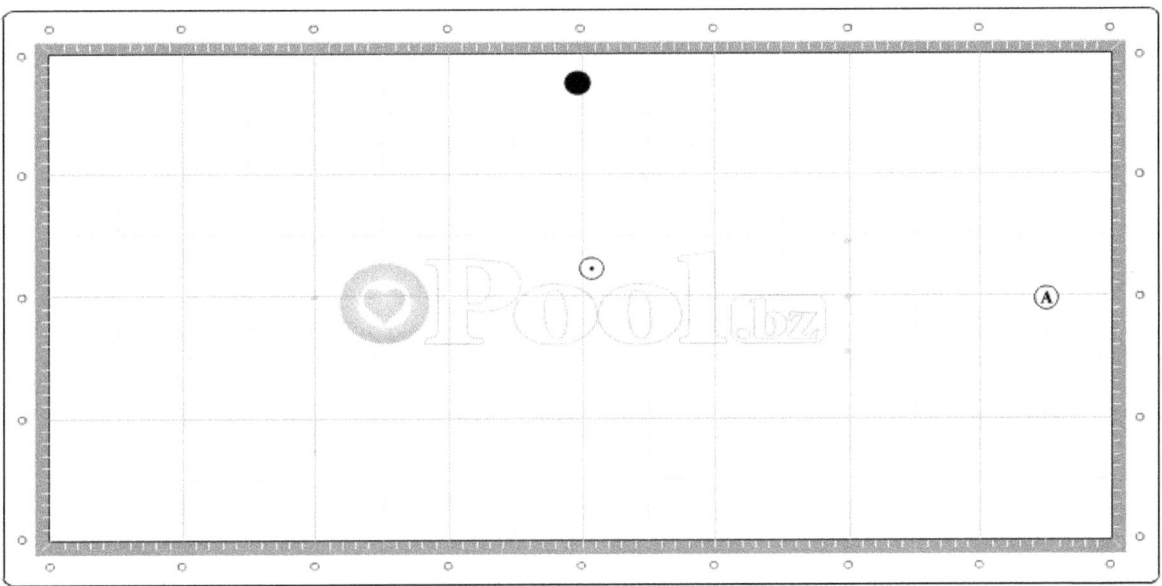

Notas e ideias:

Tiro padrão n

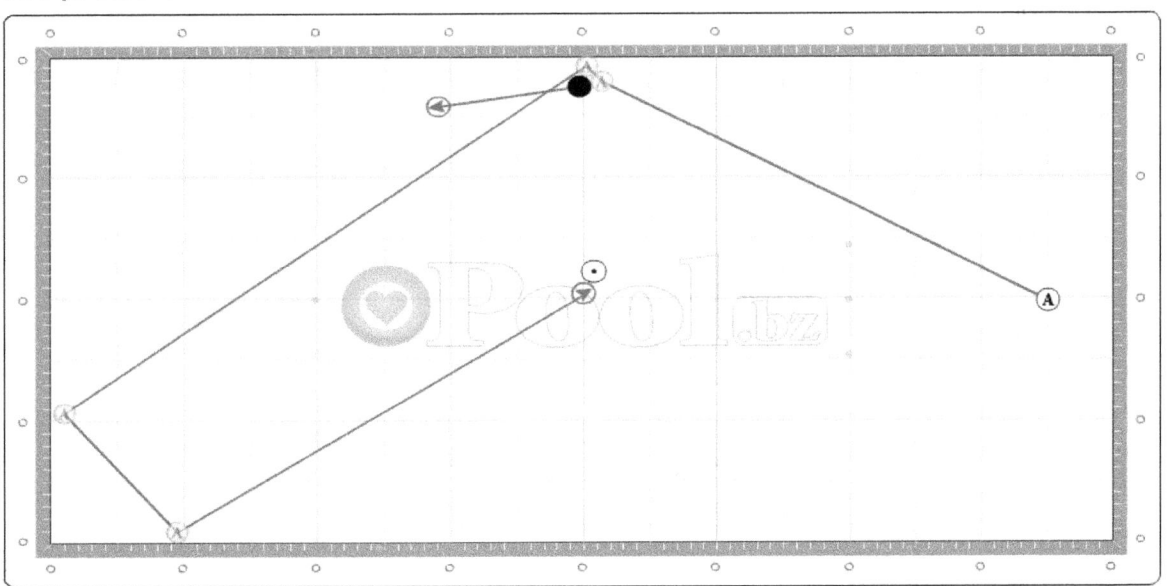

A:2b – Configuração

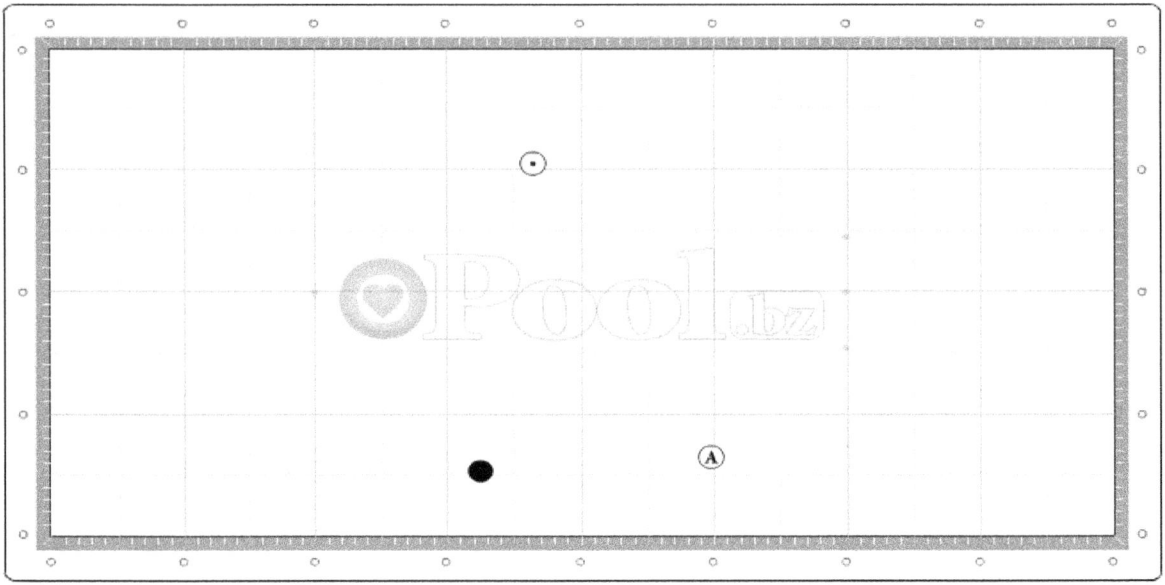

Notas e ideias:

Tiro padrão n

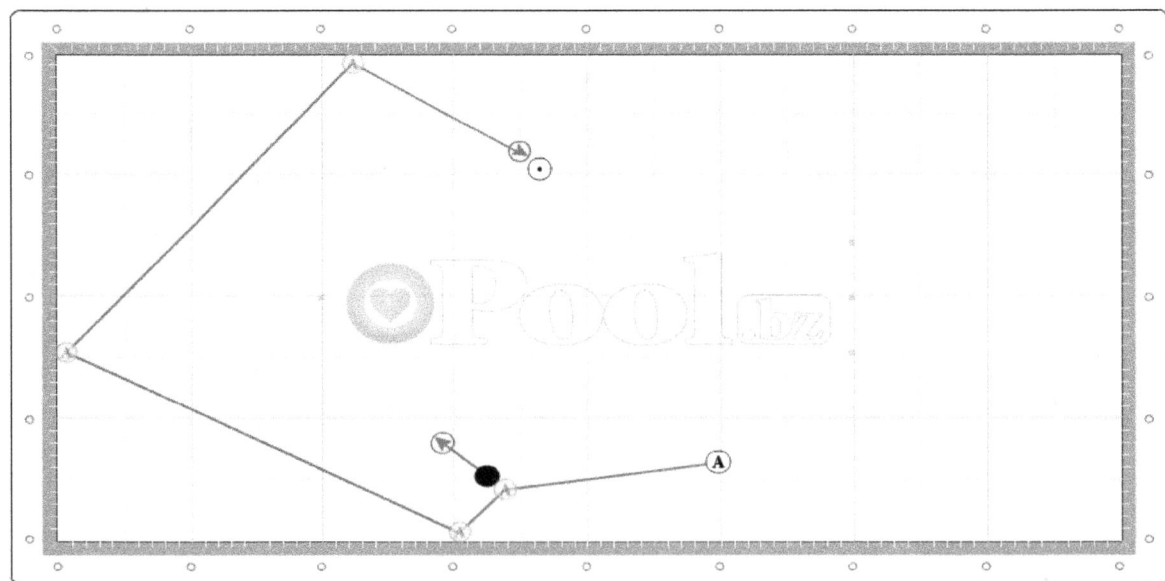

A:2c – Configuração

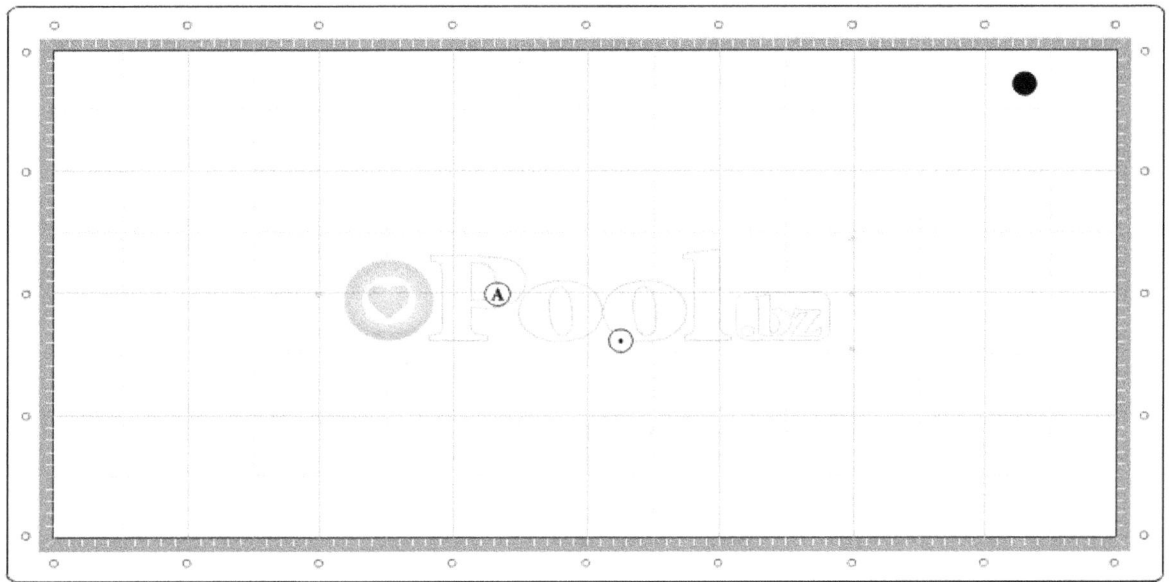

Notas e ideias:

Tiro padrão n

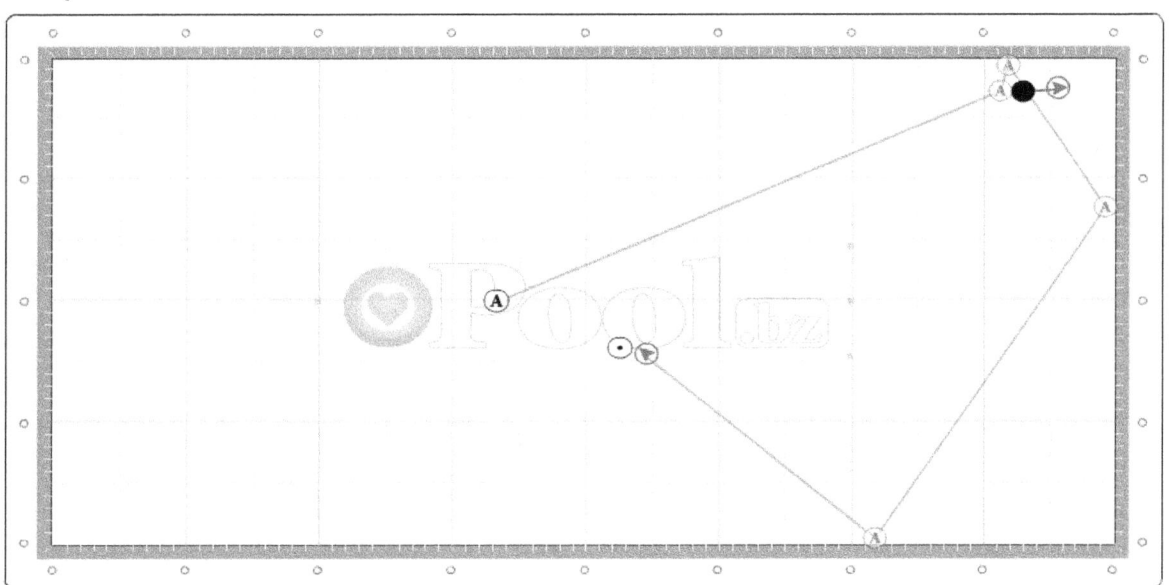

A:2d – Configuração

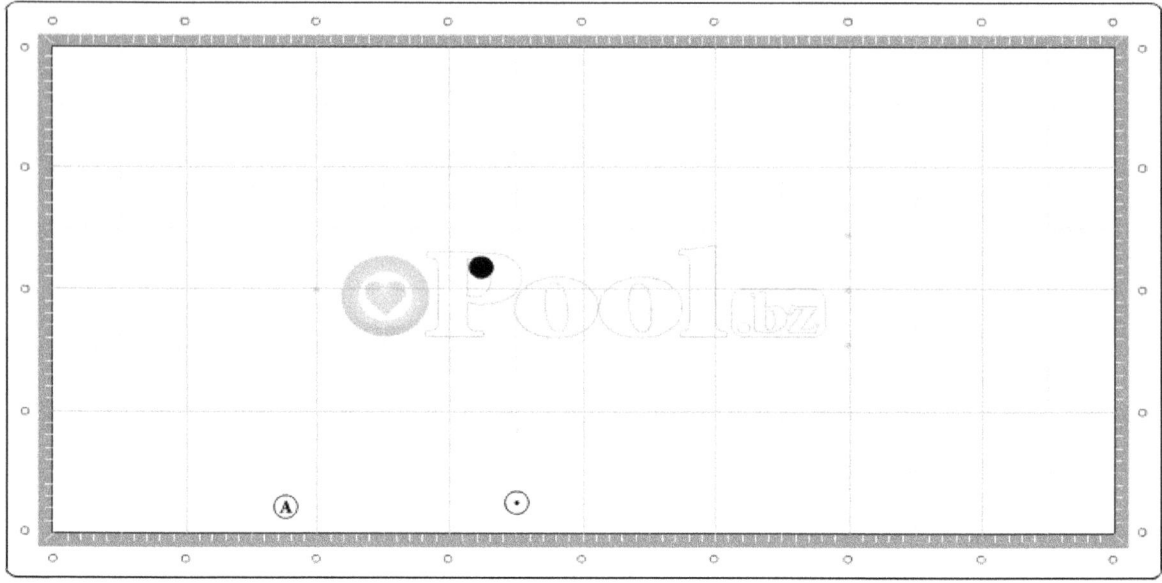

Notas e ideias:

Tiro padrão n

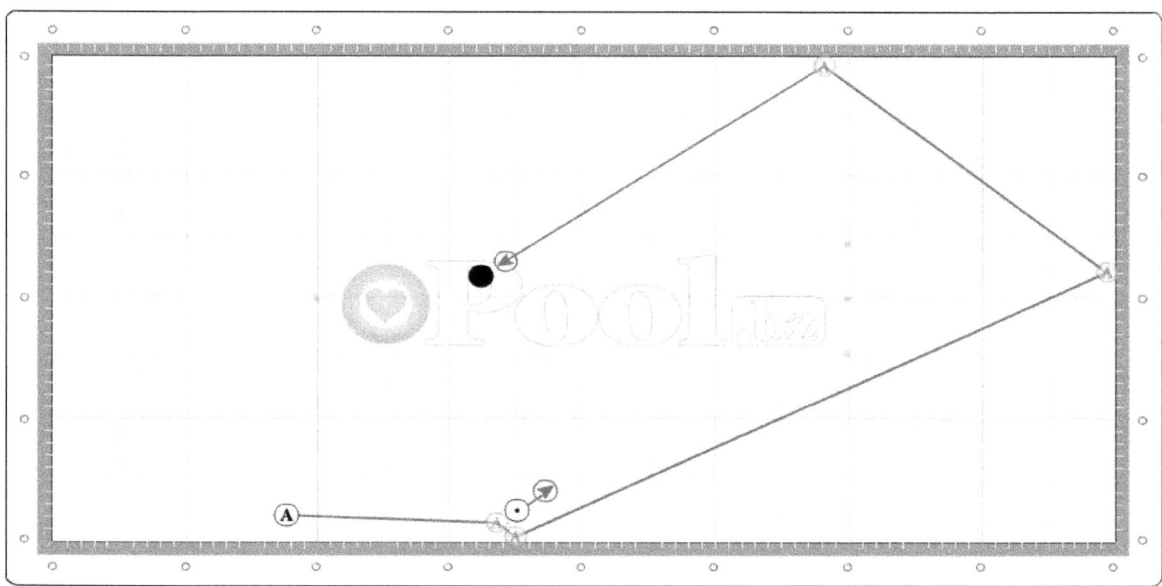

A: Grupo 3

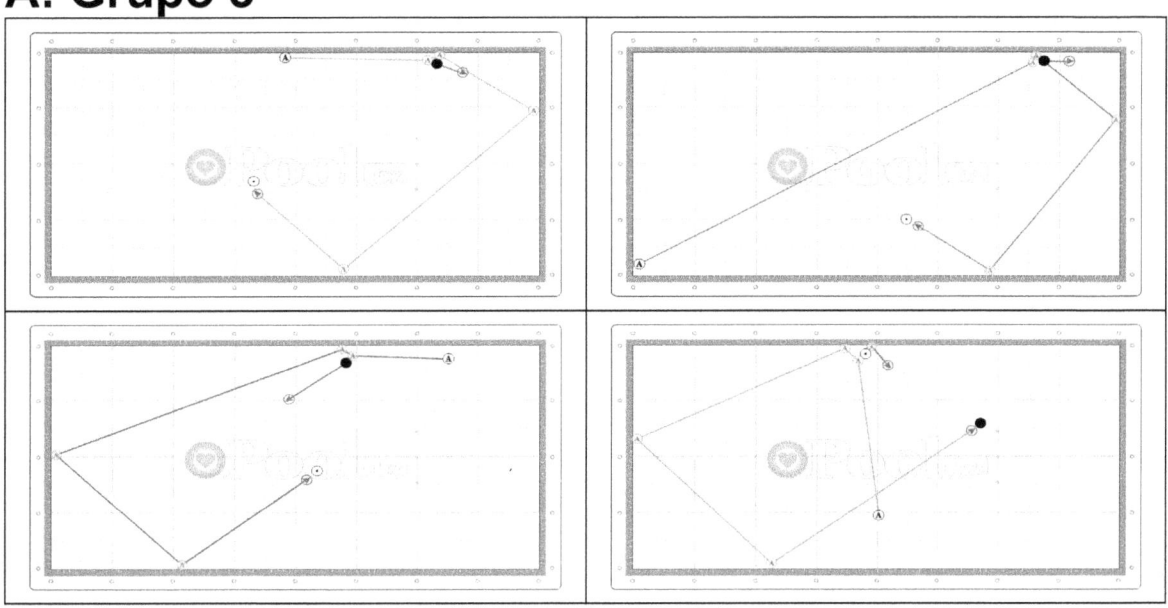

Análise:

A:3a. _____

A:3b. _____

A:3c. _____

A:3d. _____

A:3a – Configuração

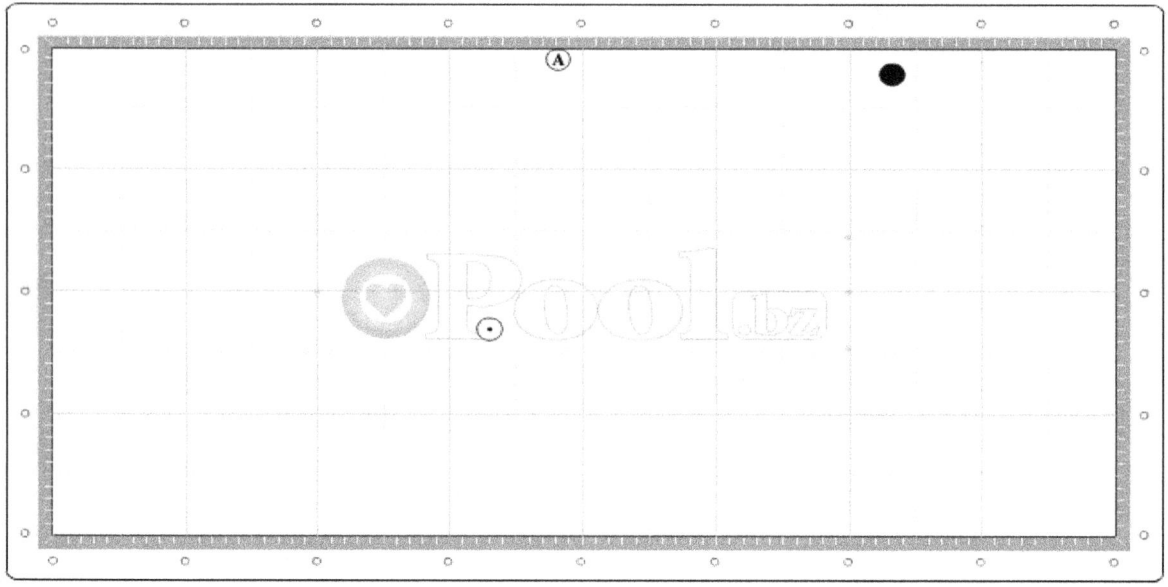

Notas e ideias:

Tiro padrão n

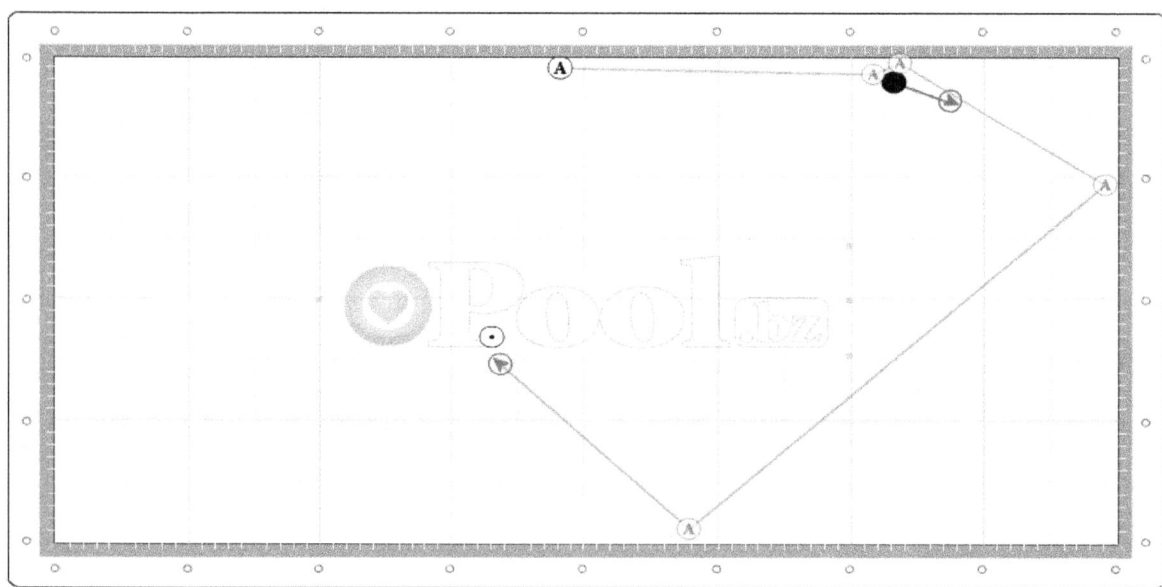

A:3b – Configuração

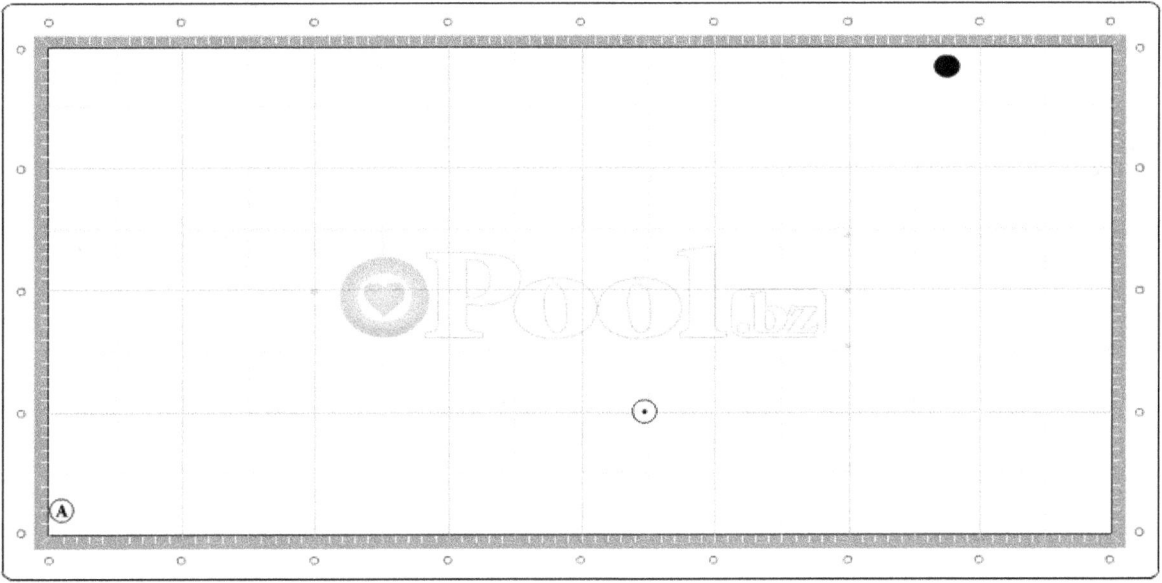

Notas e ideias:

Tiro padrão n

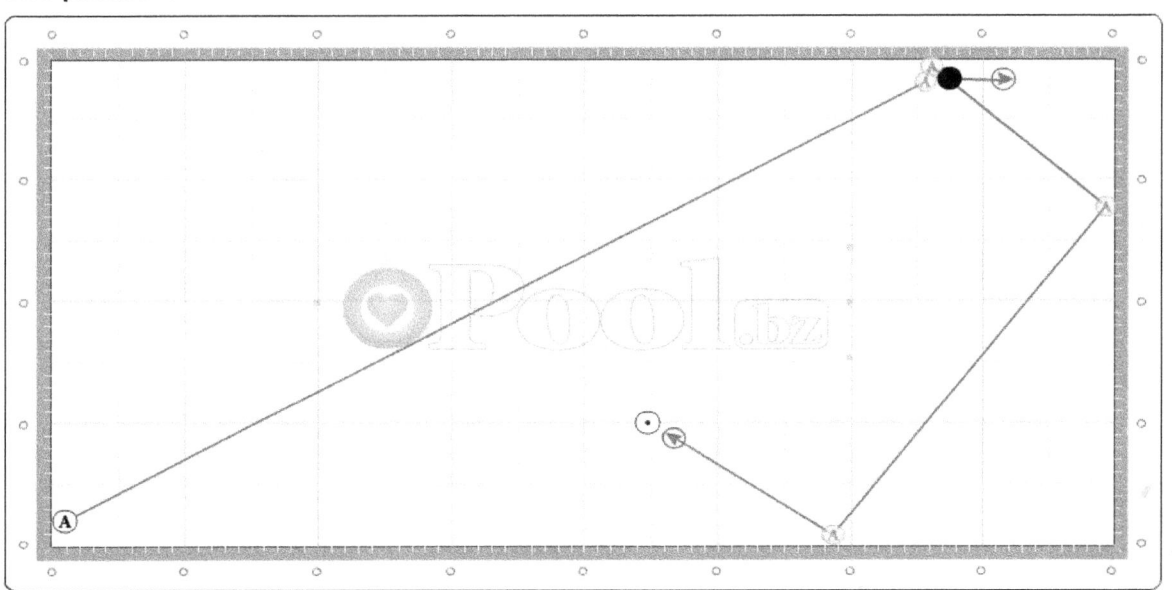

A:3c – Configuração

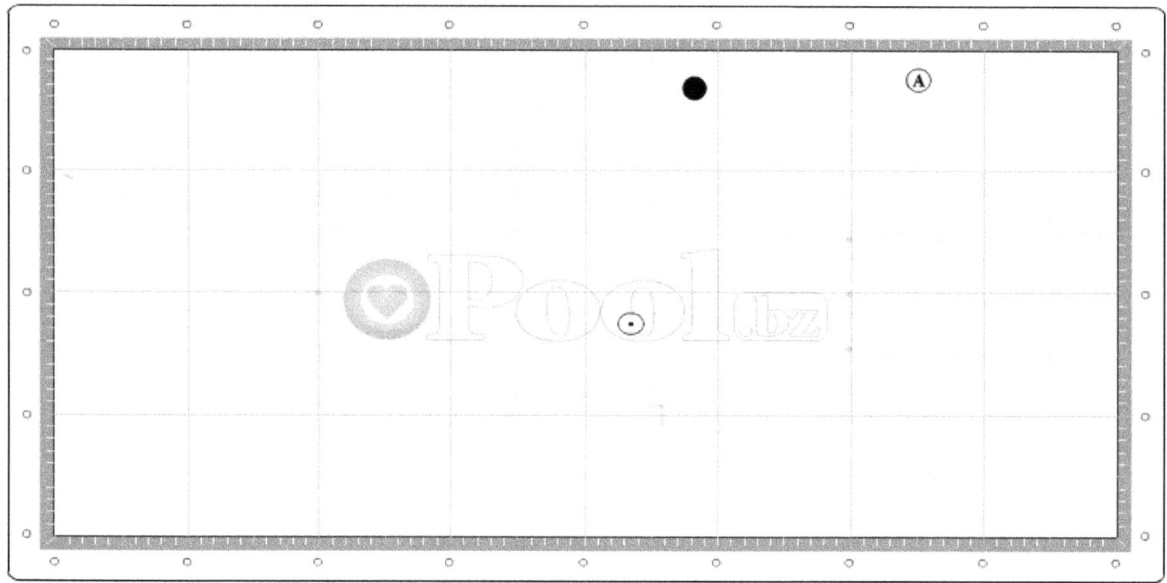

Notas e ideias:

Tiro padrão n

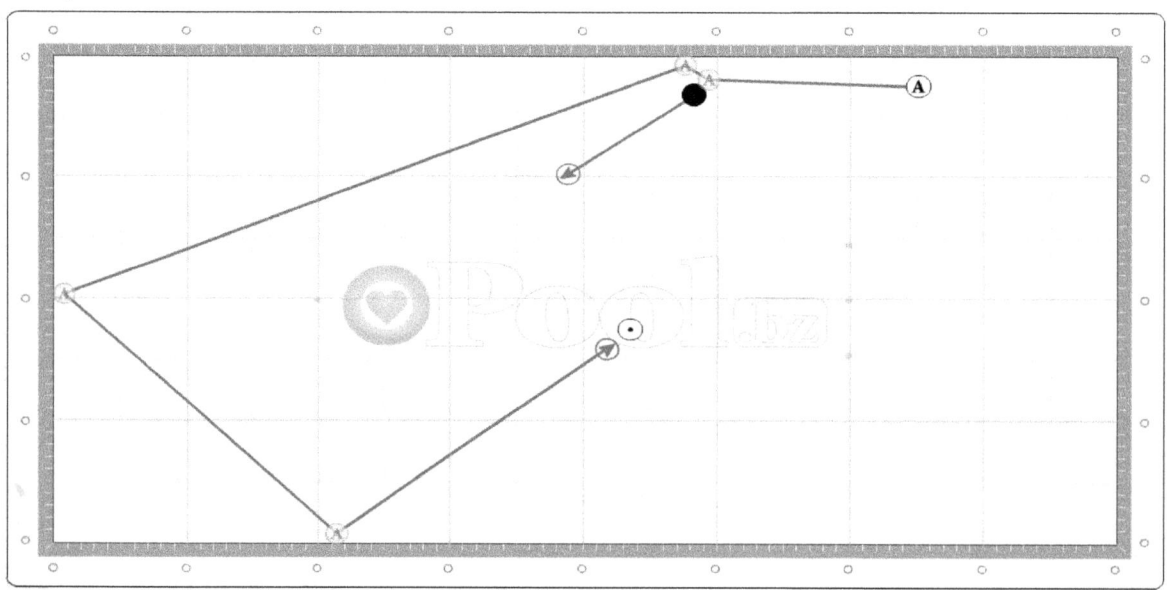

A:3d – Configuração

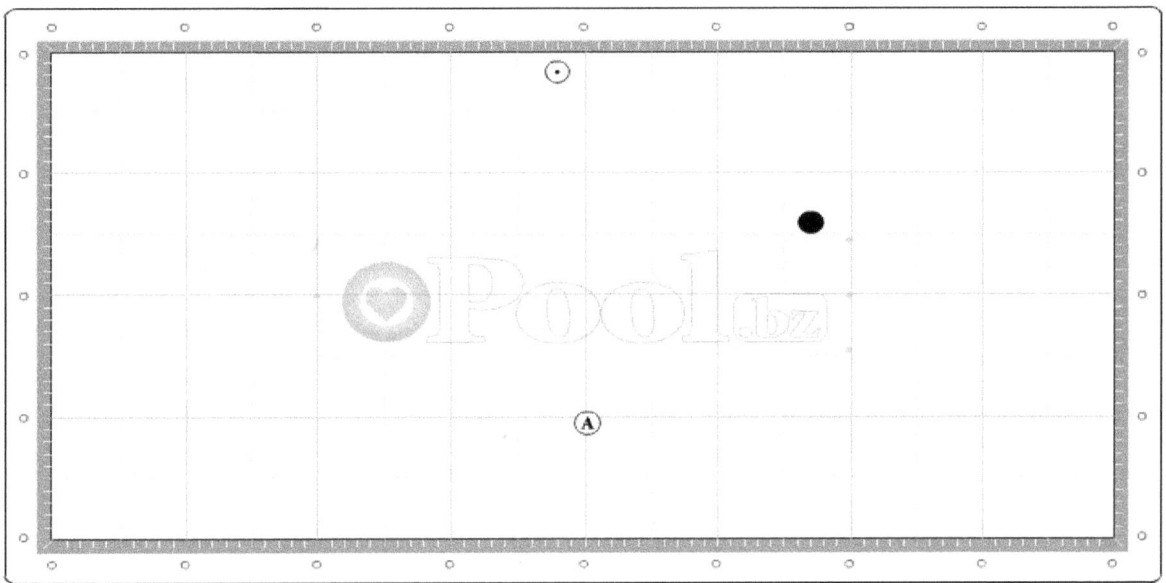

Notas e ideias:

Tiro padrão n

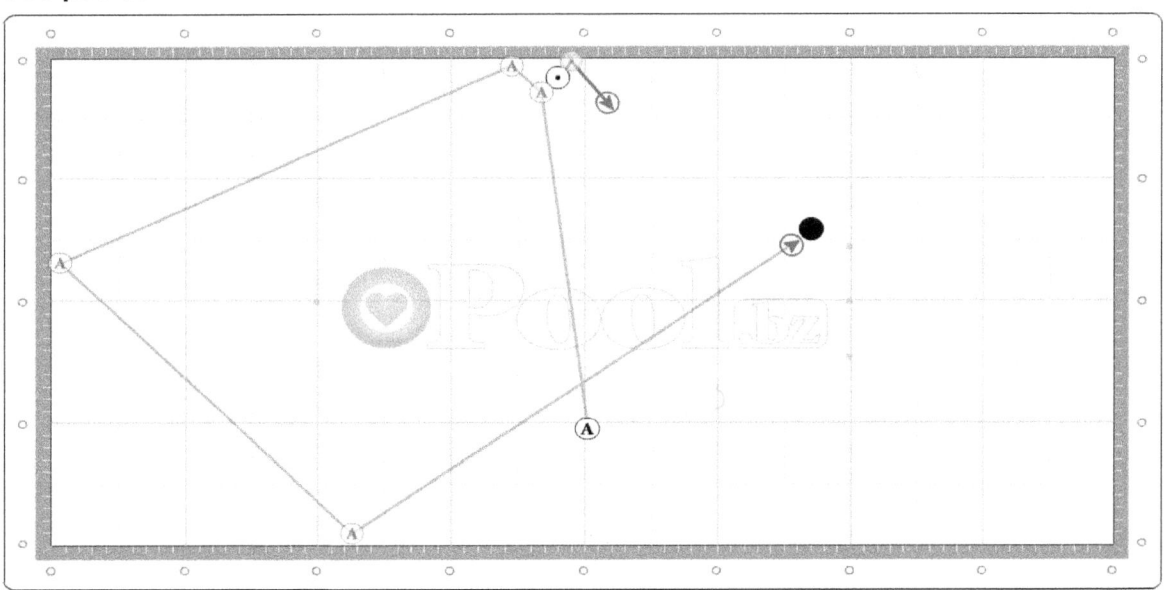

A: Grupo 4

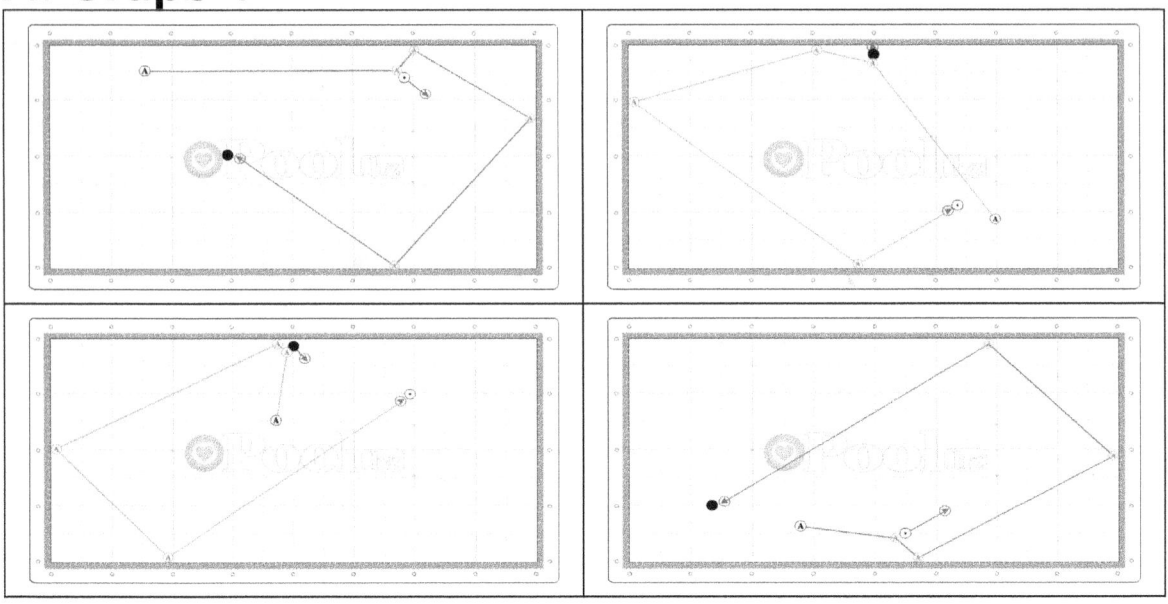

Análise:

A:4a. _____

A:4b. _____

A:4c. _____

A:4d. _____

A:4a – Configuração

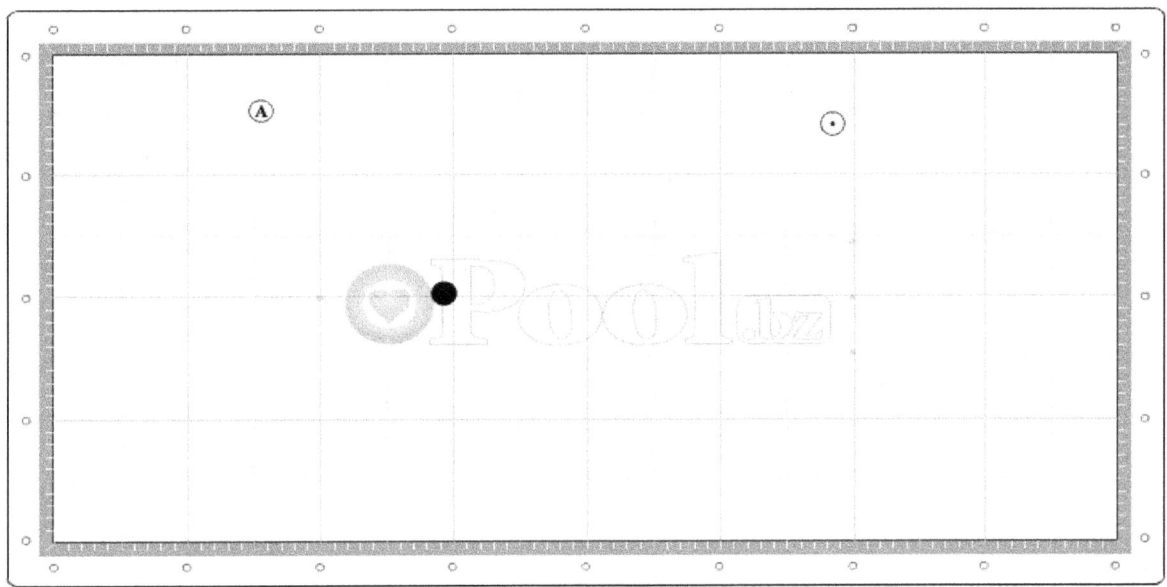

Notas e ideias:

Tiro padrão n

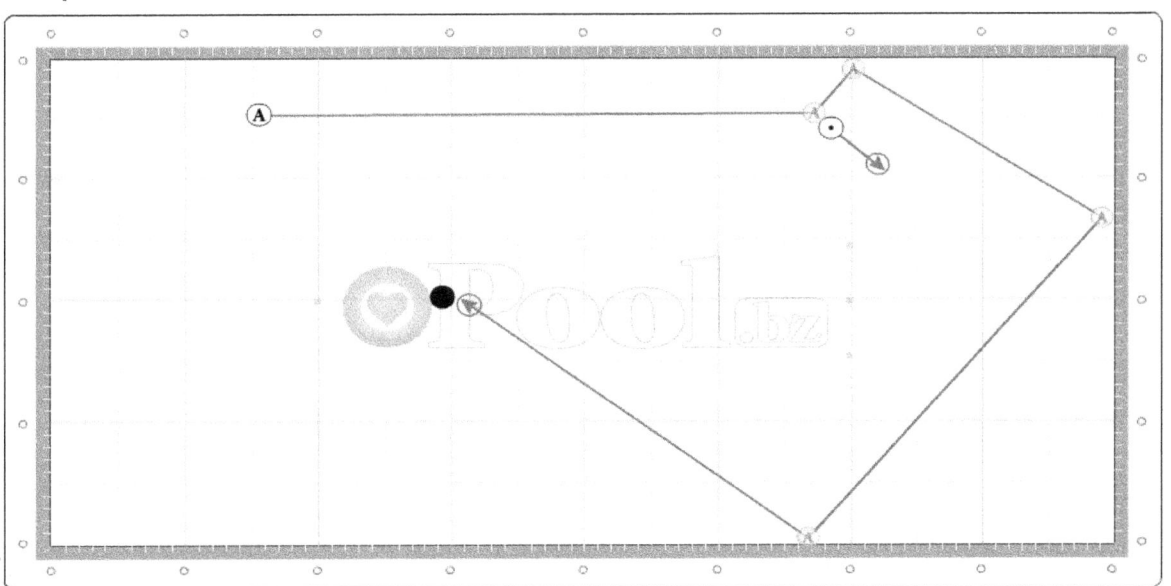

A:4b – Configuração

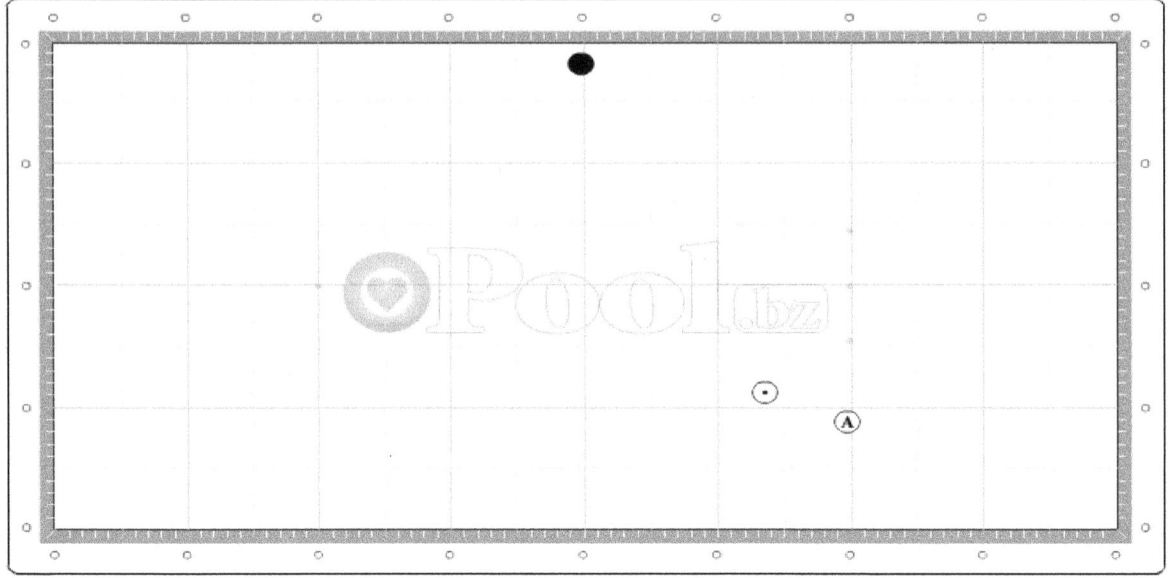

Notas e ideias:

Tiro padrão n

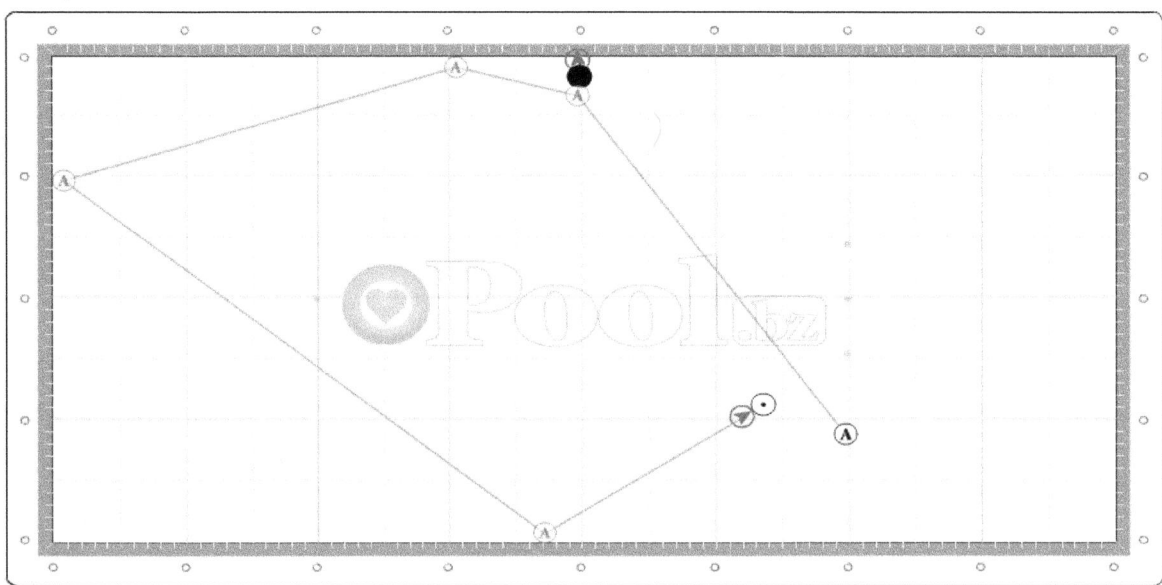

A:4c – Configuração

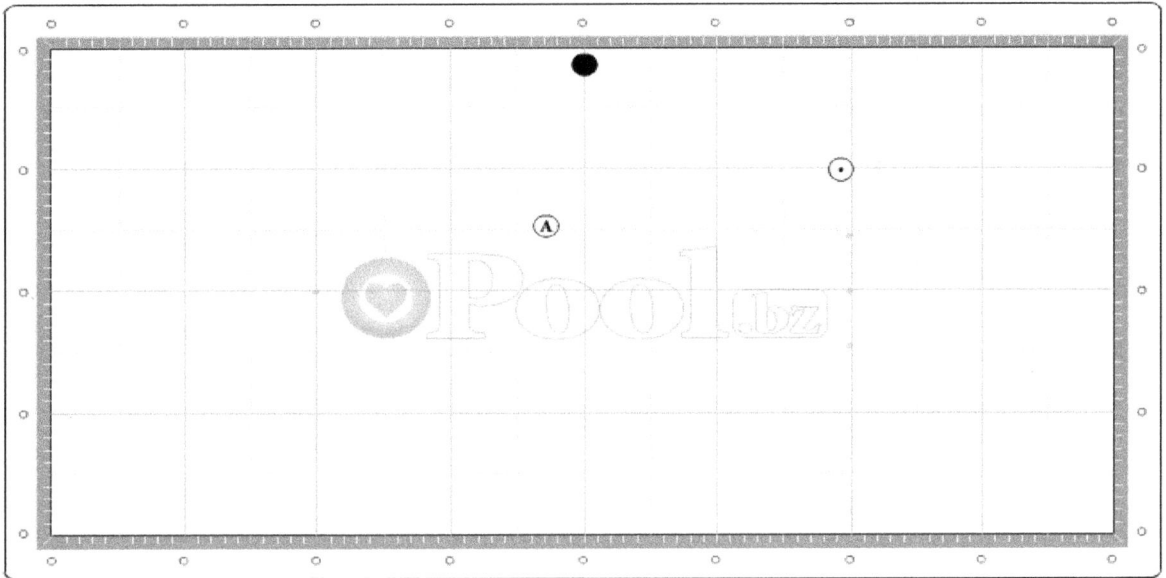

Notas e ideias:

Tiro padrão n

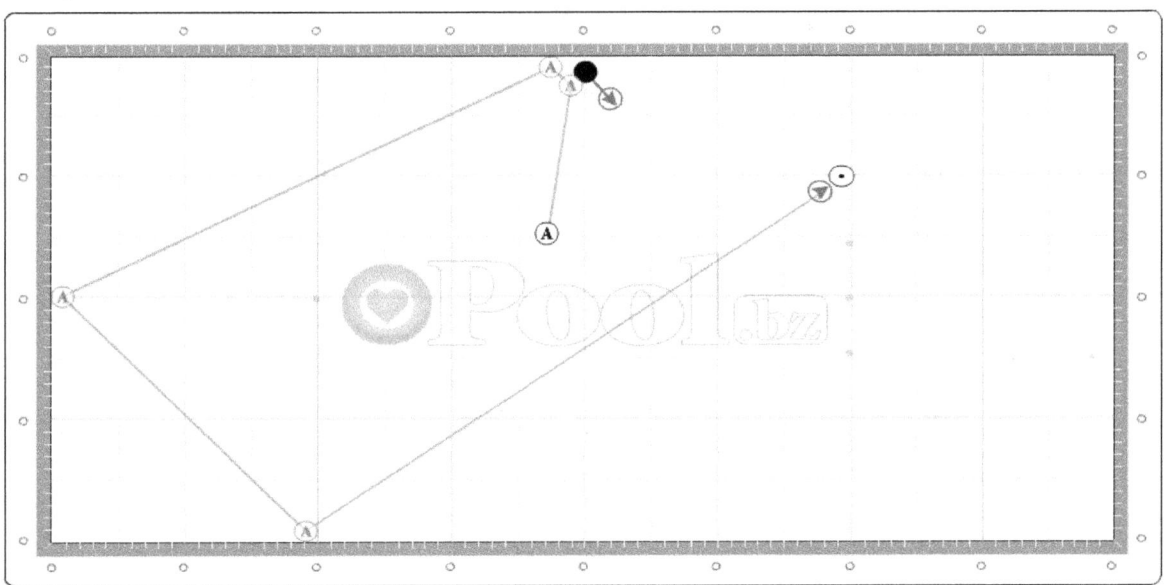

A:4d – Configuração

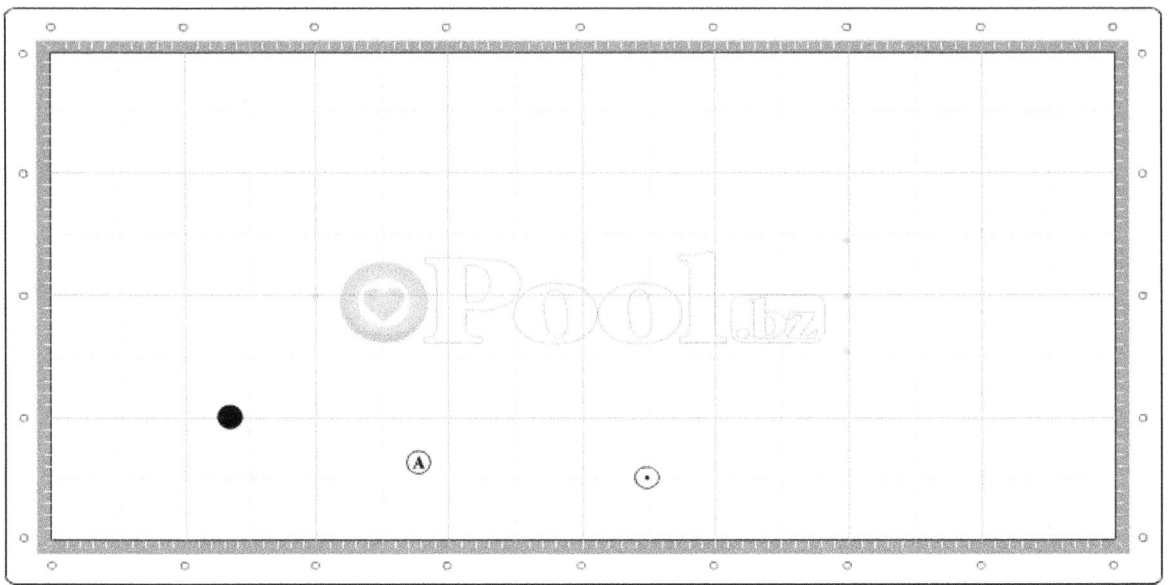

Notas e ideias:

Tiro padrão n

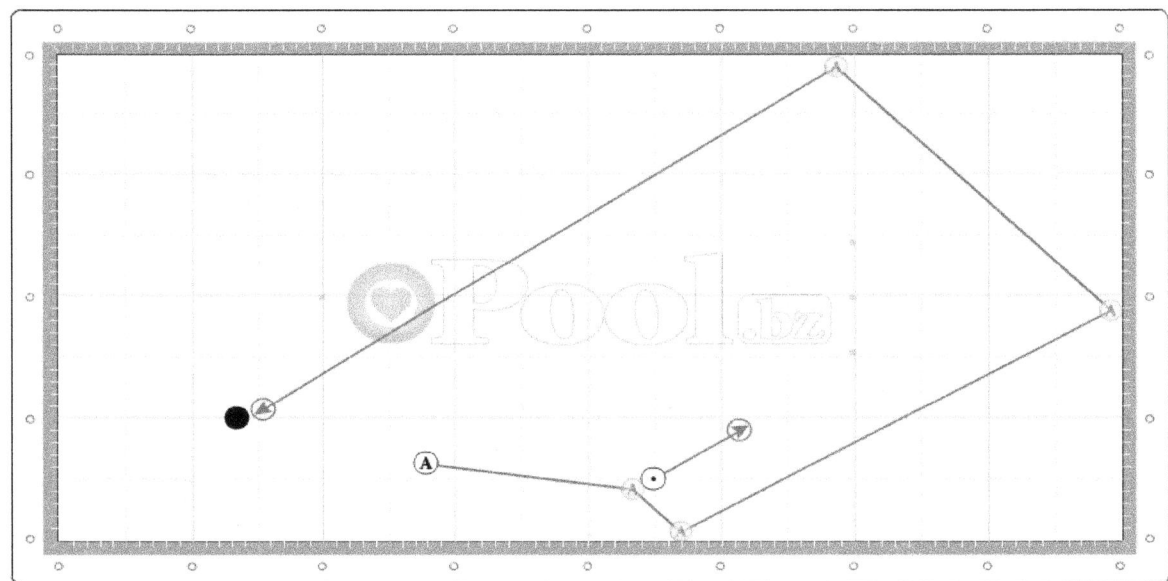

A: Grupo 5

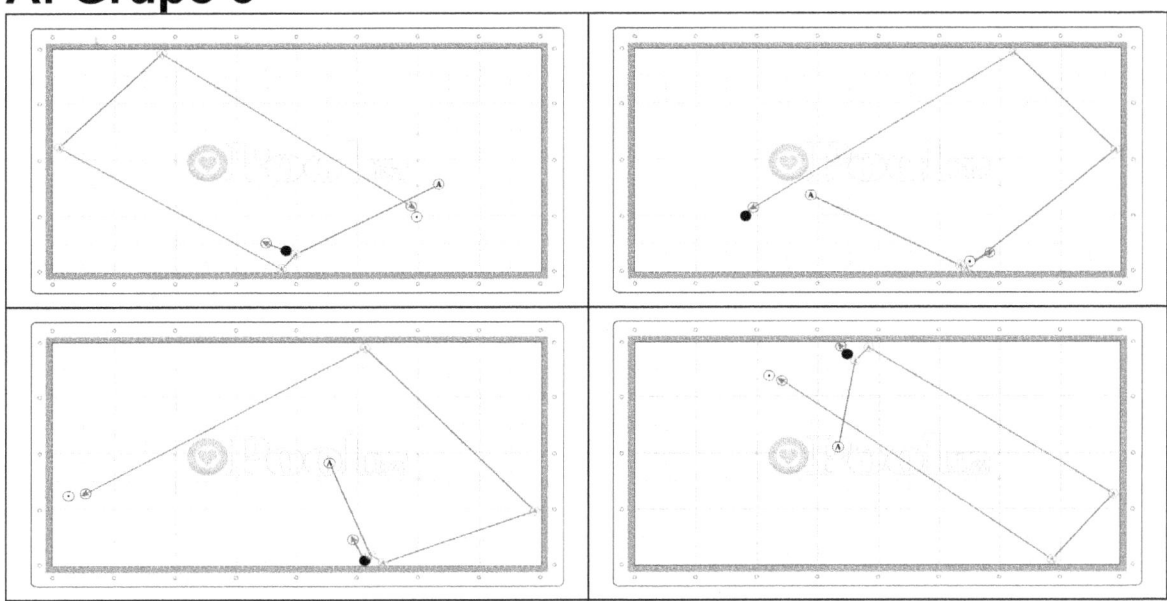

Análise:

A:5a. _____

A:5b. _____

A:5c. _____

A:5d. _____

A:5a – Configuração

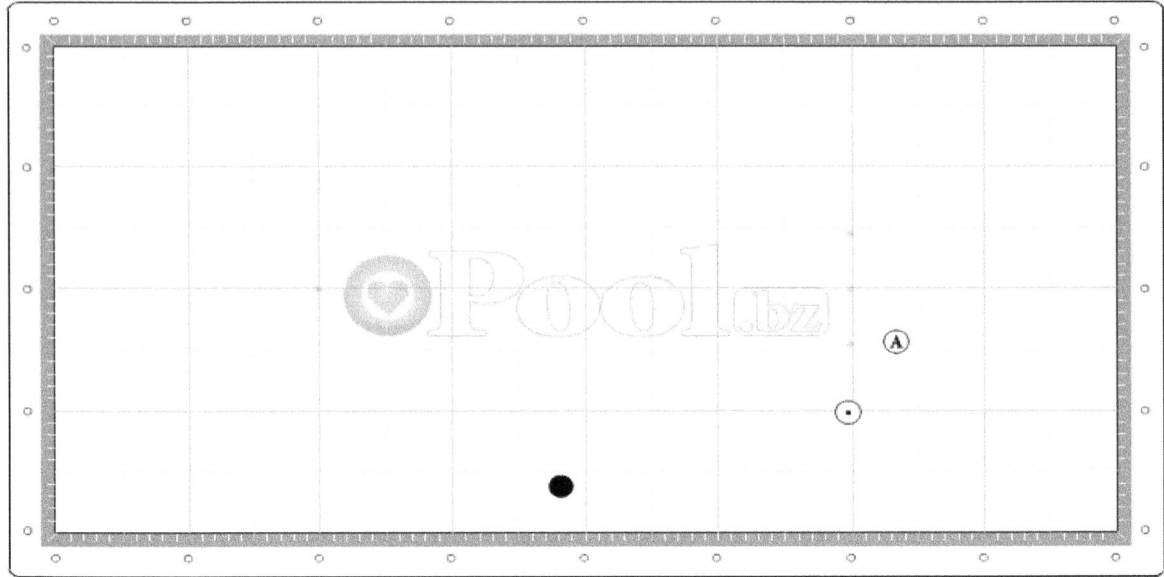

Notas e ideias:

Tiro padrão n

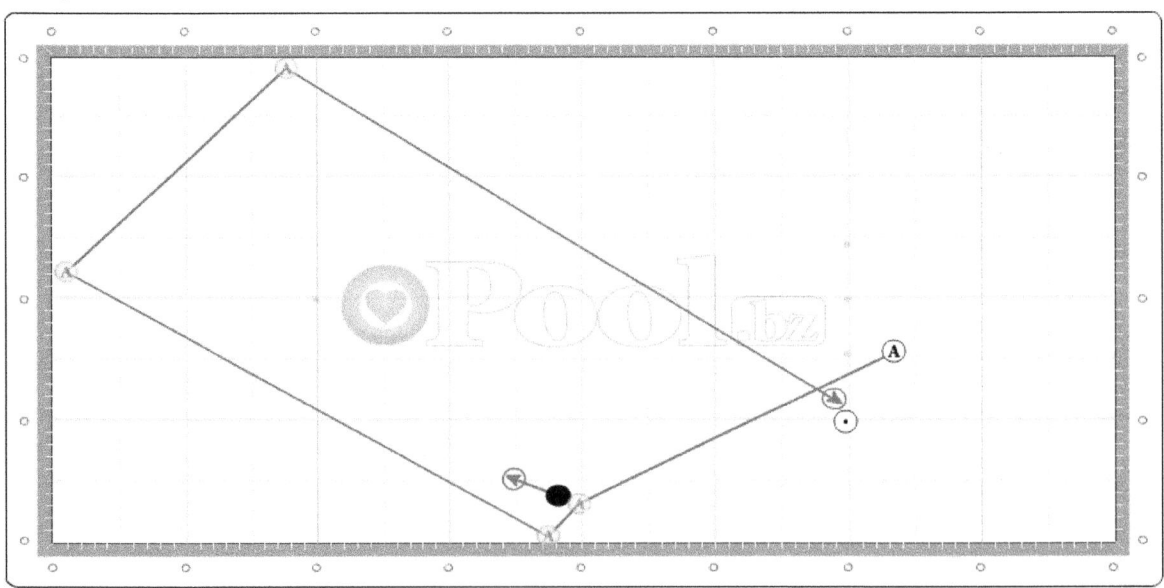

A:5b – Configuração

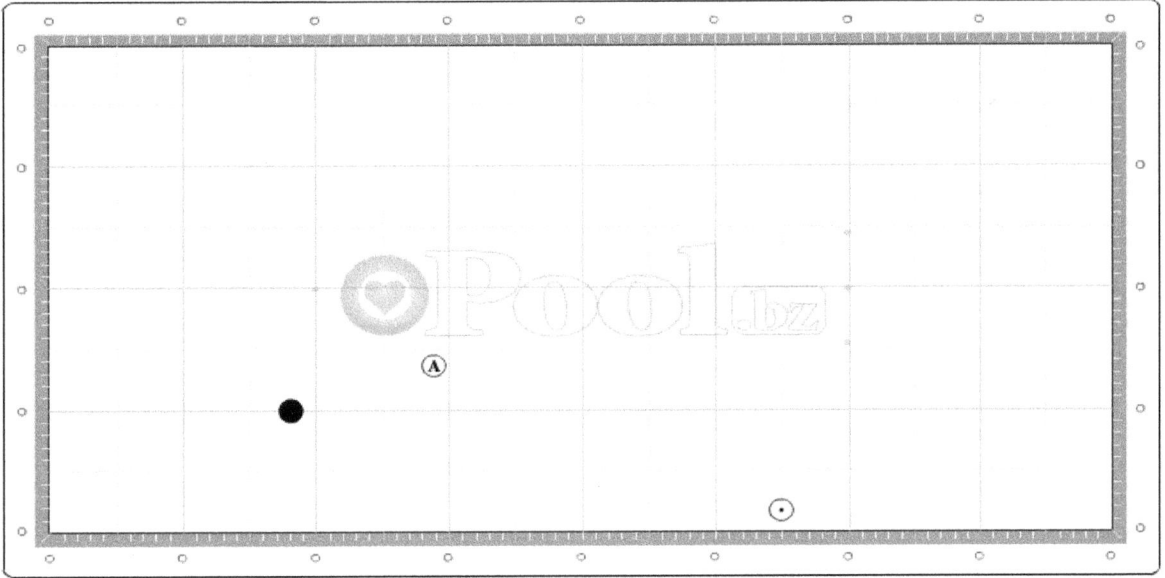

Notas e ideias:

Tiro padrão n

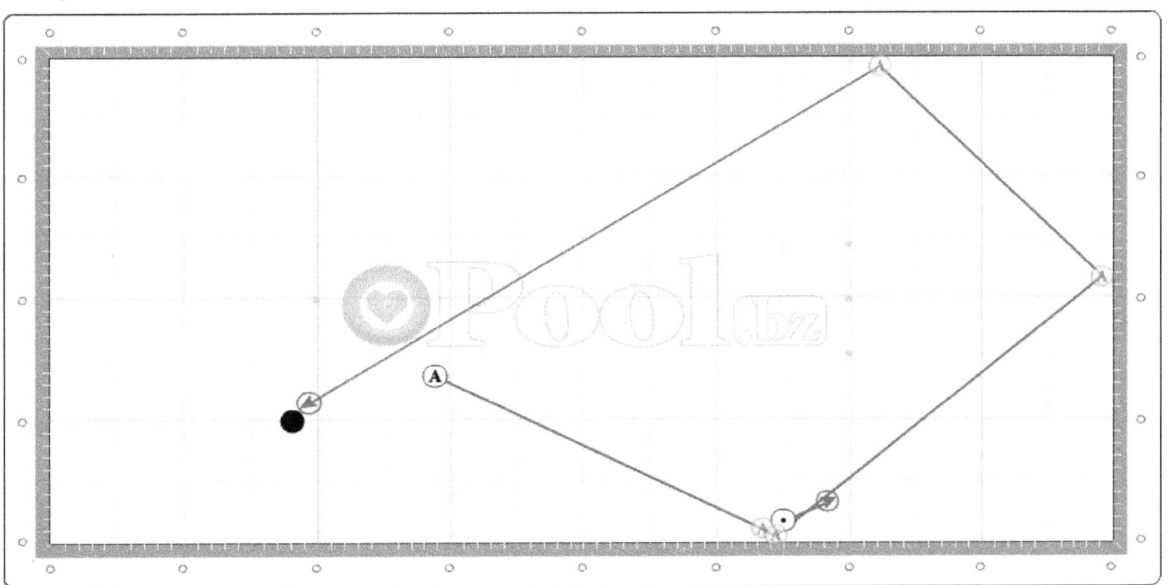

A:5c – Configuração

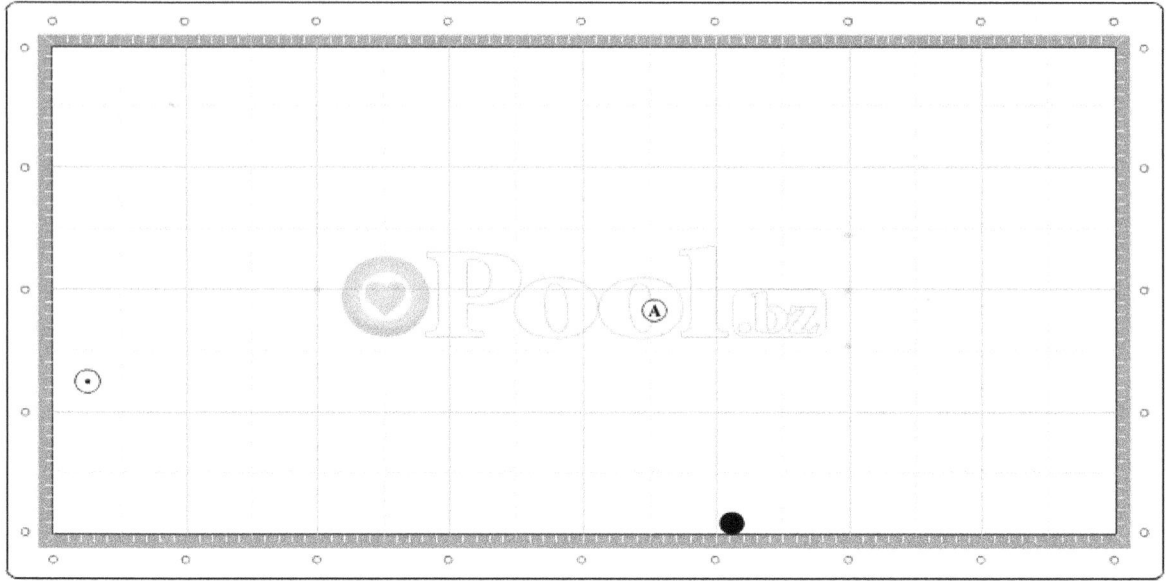

Notas e ideias:

Tiro padrão n

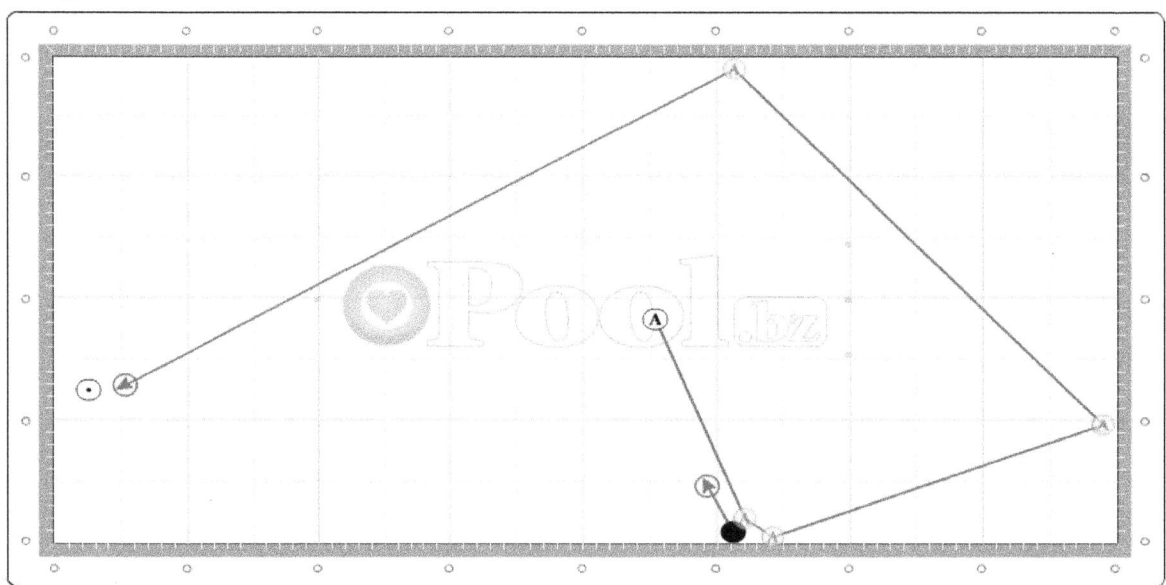

A:5d – Configuração

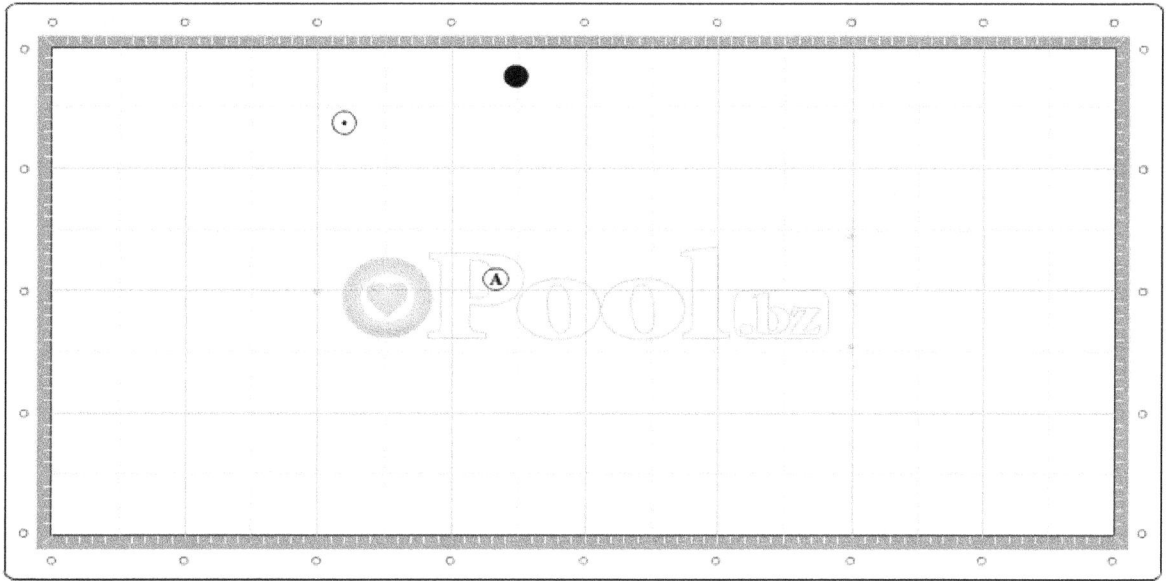

Notas e ideias:

Tiro padrão n

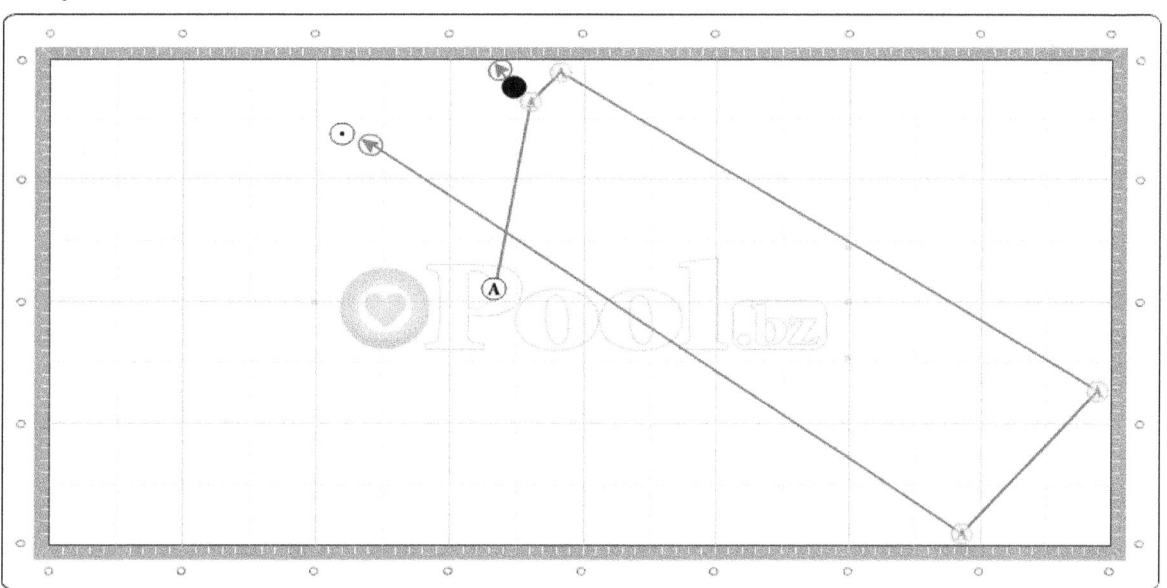

A: Grupo 6

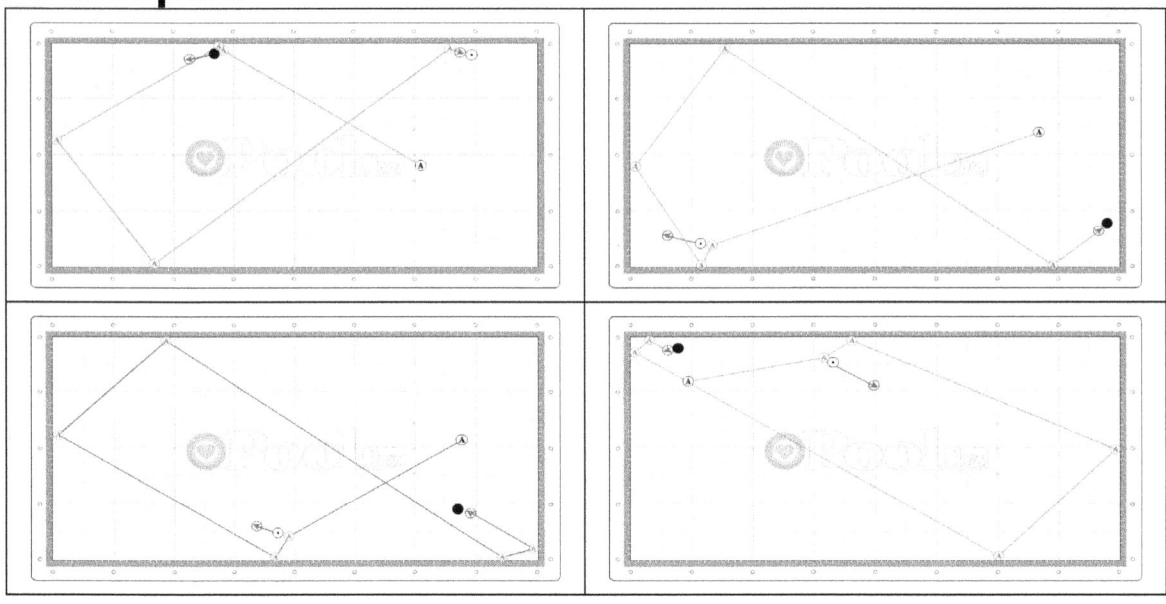

Análise:

A:6a. _____

A:6b. _____

A:6c. _____

A:6d. _____

A:6a – Configuração

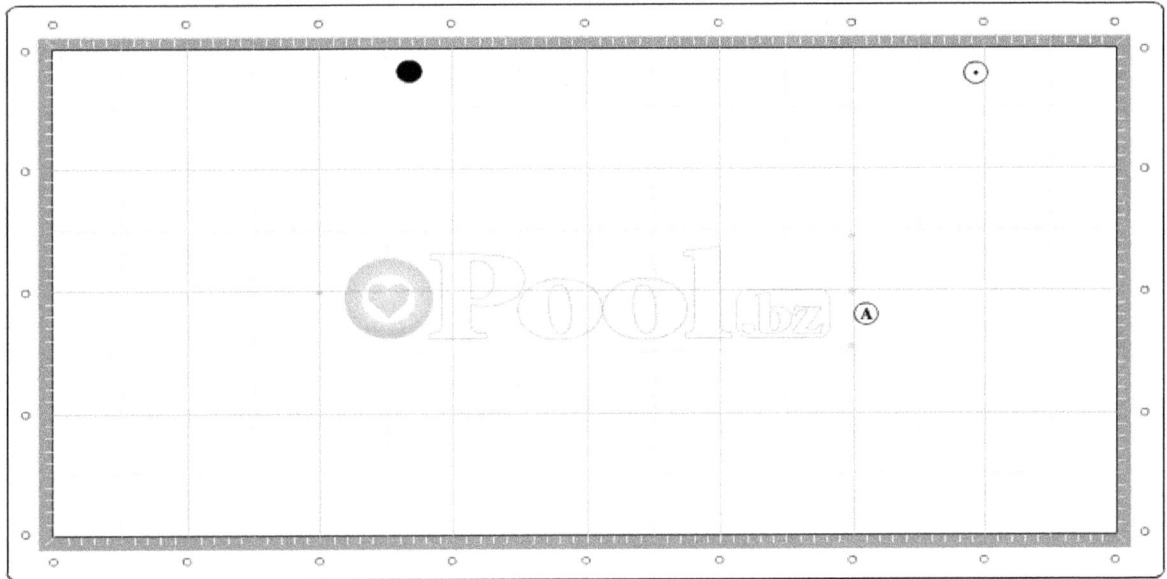

Notas e ideias:

Tiro padrão n

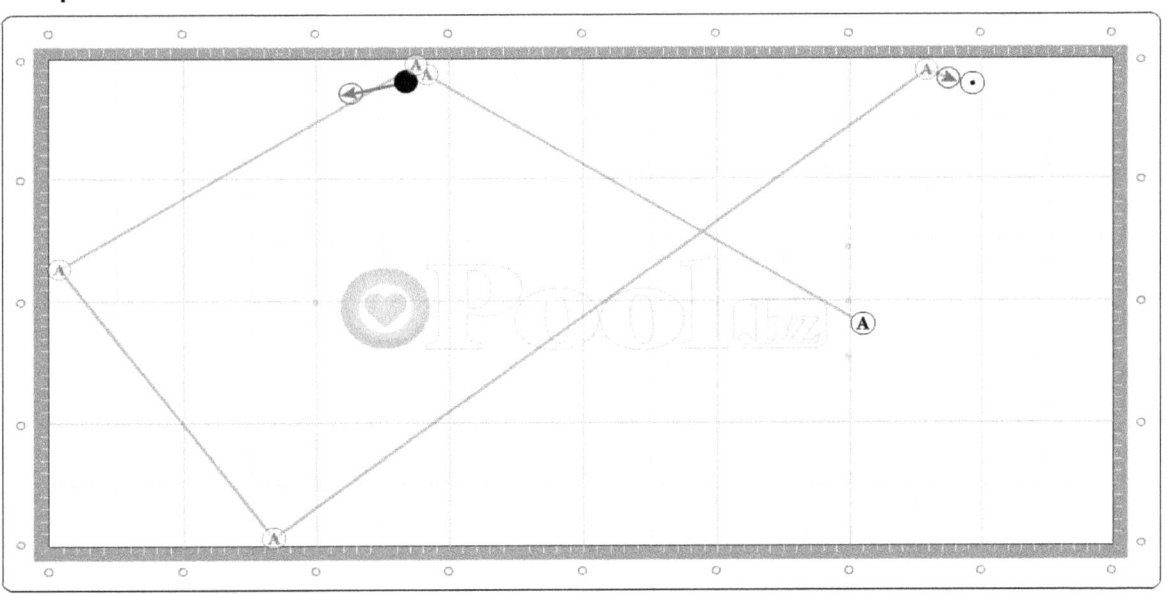

A:6b – Configuração

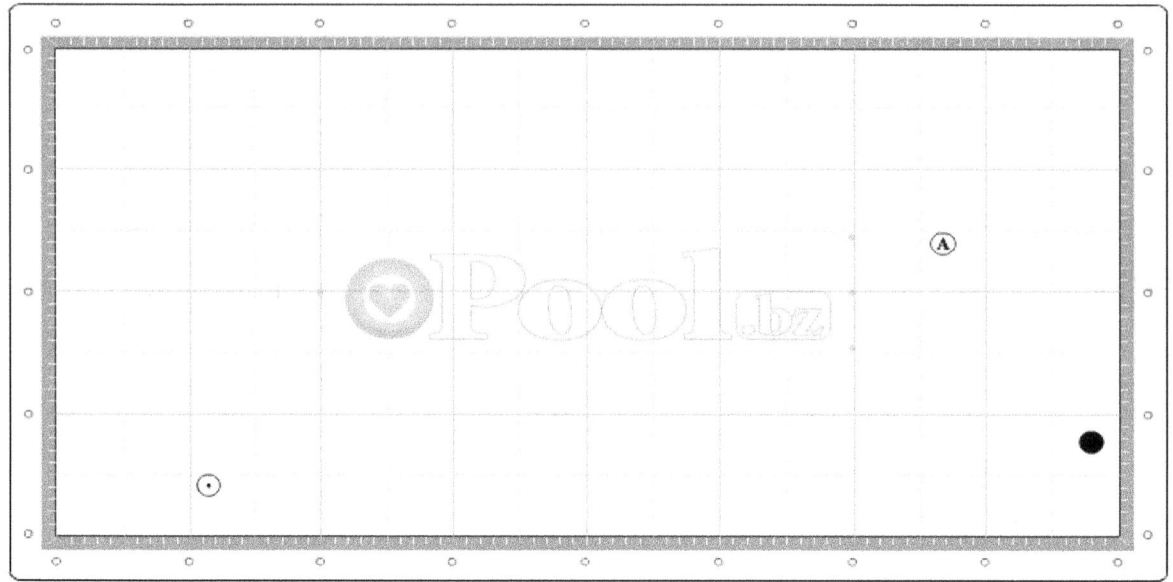

Notas e ideias:

Tiro padrão n

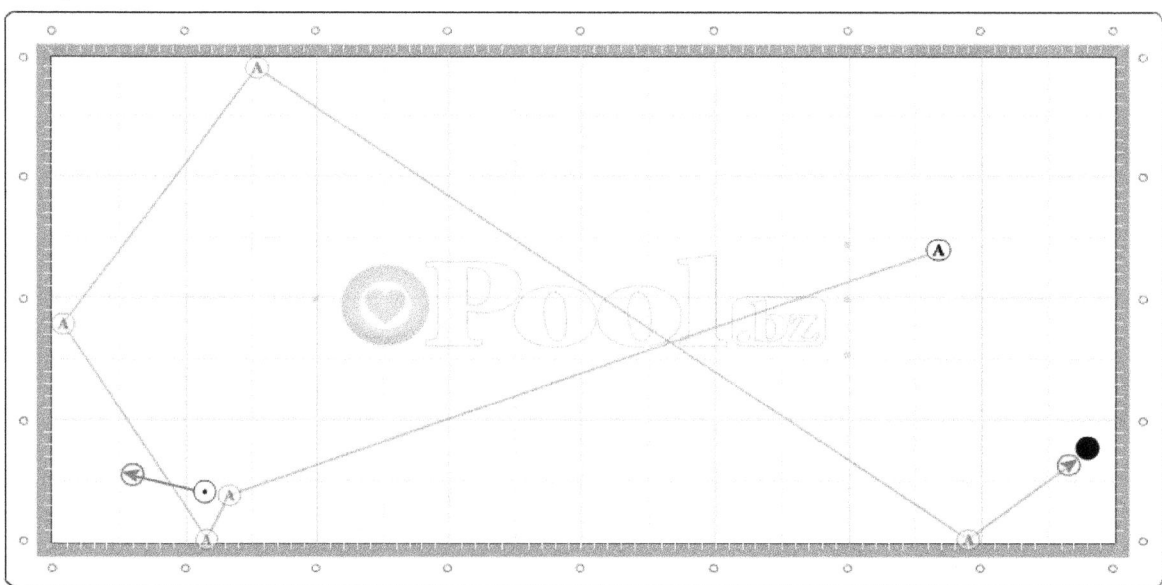

A:6c – Configuração

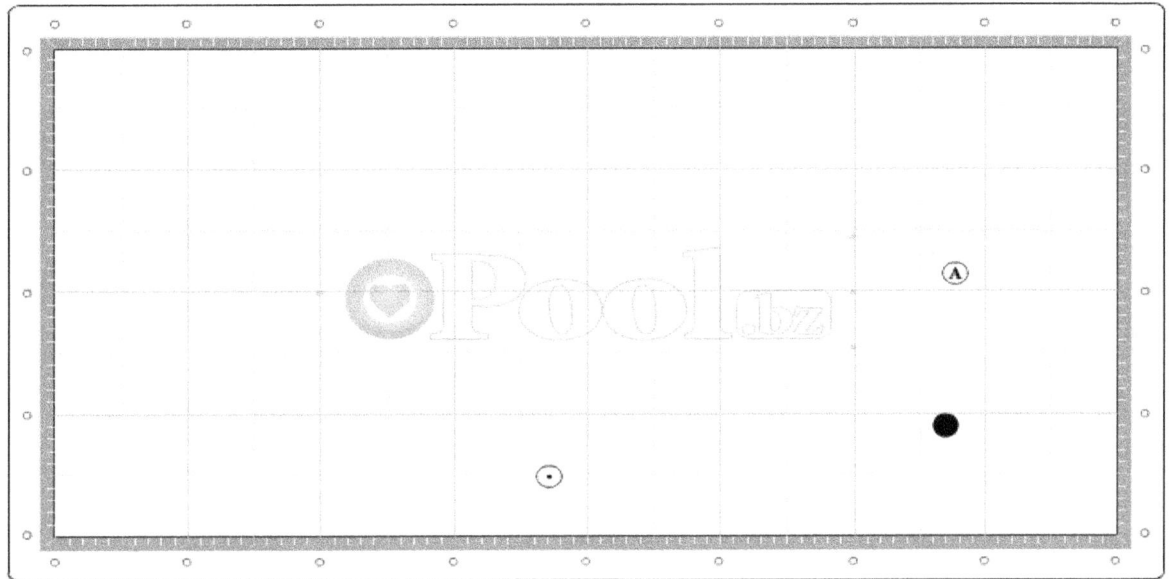

Notas e ideias:

Tiro padrão n

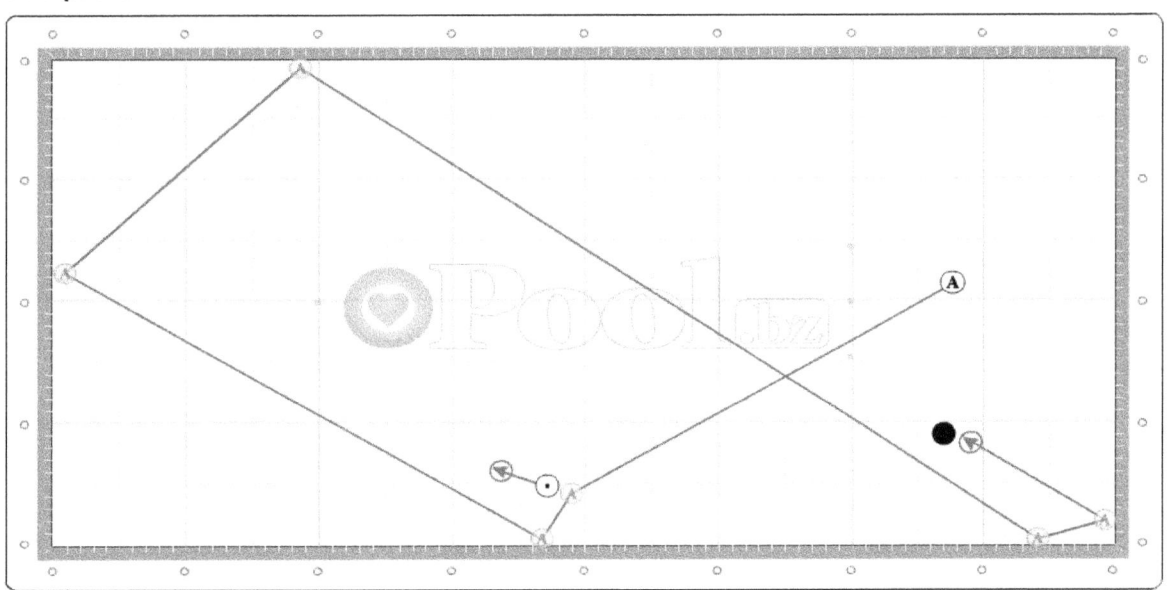

A:6d – Configuração

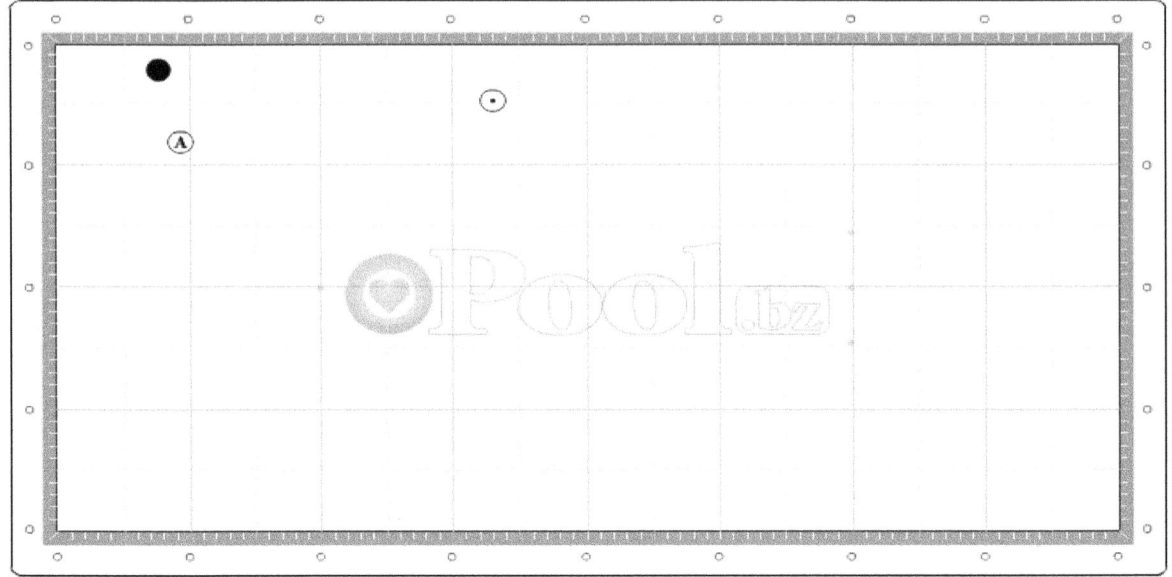

Notas e ideias:

Tiro padrão n

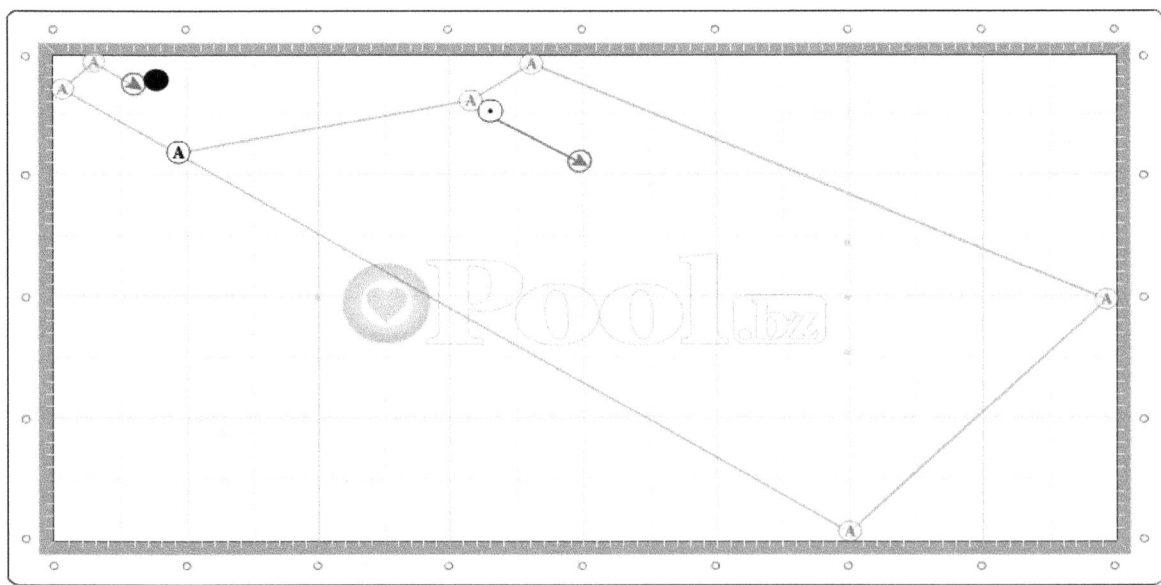

A: Grupo 7

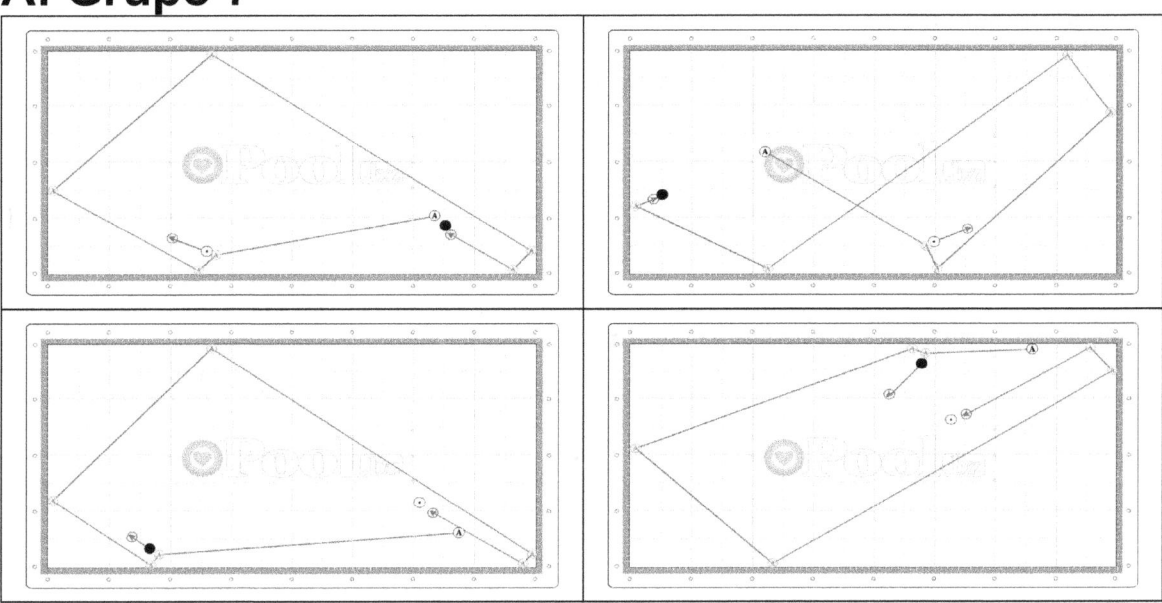

Análise:

A:7a. _____

A:7b. _____

A:7c. _____

A:7d. _____

A:7a – Configuração

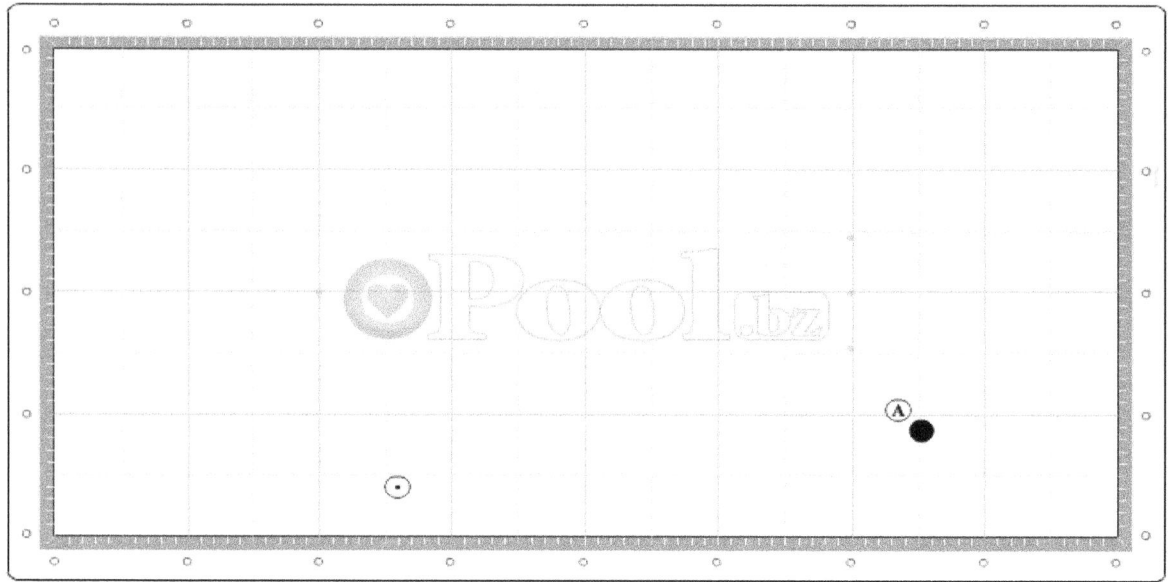

Notas e ideias:

Tiro padrão n

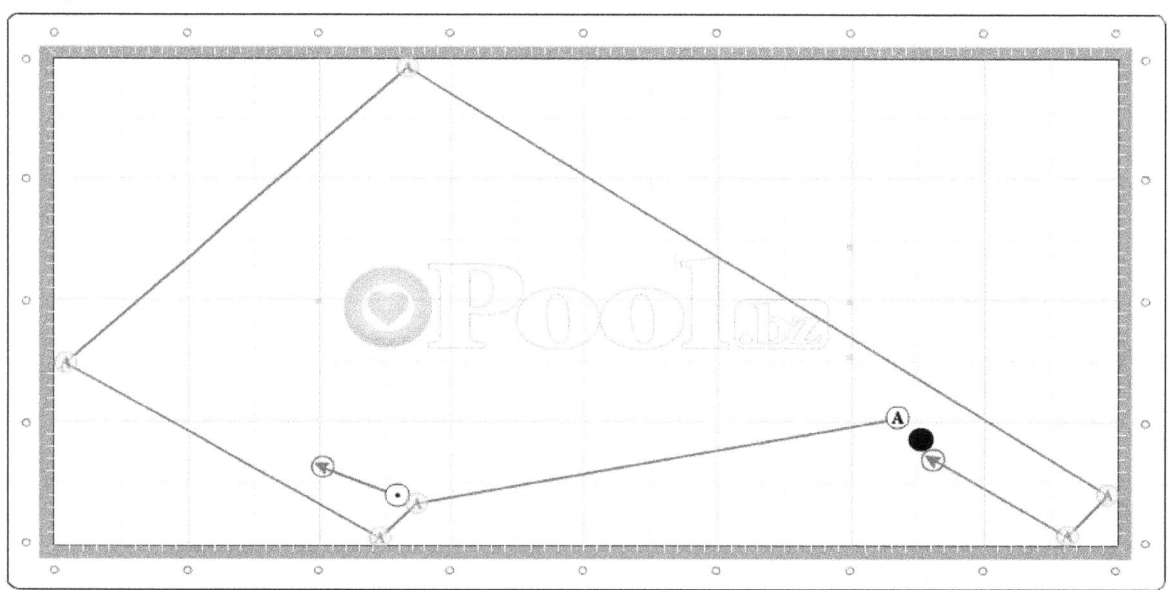

A:7b – Configuração

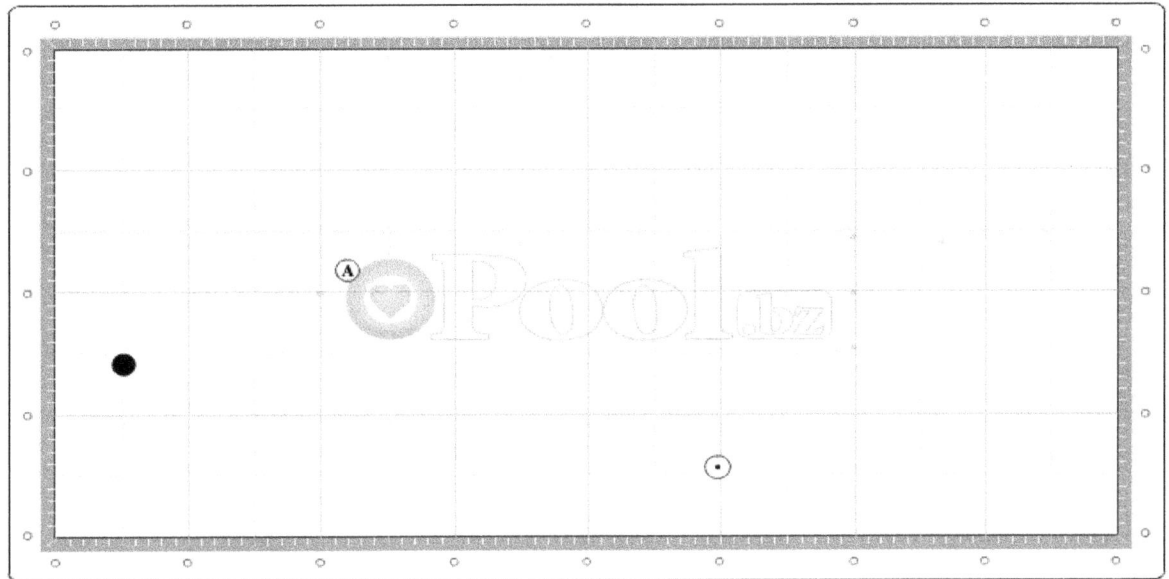

Notas e ideias:

Tiro padrão n

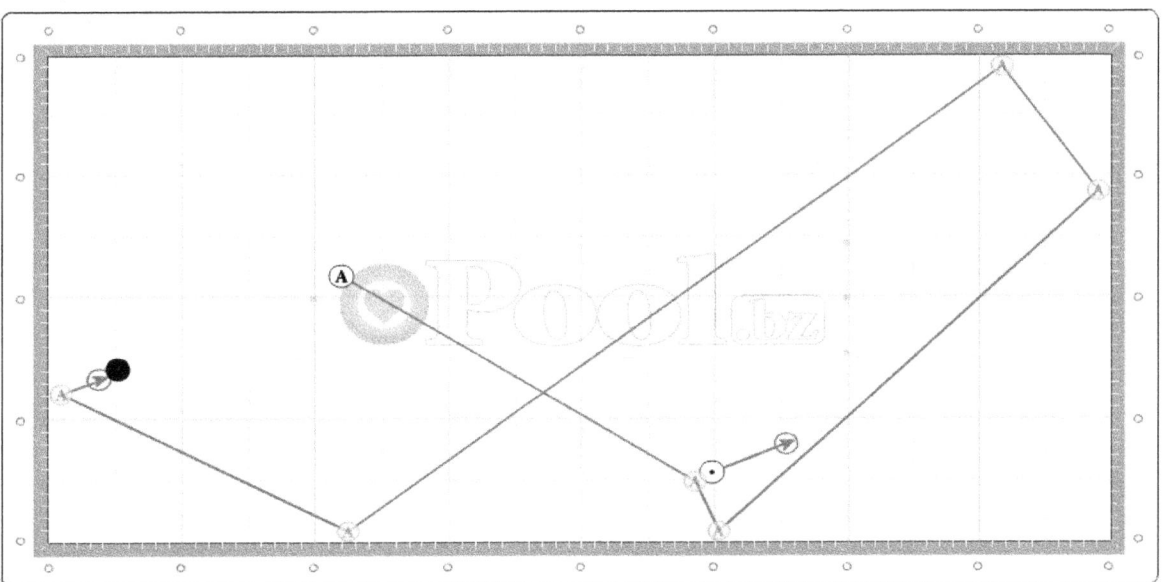

A:7c – Configuração

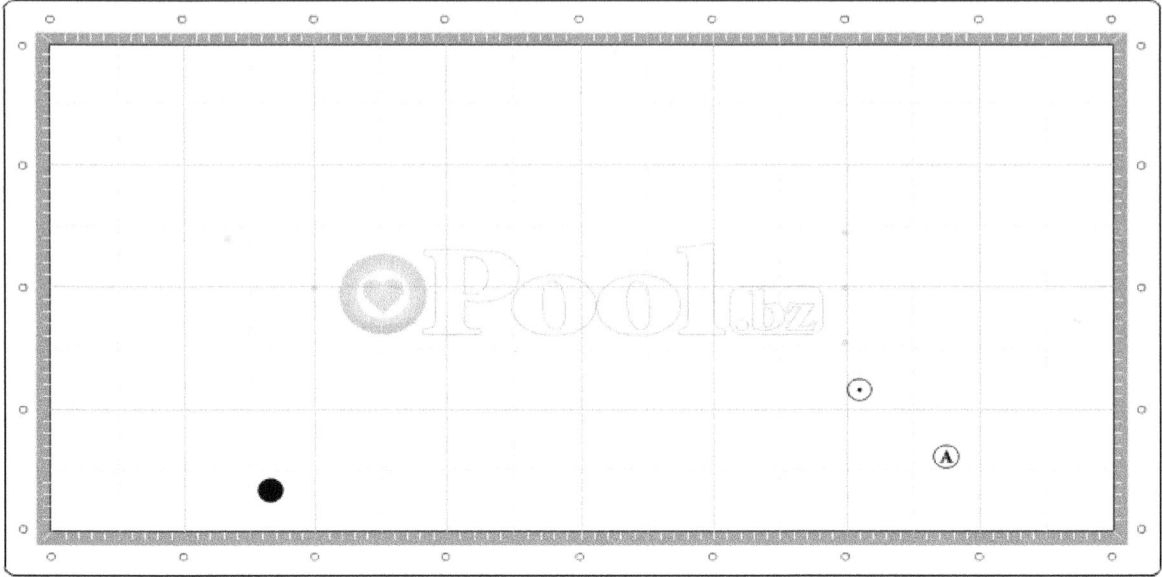

Notas e ideias:

Tiro padrão n

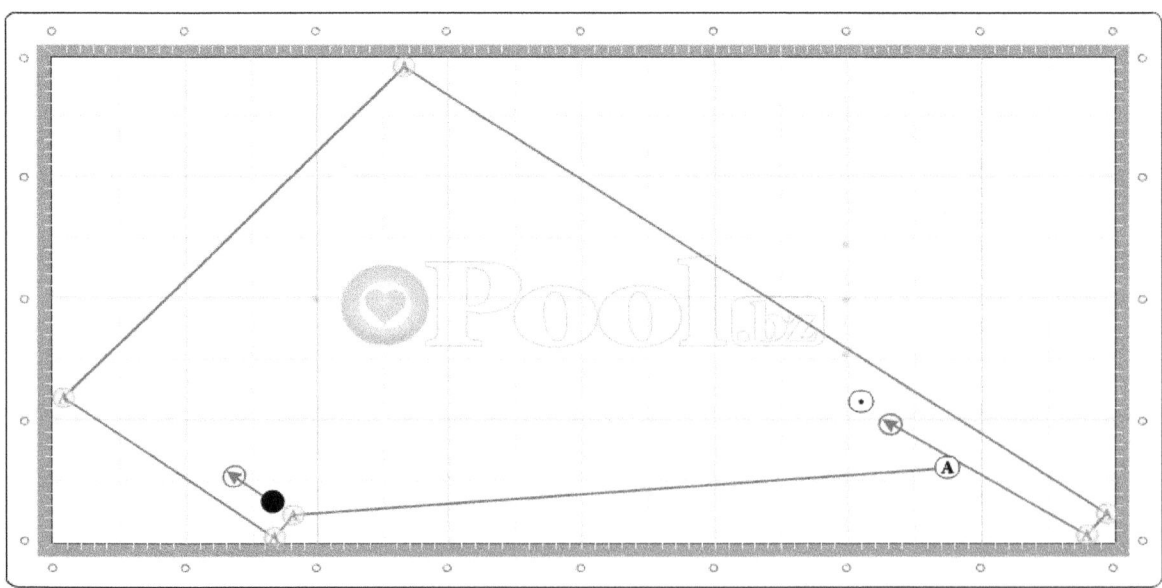

A:7d – Configuração

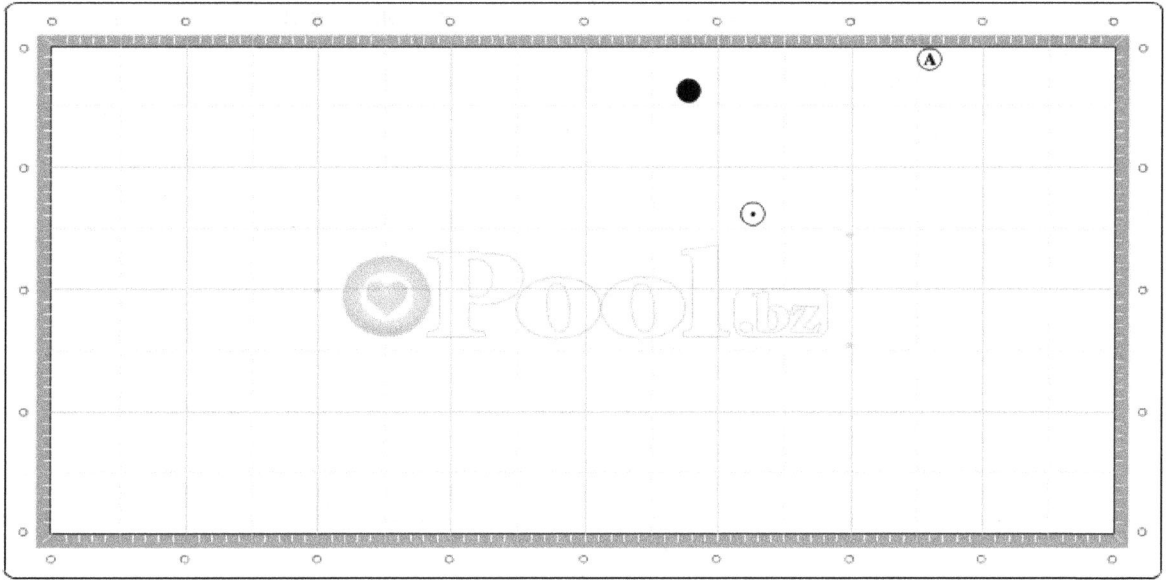

Notas e ideias:

Tiro padrão n

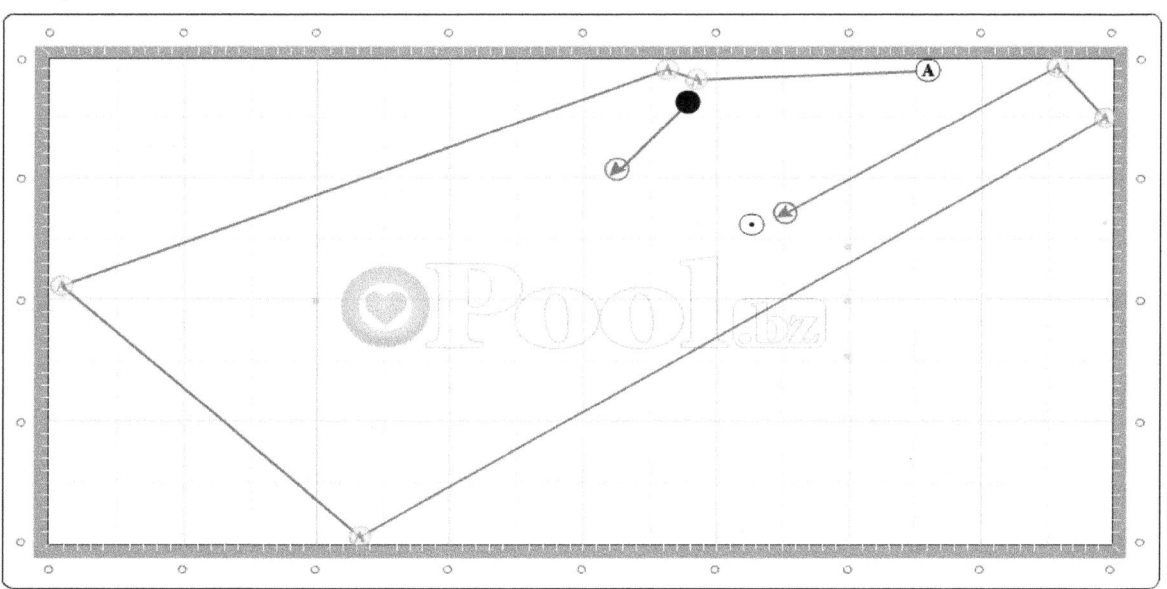

B: Dentro do reverso

Neste conjunto de layouts, o (CB) vai para o primeiro (OB) com algum draw aplicado e spin lateral. Isso envia o (CB) de volta da linha tangente em um padrão reverso. O (CB) segue o padrão em todo o mundo para o canto da casa.

Ⓐ (CB) (sua bola de bilhar) - ◉ (OB) (bola de bilhar oponente) - ● (RB) (bola de bilhar vermelha)

B: Grupo 1

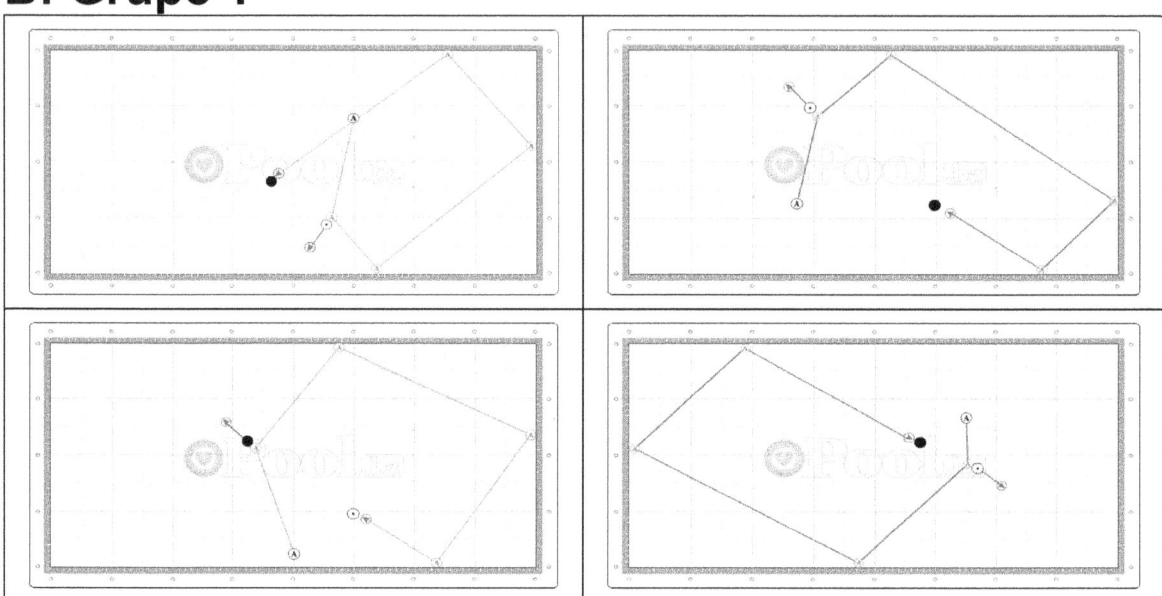

Análise:

B:1a. _____

B:1b. _____

B:1c. _____

B:1d. _____

B:1a – Configuração

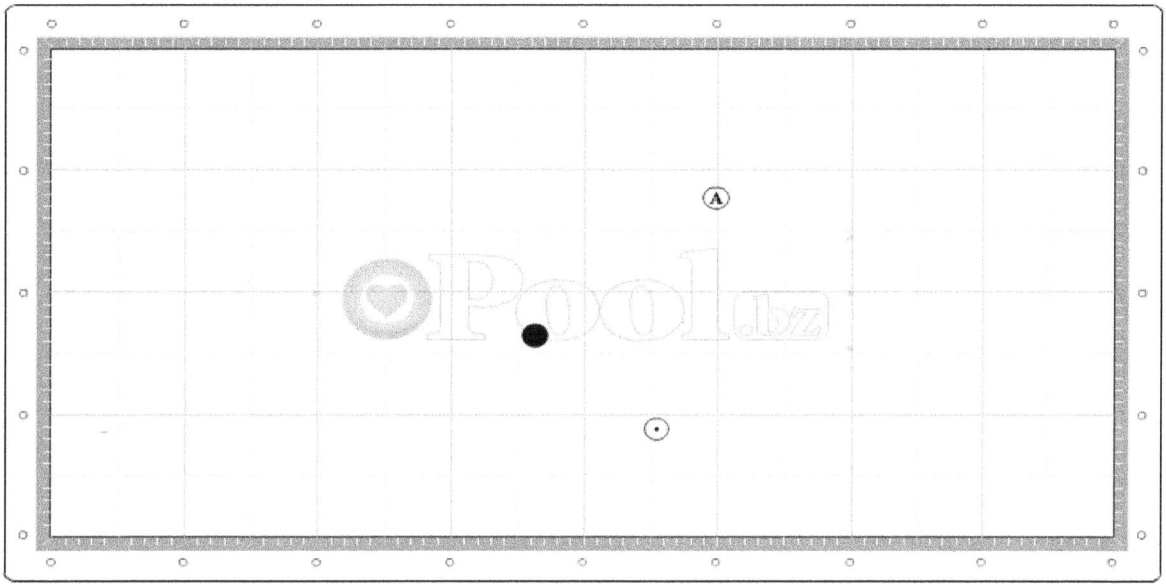

Notas e ideias:

Tiro padrão n

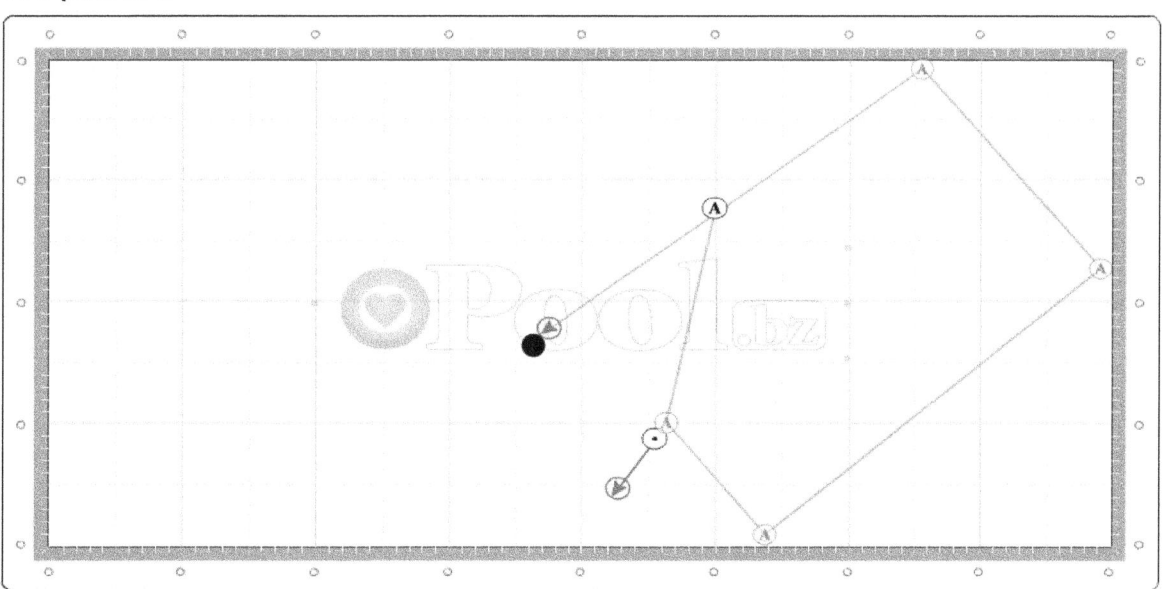

B:1b – Configuração

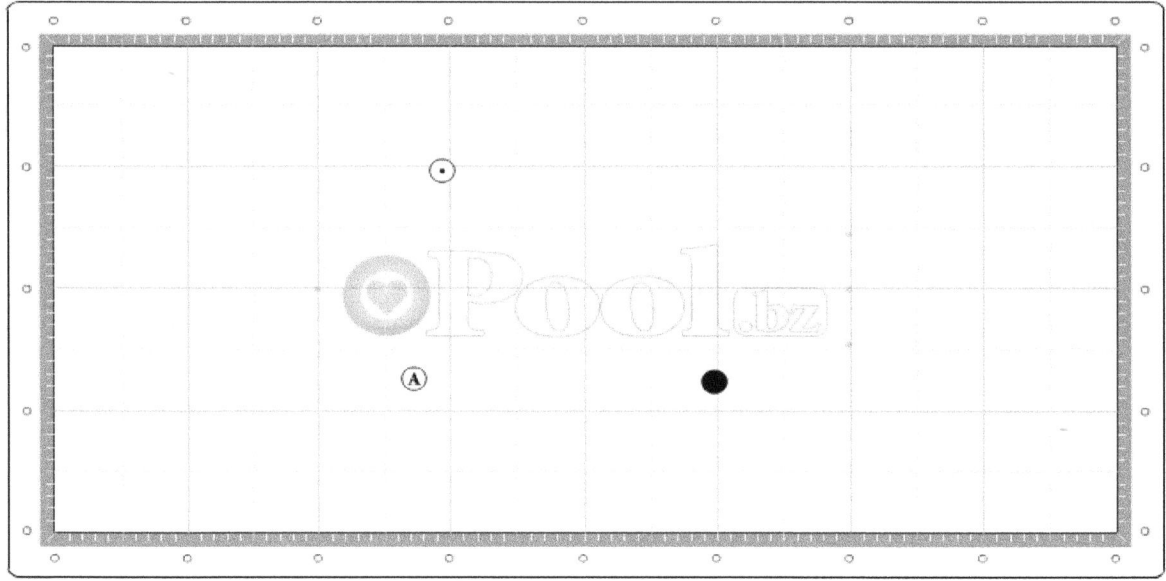

Notas e ideias:

Tiro padrão n

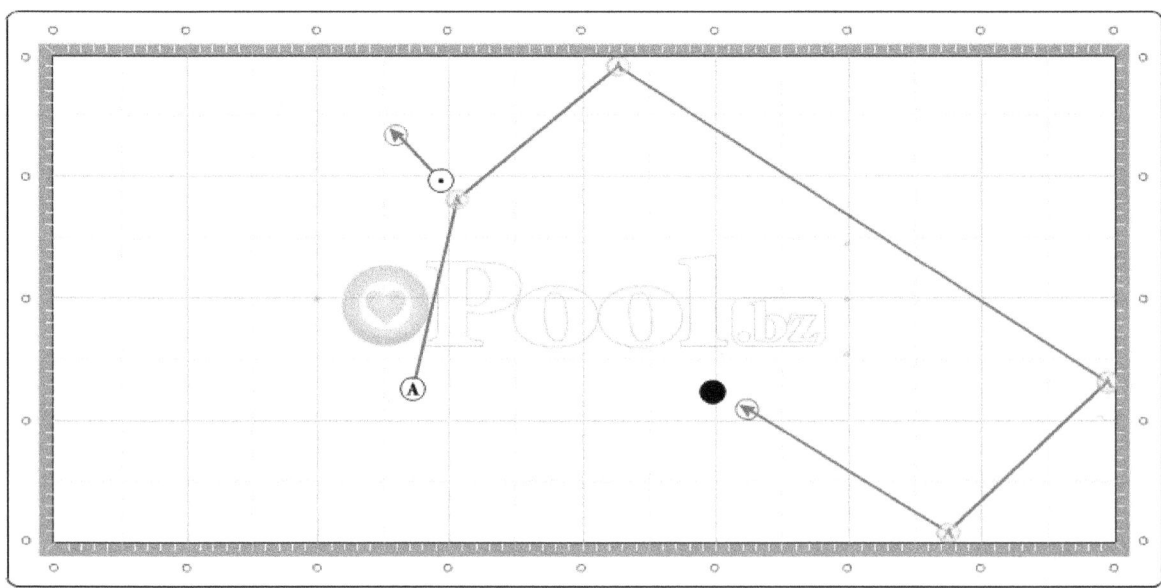

B:1c – Configuração

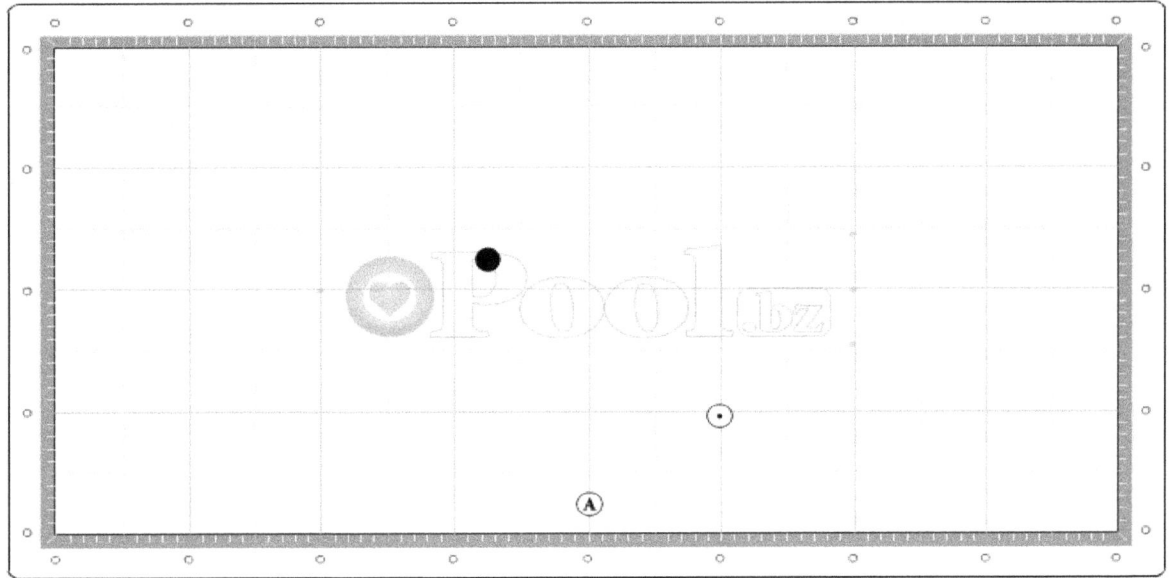

Notas e ideias:

Tiro padrão n

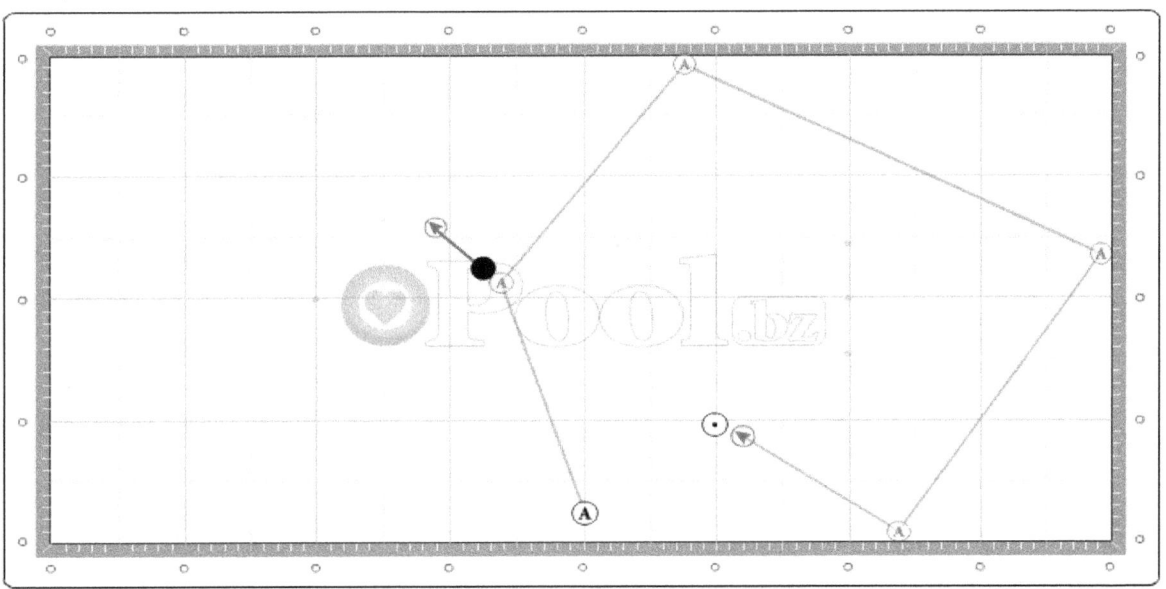

B:1d – Configuração

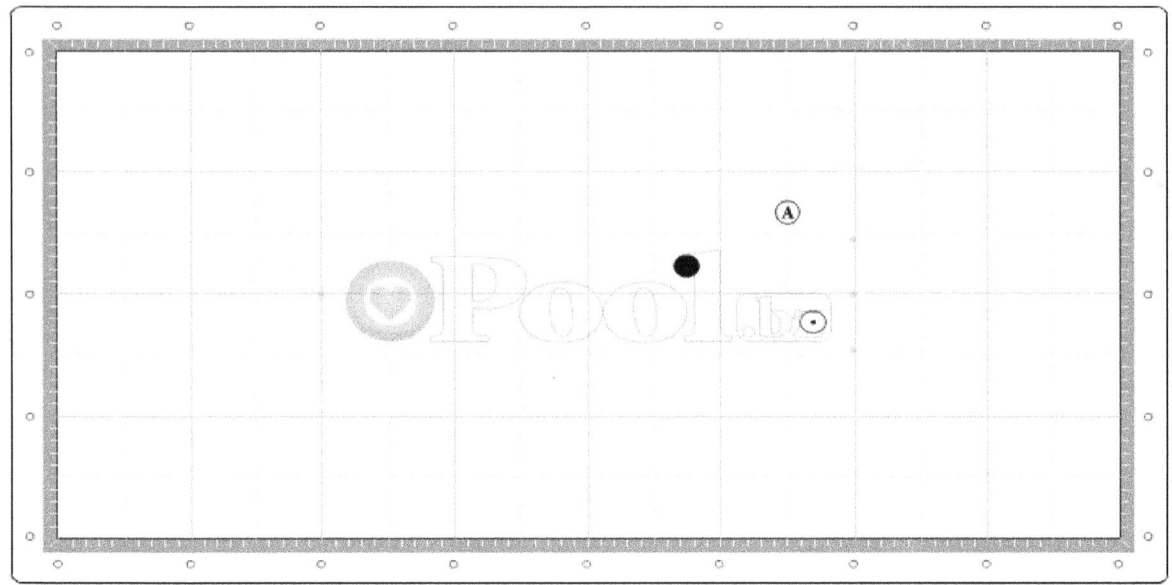

Notas e ideias:

Tiro padrão n

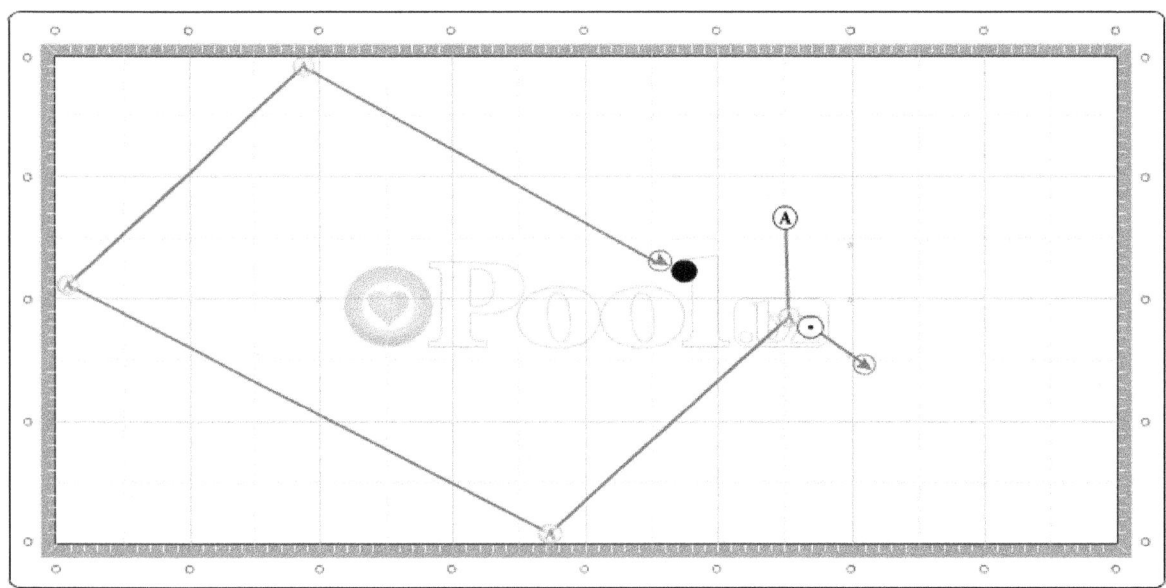

B: Grupo 2

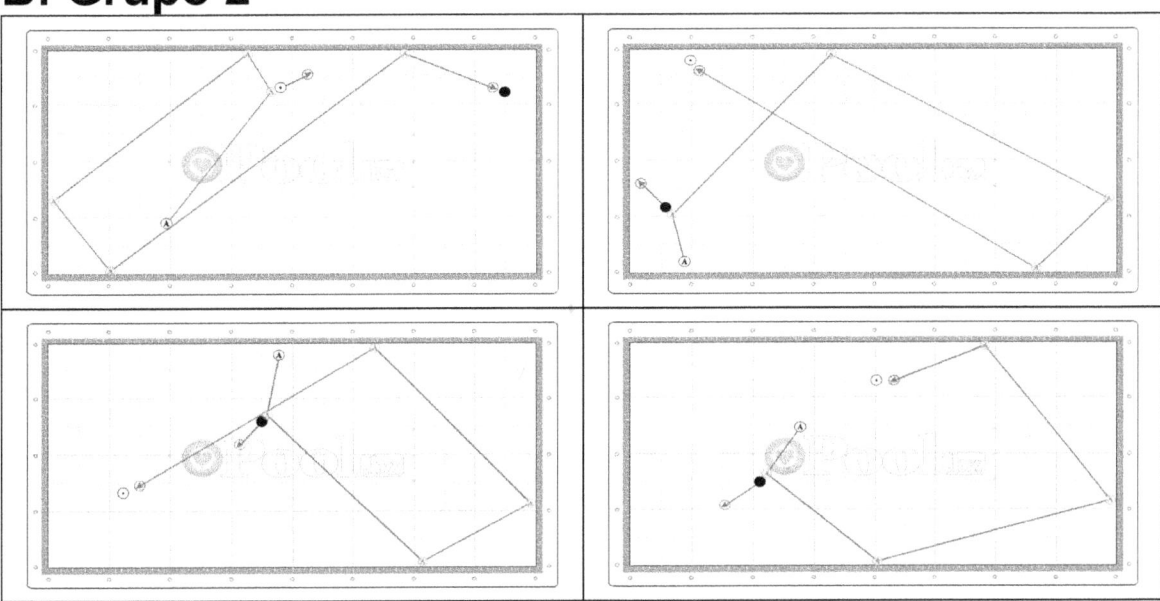

Análise:

B:2a. _____

B:2b. _____

B:2c. _____

B:2d. _____

B:2a – Configuração

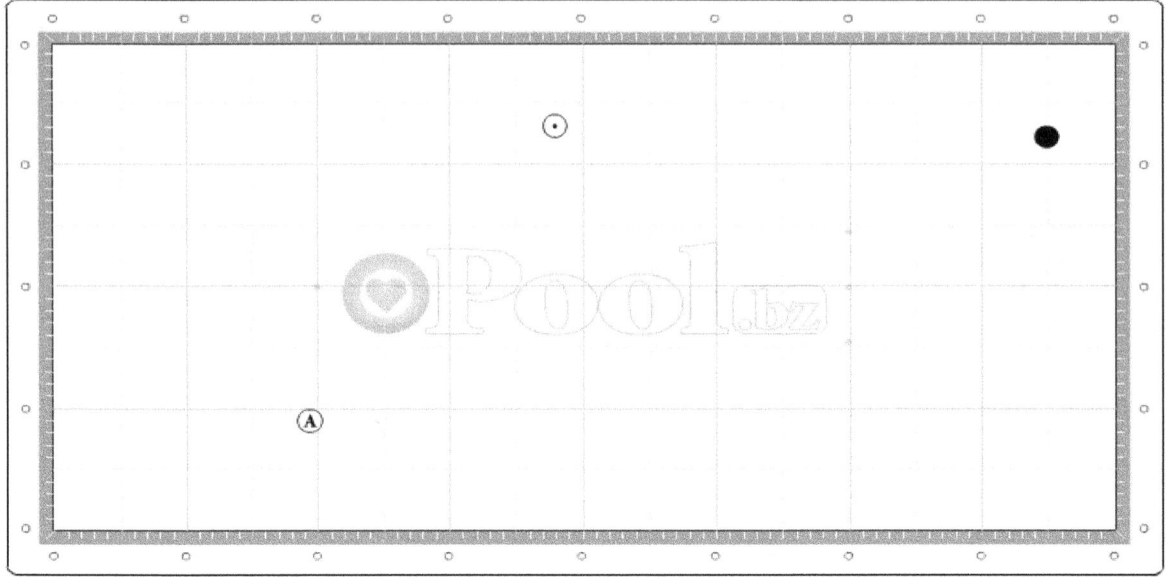

Notas e ideias:

Tiro padrão n

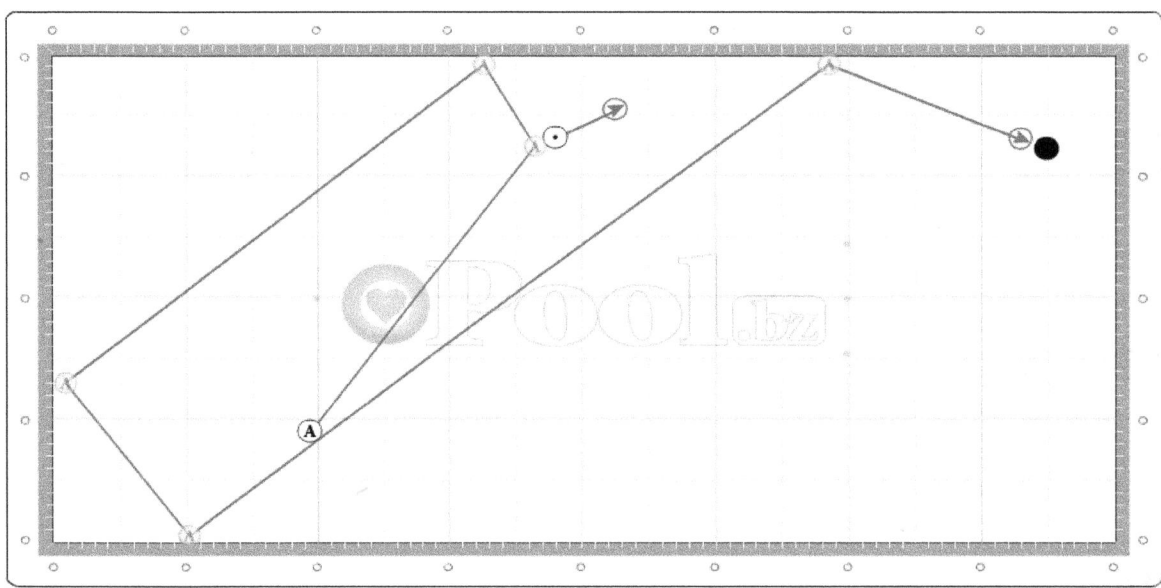

B:2b – Configuração

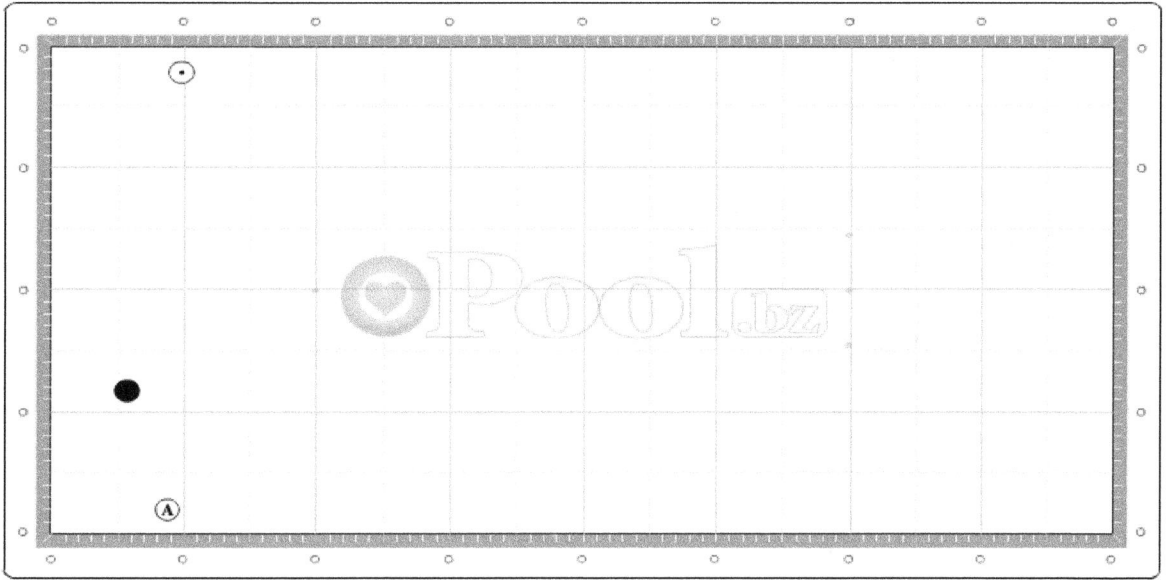

Notas e ideias:

Tiro padrão n

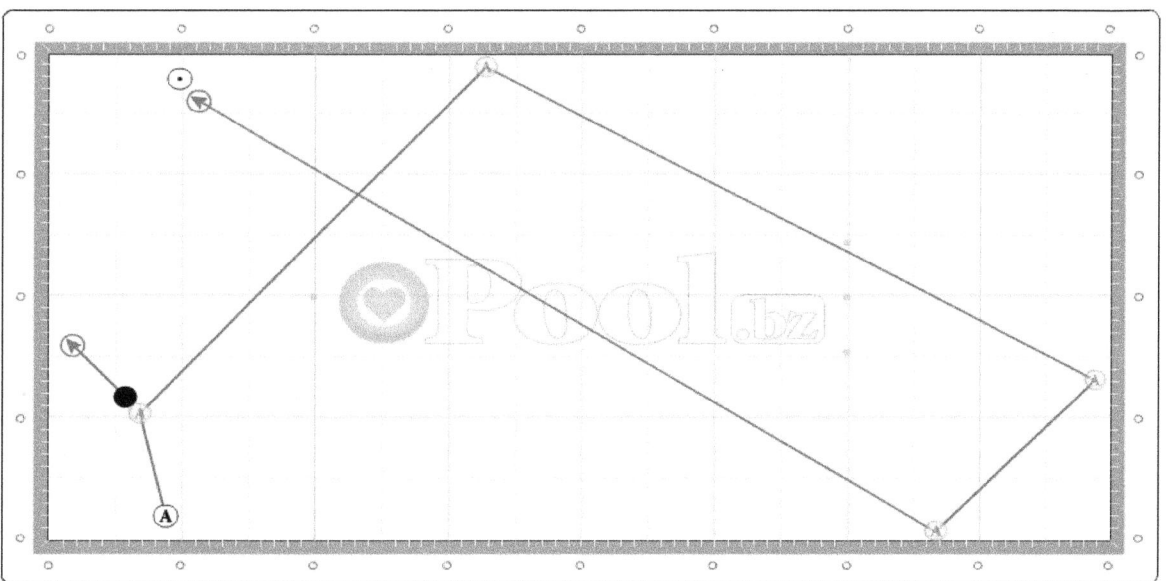

B:2c – Configuração

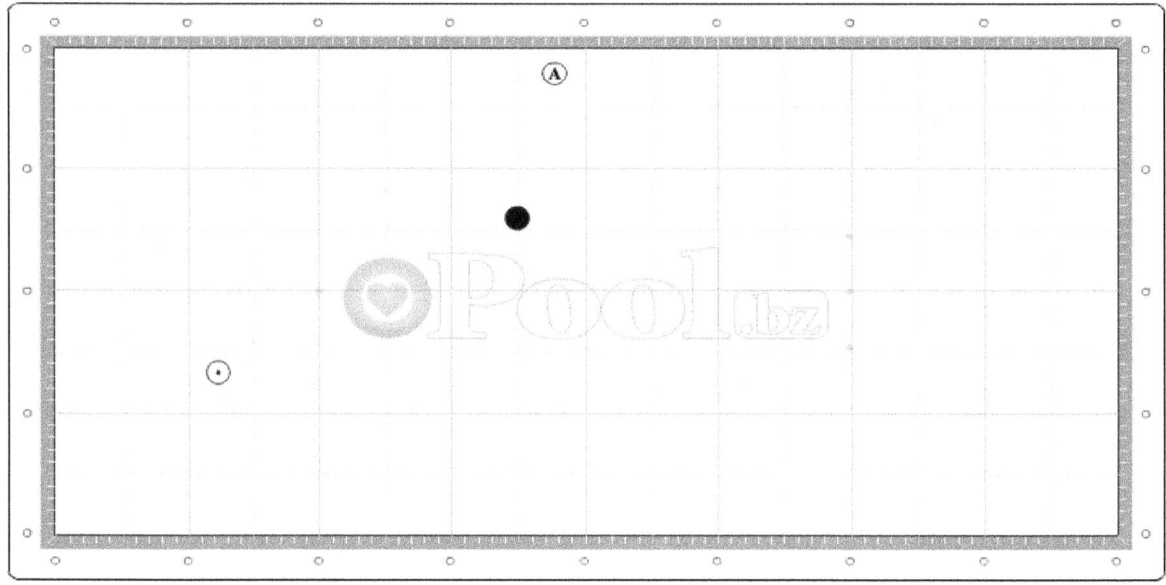

Notas e ideias:

Tiro padrão n

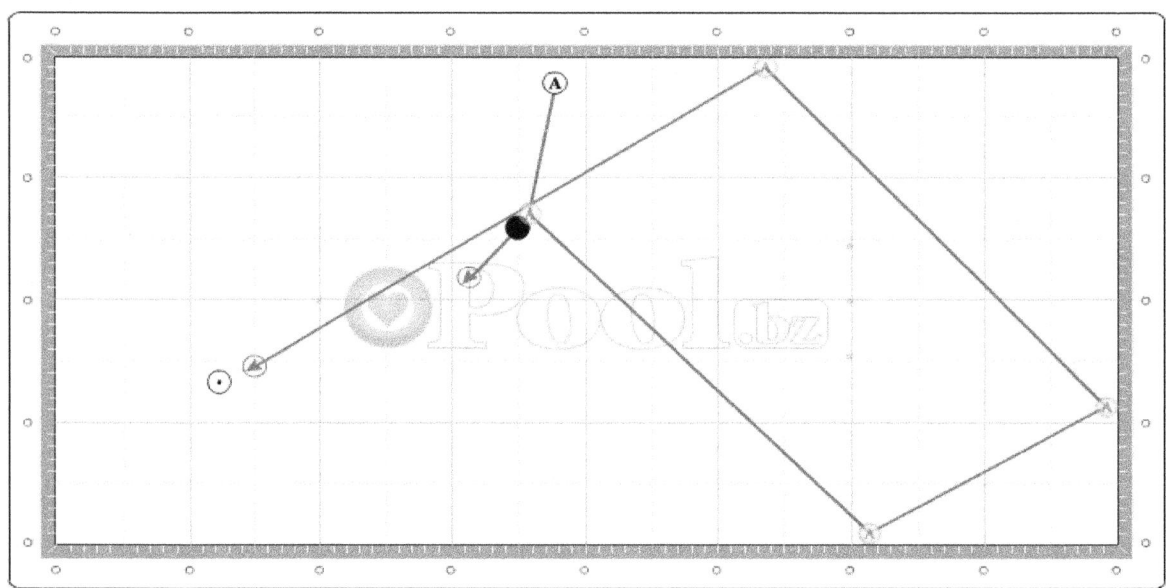

B:2d – Configuração

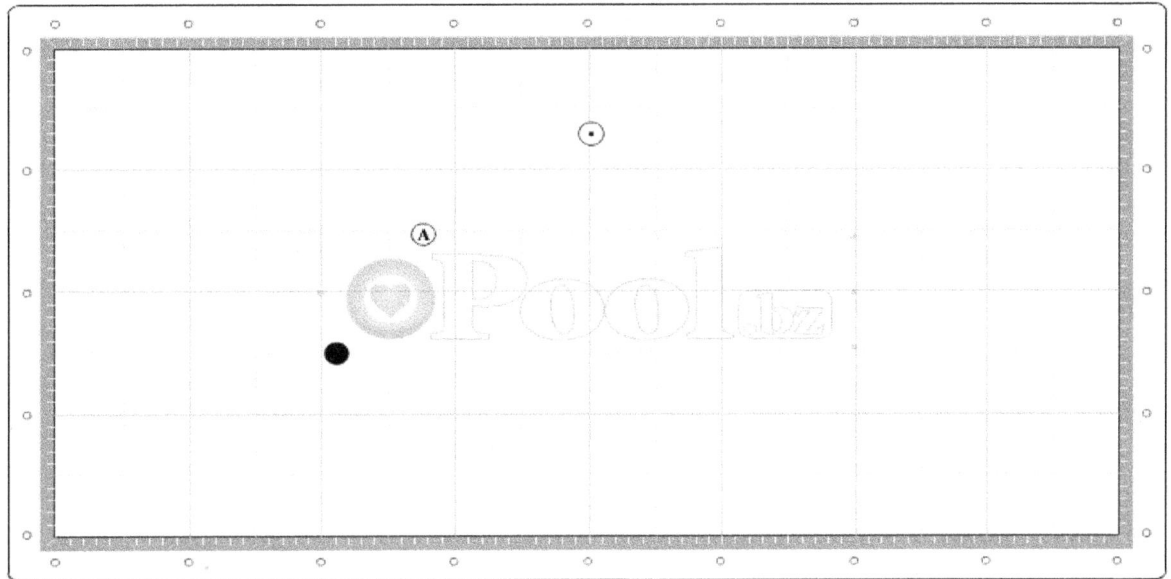

Notas e ideias:

Tiro padrão n

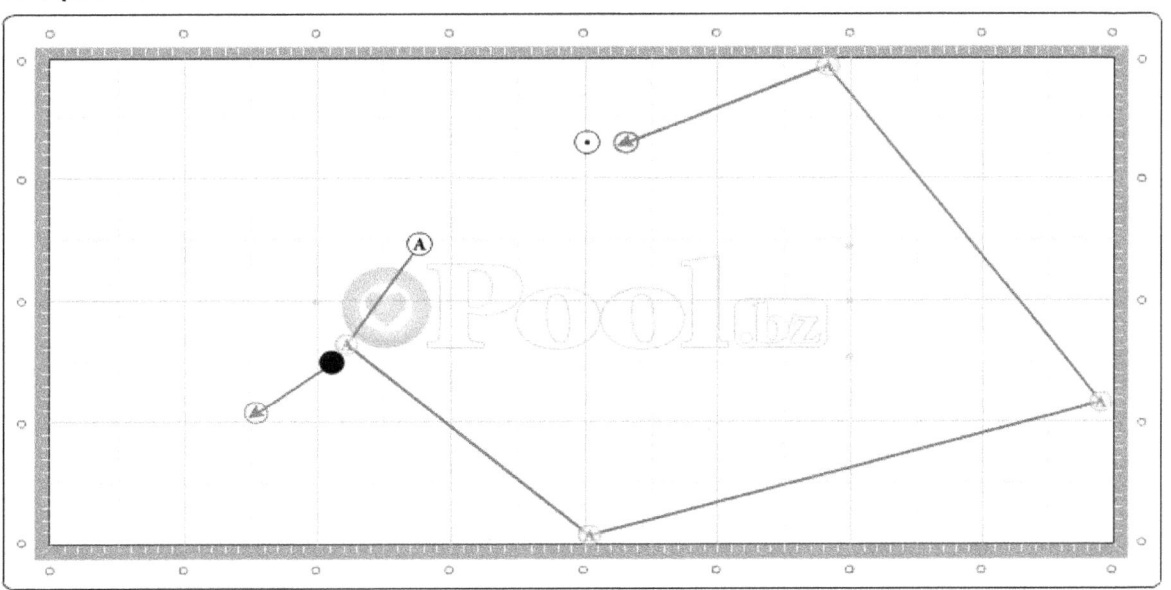

B: Grupo 3

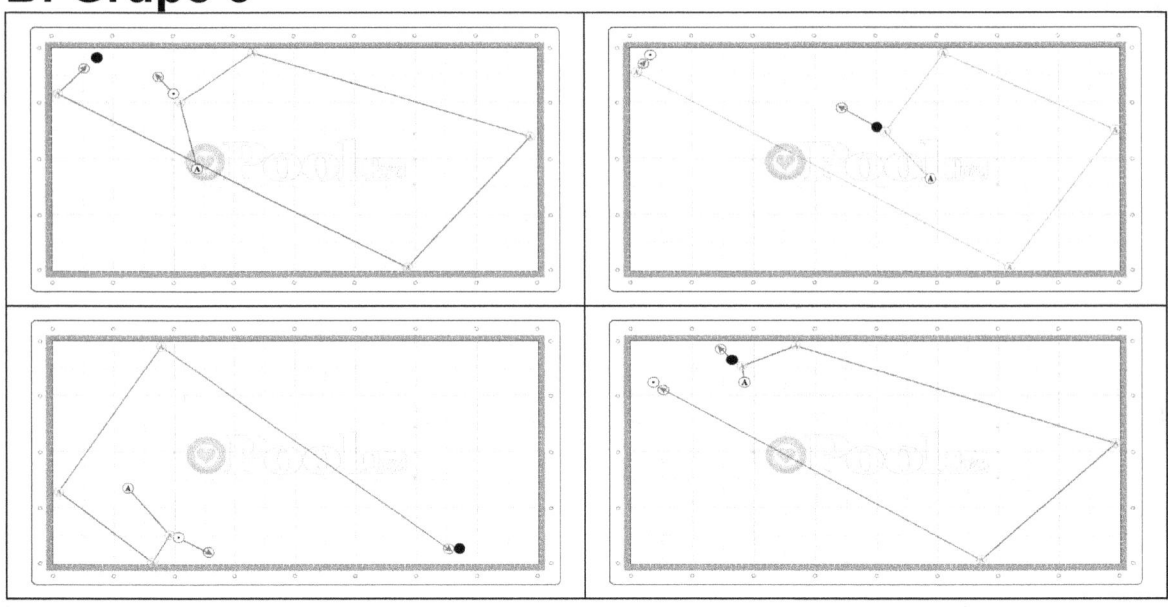

Análise:

B:3a. _____

B:3b. _____

B:3c. _____

B:3d. _____

B:3a – Configuração

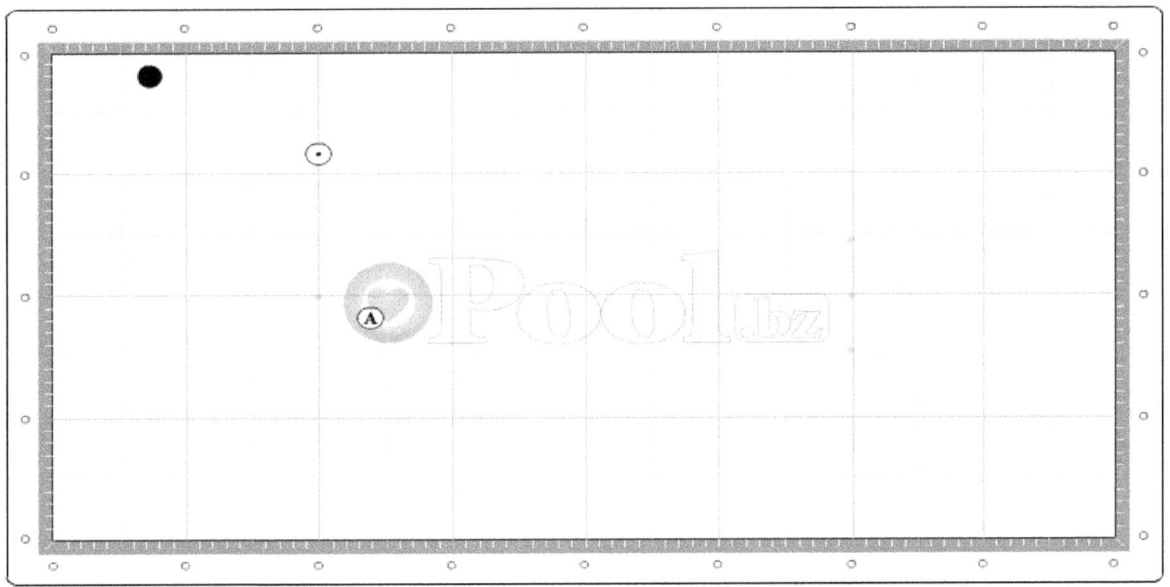

Notas e ideias:

Tiro padrão n

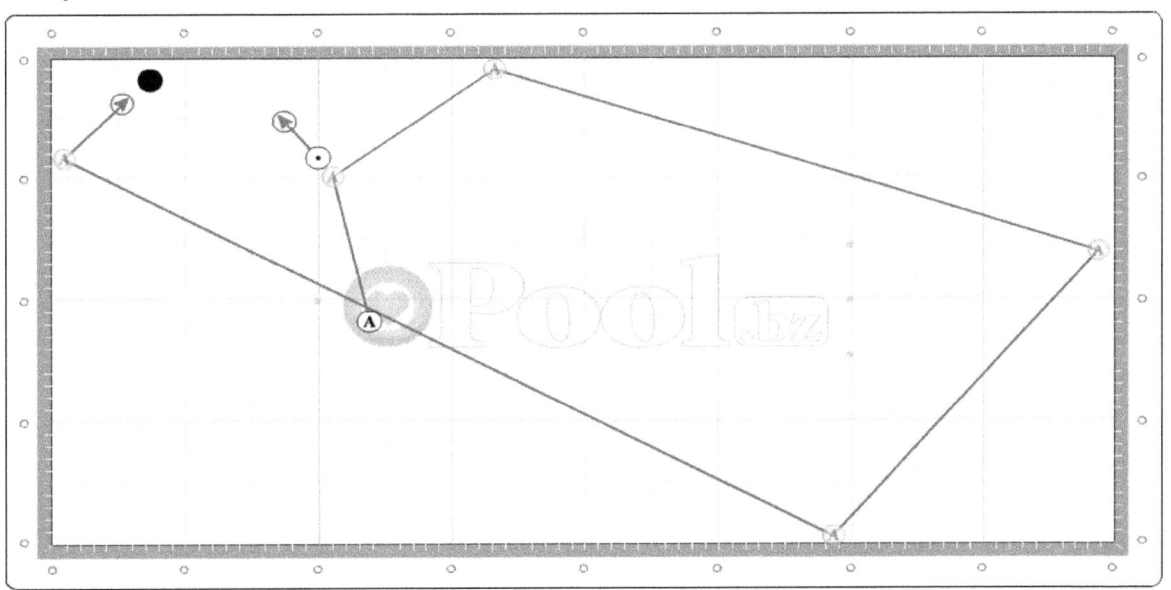

B:3b – Configuração

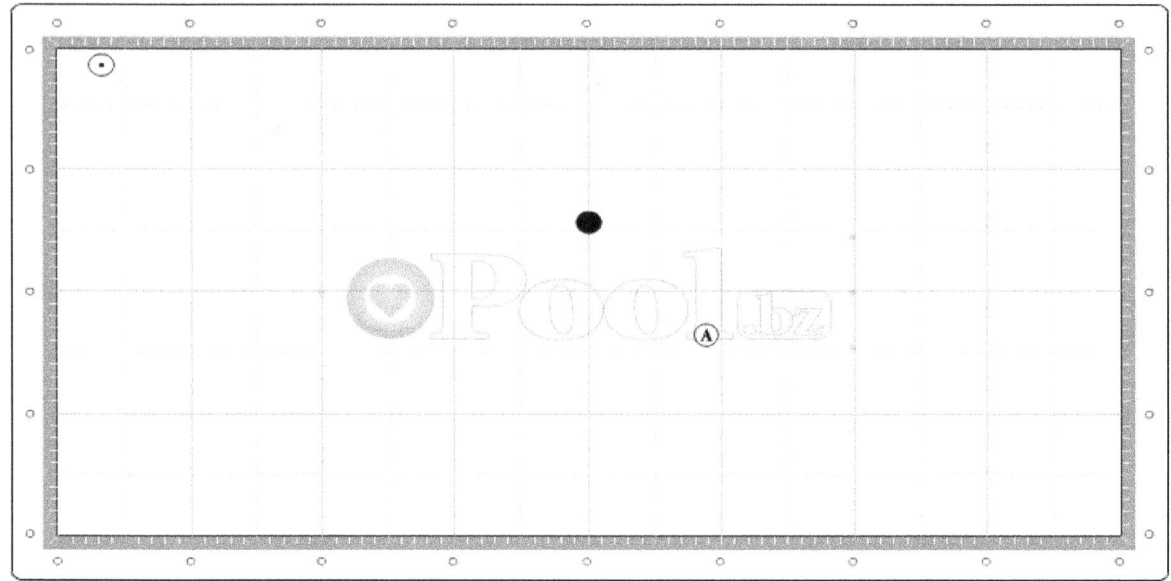

Notas e ideias:

Tiro padrão n

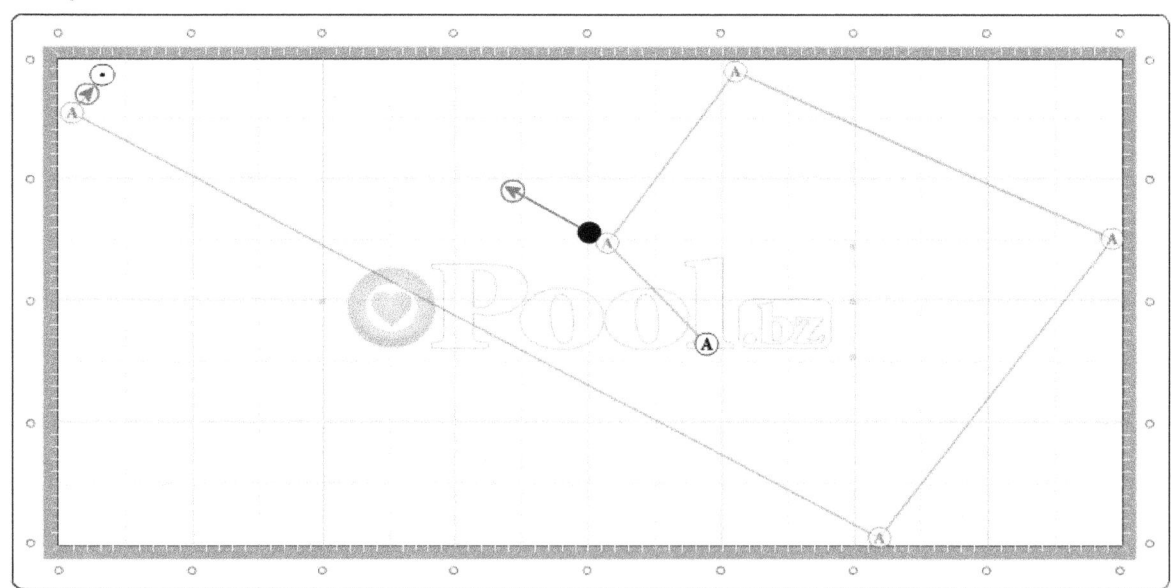

B:3c – Configuração

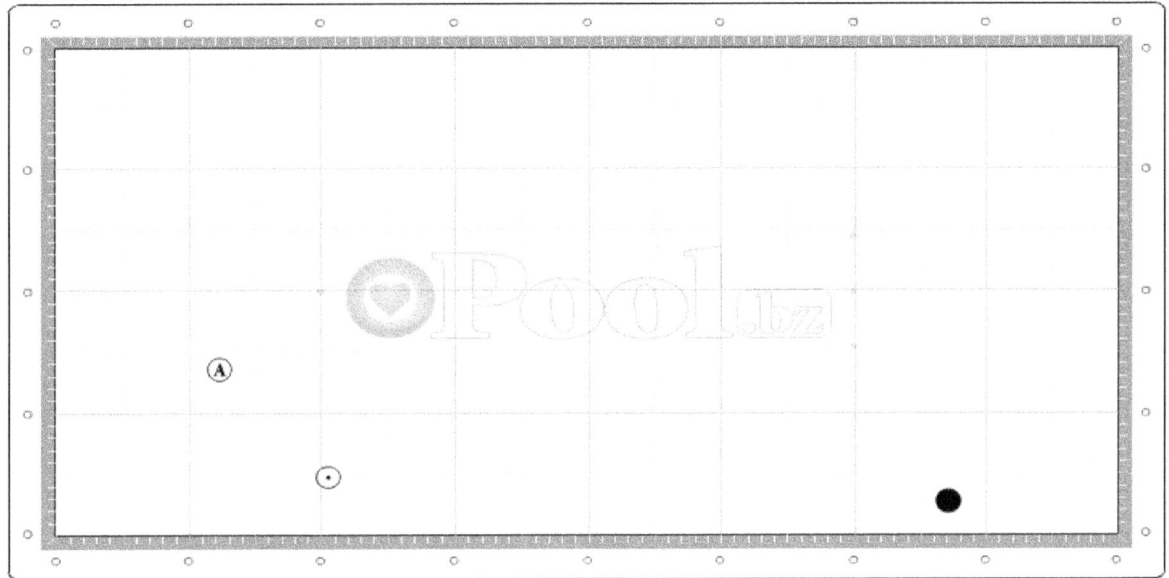

Notas e ideias:

Tiro padrão n

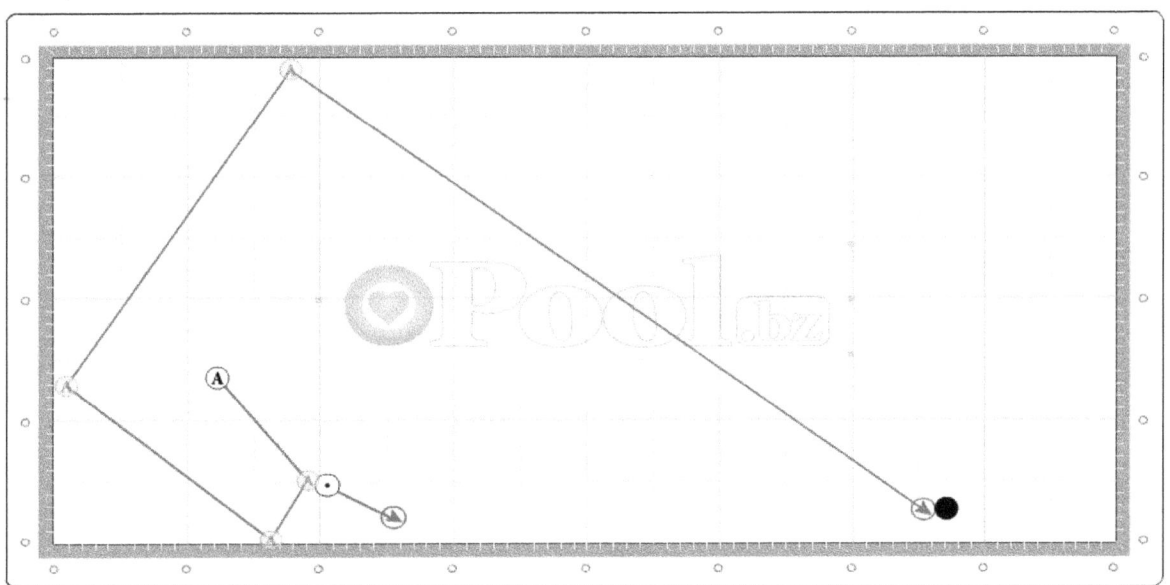

B:3d – Configuração

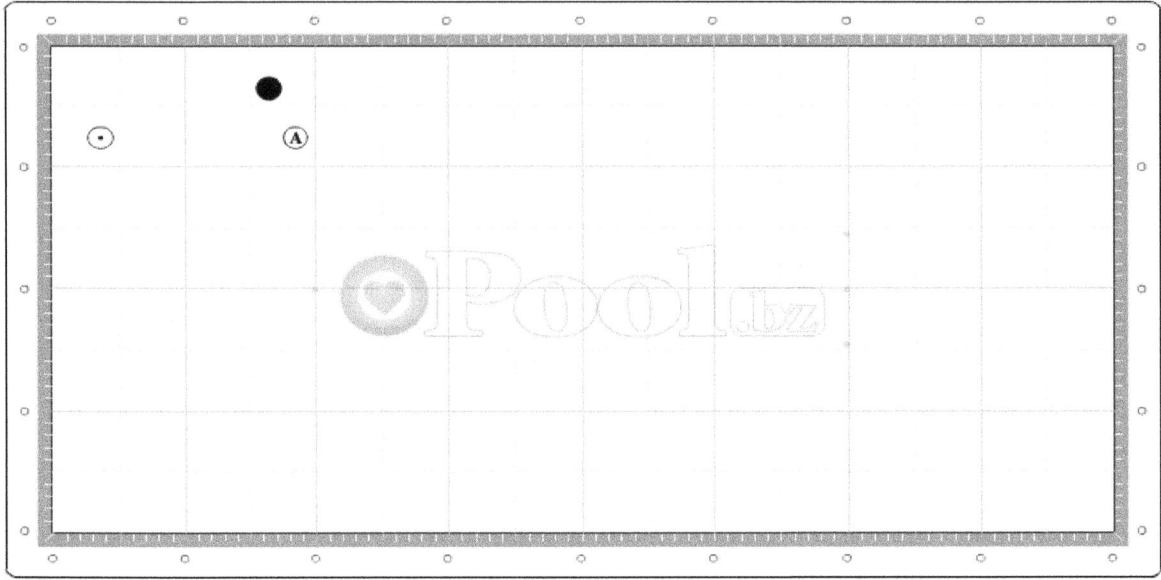

Notas e ideias:

Tiro padrão n

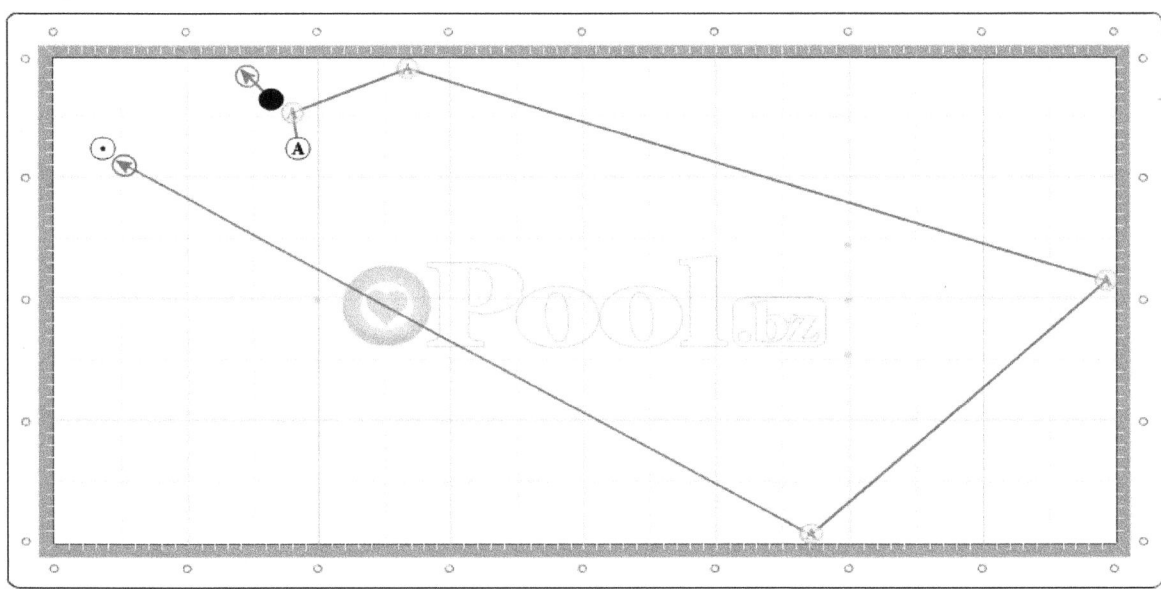

B: Grupo 4

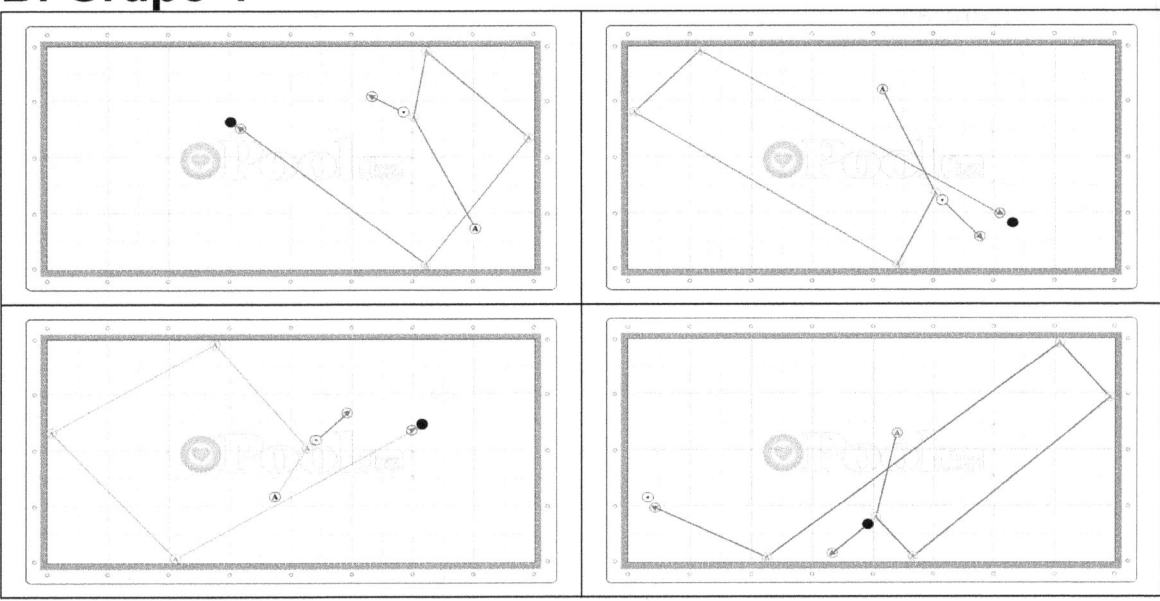

Análise:

B:4a. _____

B:4b. _____

B:4c. _____

B:4d. _____

B:4a – Configuração

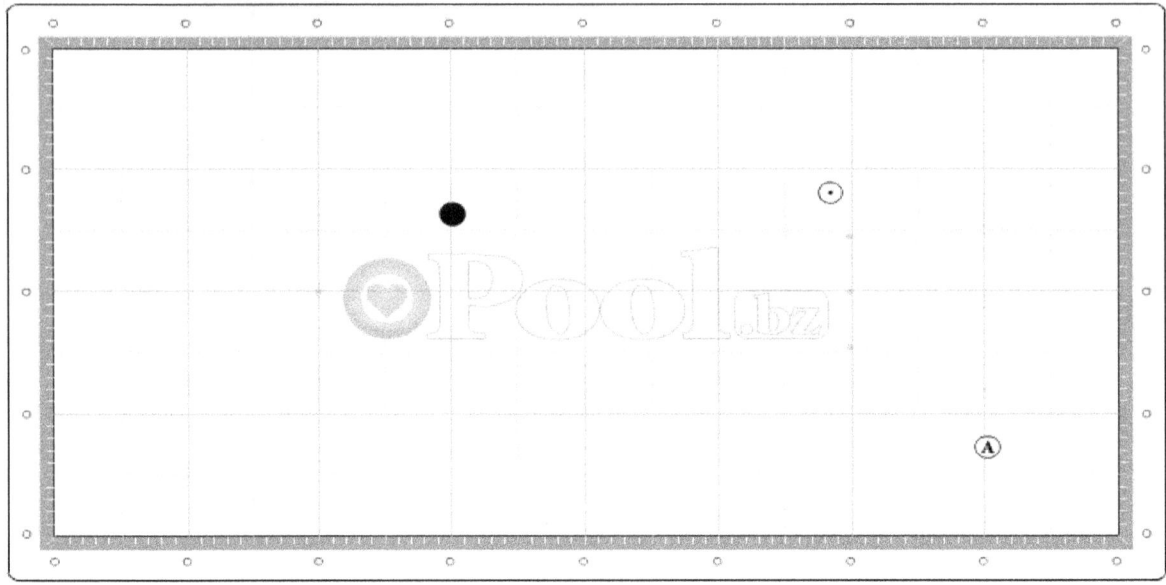

Notas e ideias:

Tiro padrão n

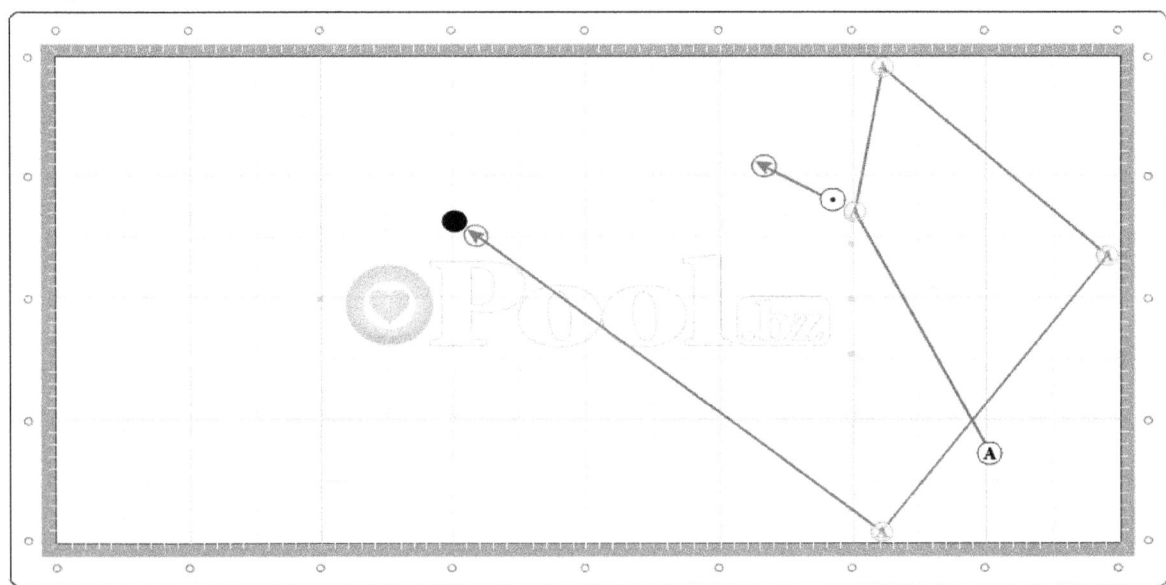

B:4b – Configuração

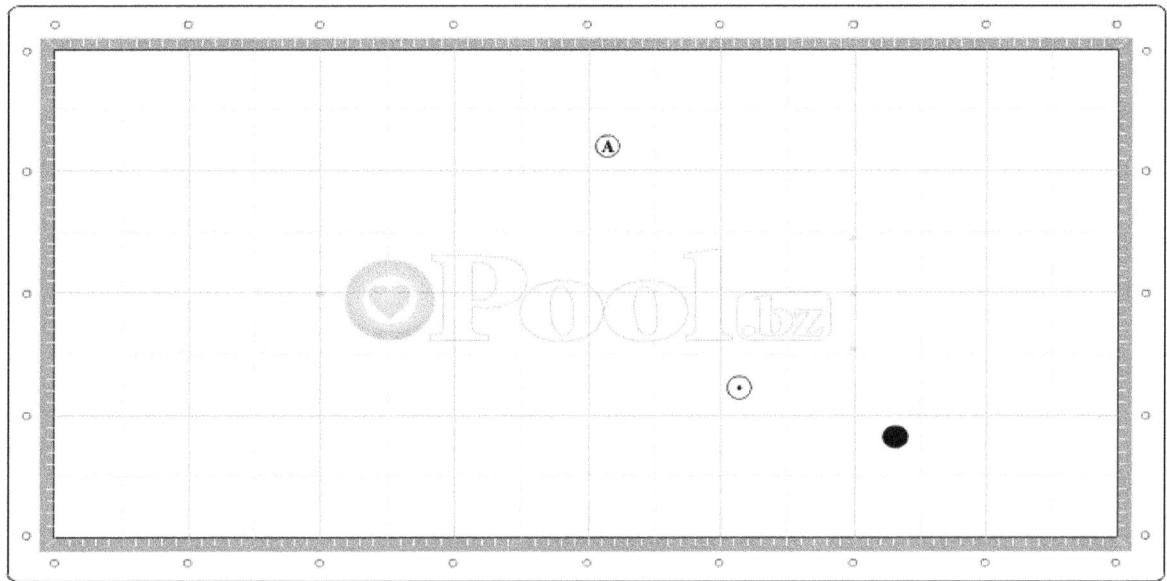

Notas e ideias:

Tiro padrão n

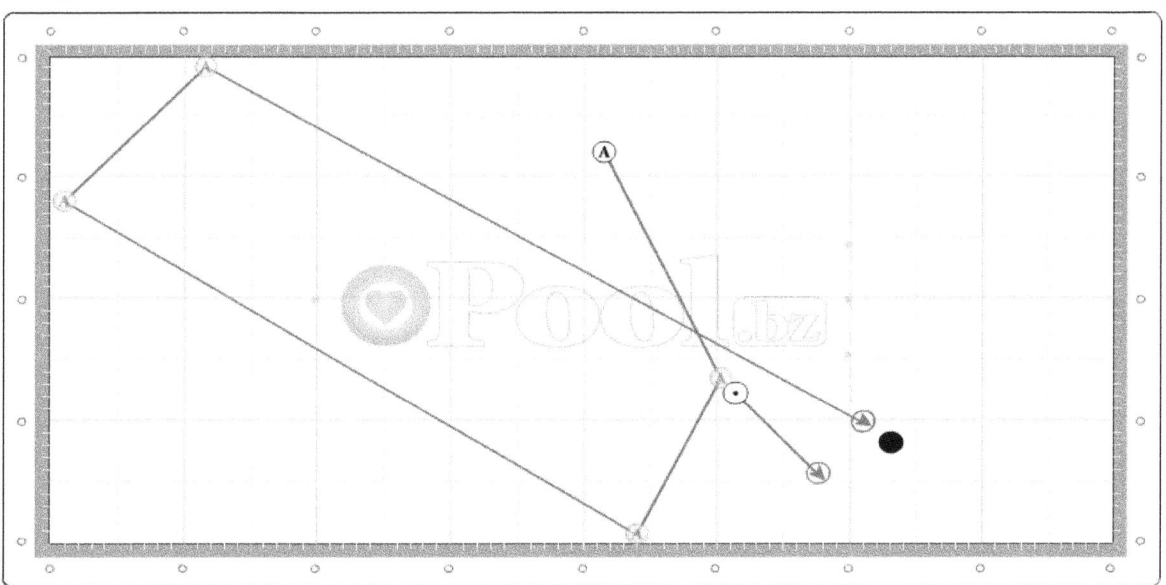

B:4c – Configuração

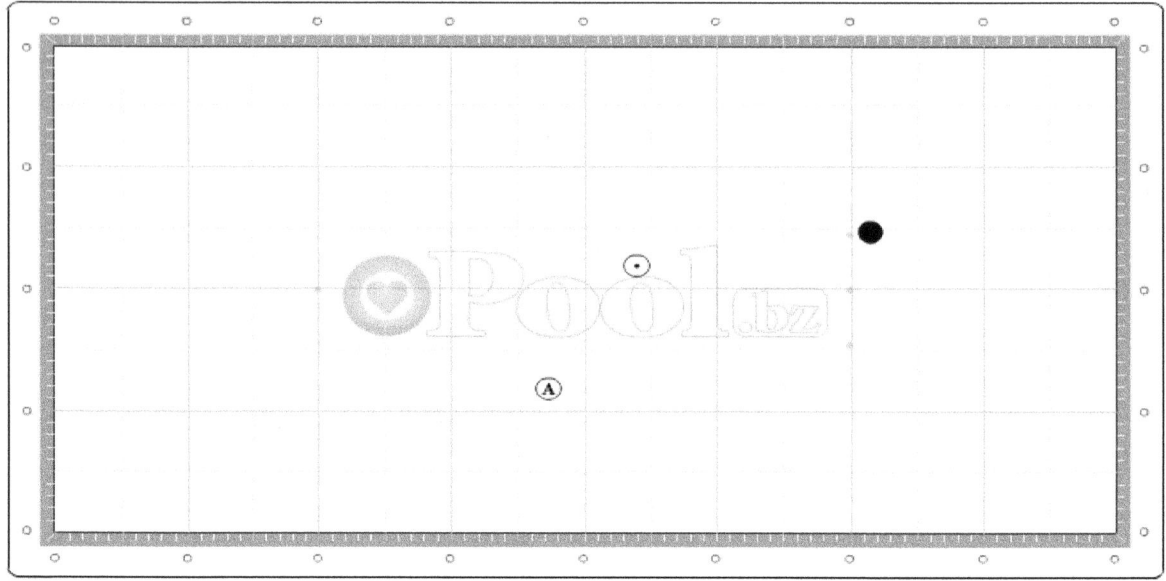

Notas e ideias:

Tiro padrão n

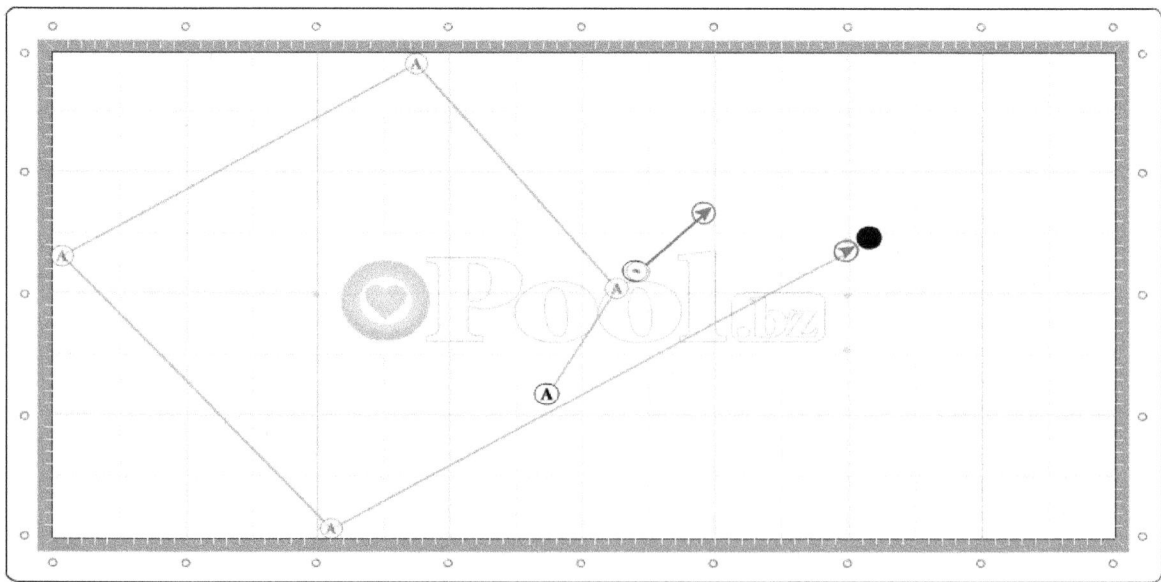

B:4d – Configuração

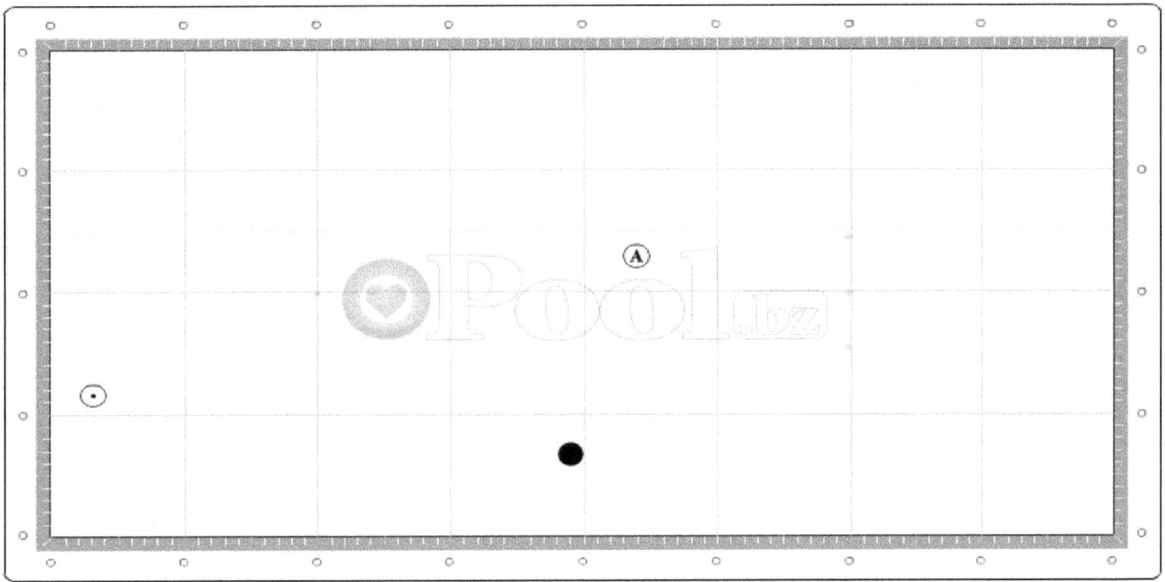

Notas e ideias:

Tiro padrão n

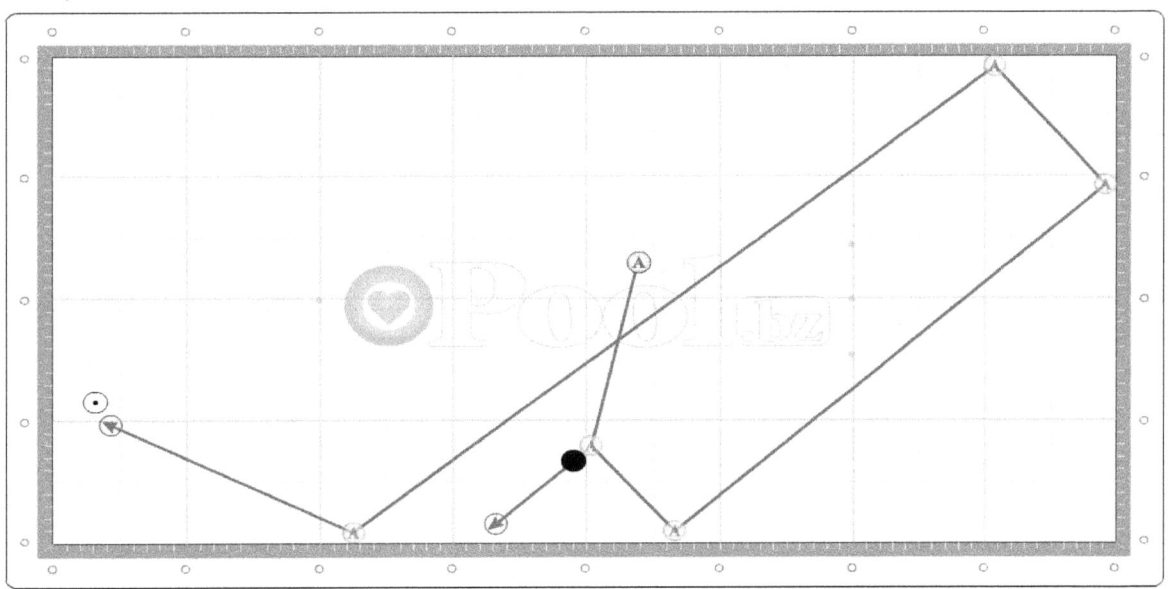

C: Perna estendida

Nessas situações, o (CB) contata o primeiro (OB) e inicia o padrão em torno do padrão mundial. O (CB) vai para o canto da casa. Em seguida, vem duas tabelass fora do canto inicial e entra em contato com o outro (OB).

Ⓐ (CB) (sua bola de bilhar) - ◉ (OB) (bola de bilhar oponente) - ● (RB) (bola de bilhar vermelha)

C: Grupo 1

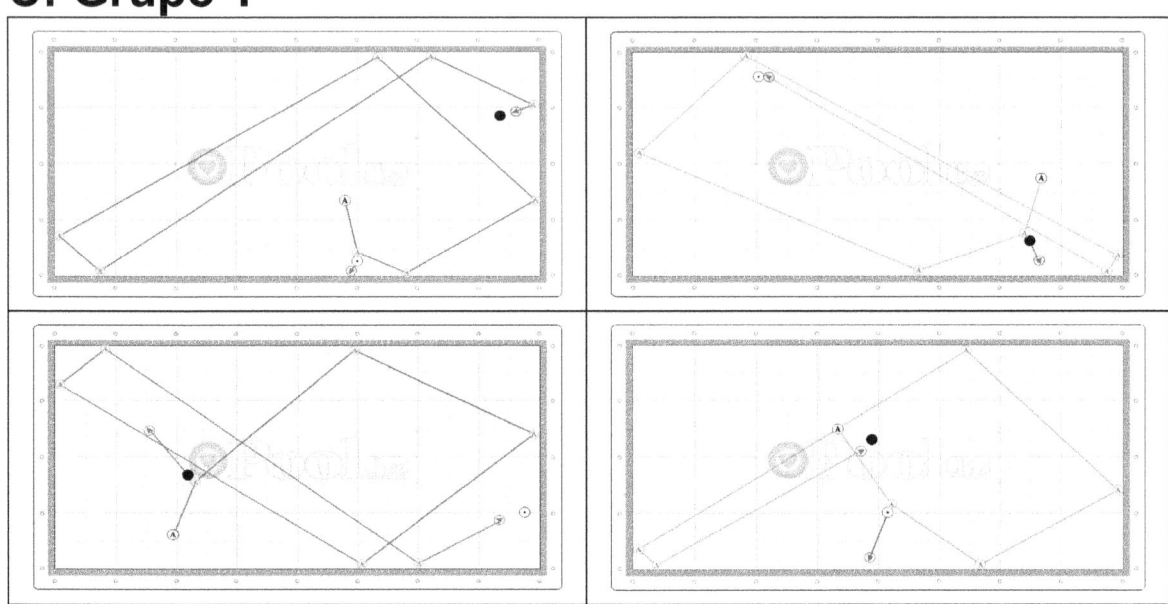

Análise:

C:1a. _____

C:1b. _____

C:1c. _____

C:1d. _____

C:1a – Configuração

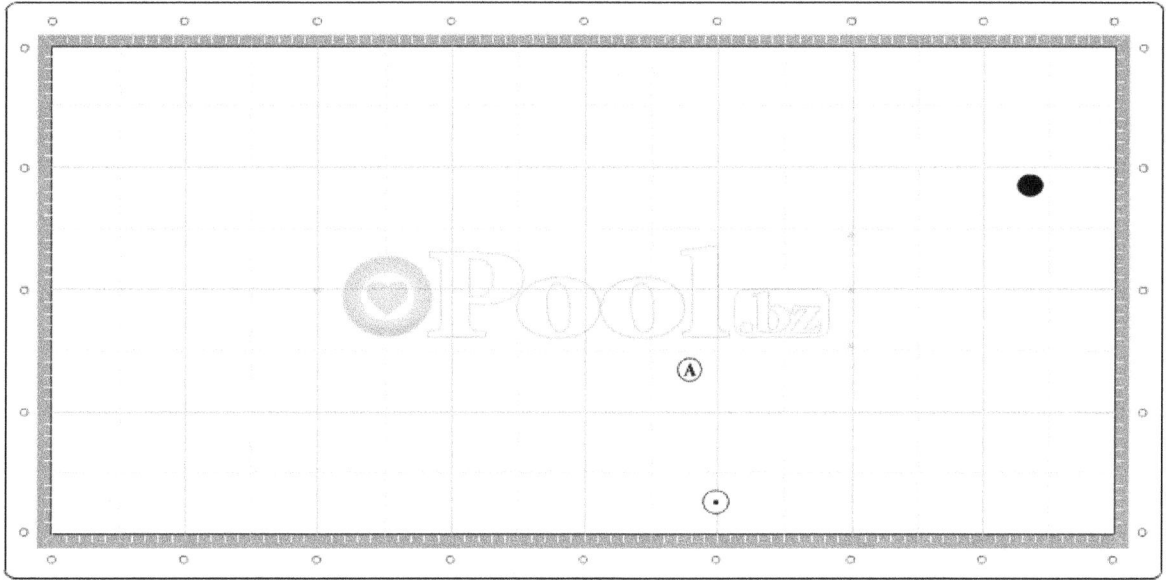

Notas e ideias:

Tiro padrão n

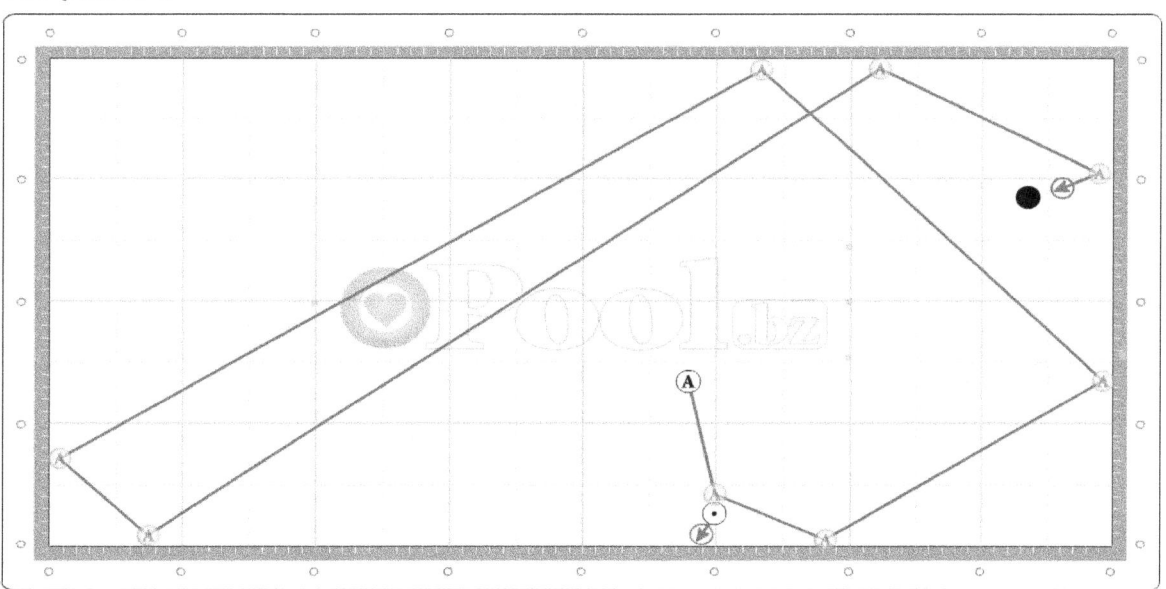

C:1b – Configuração

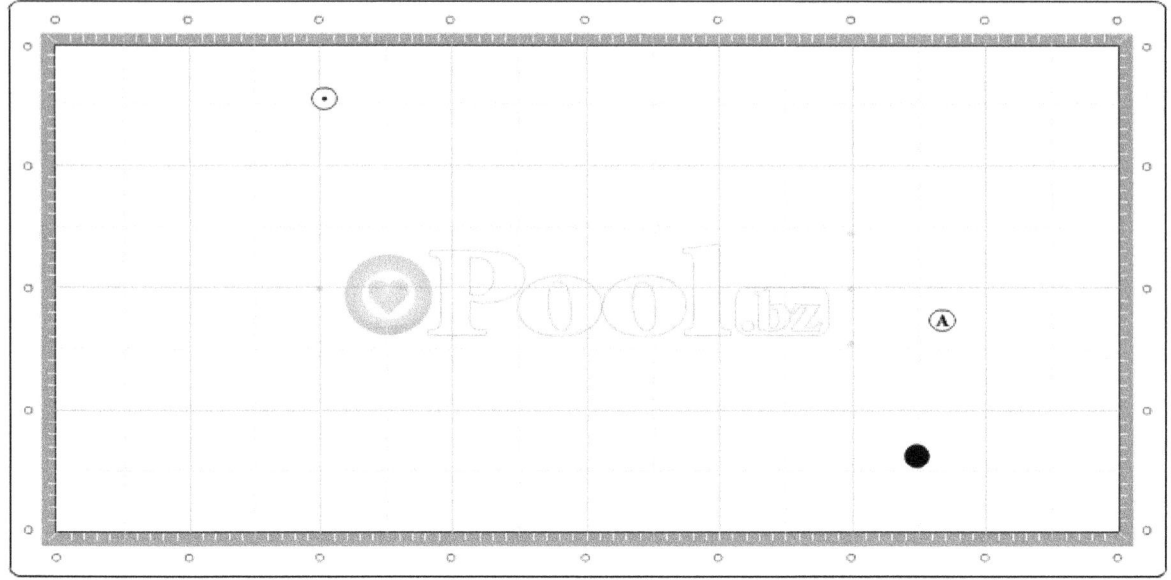

Notas e ideias:

Tiro padrão n

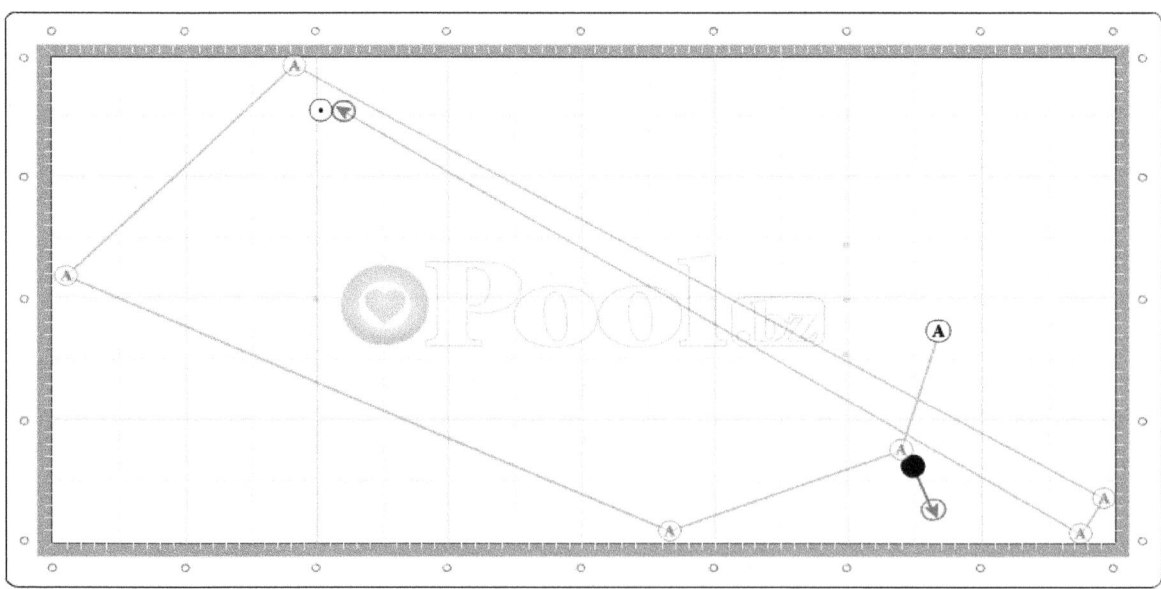

C:1c – Configuração

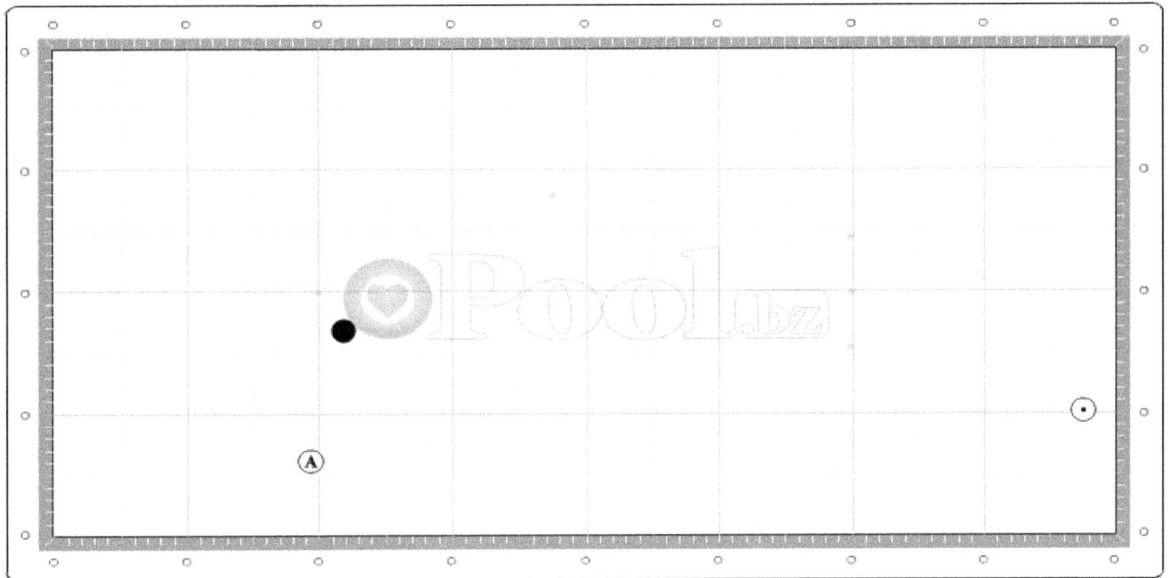

Notas e ideias:

Tiro padrão n

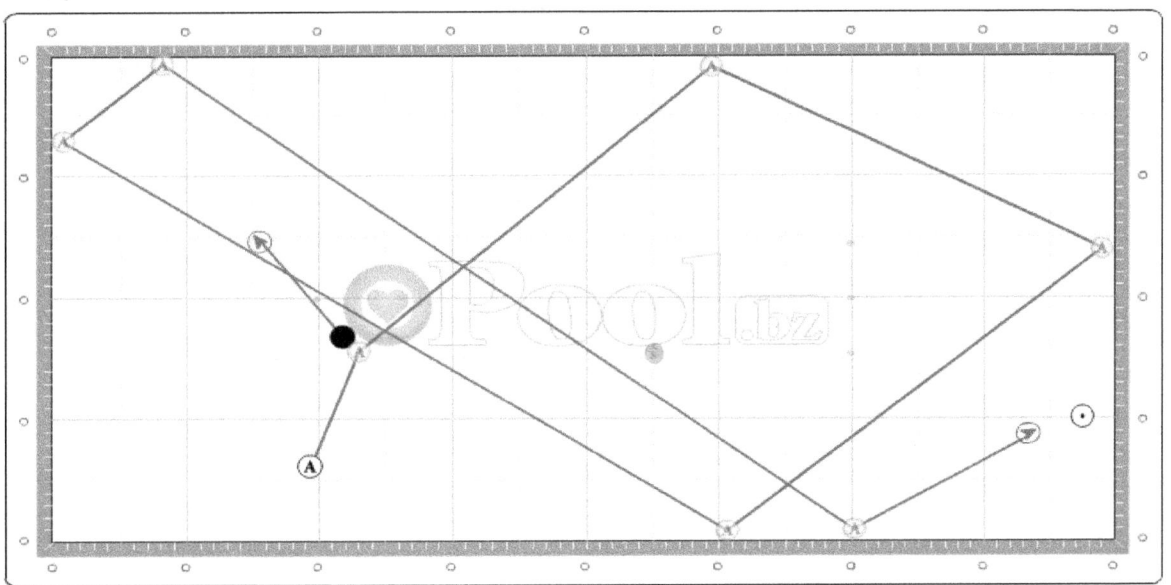

C:1d – Configuração

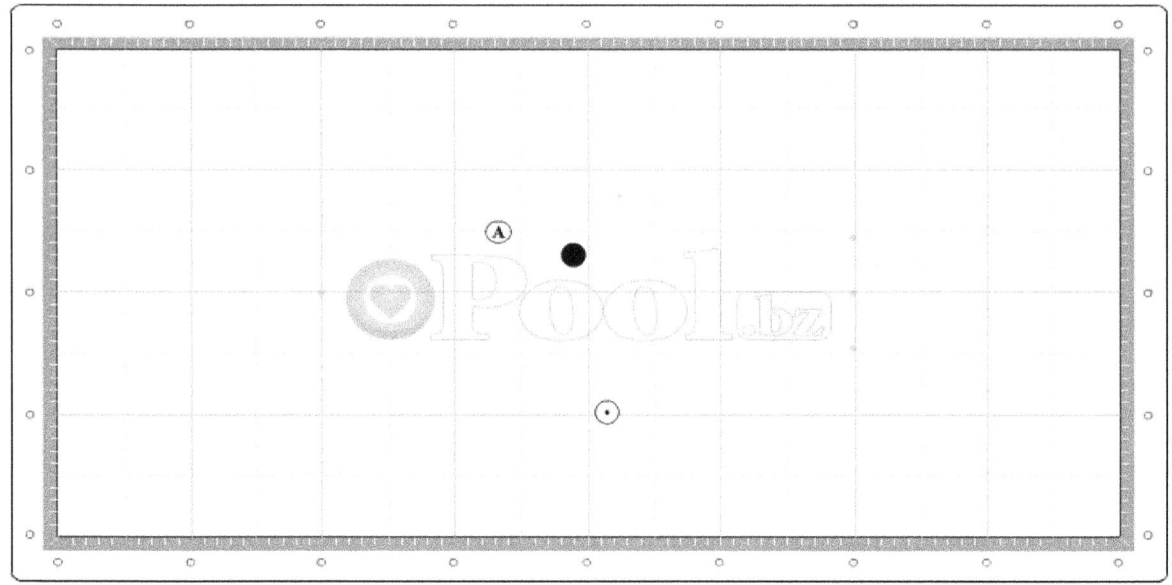

Notas e ideias:

Tiro padrão n

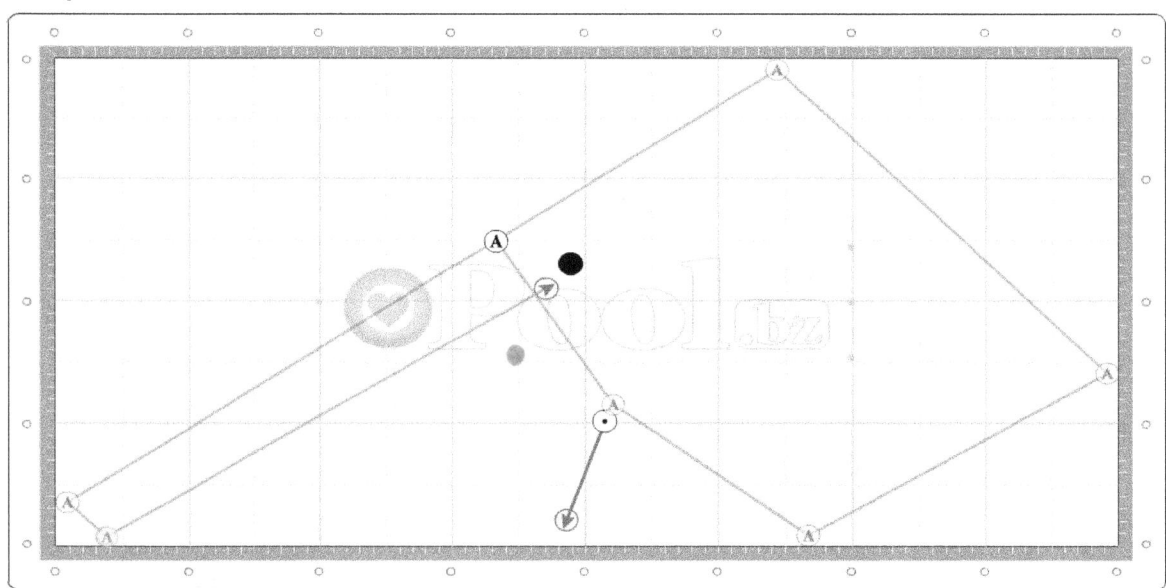

C: Grupo 2

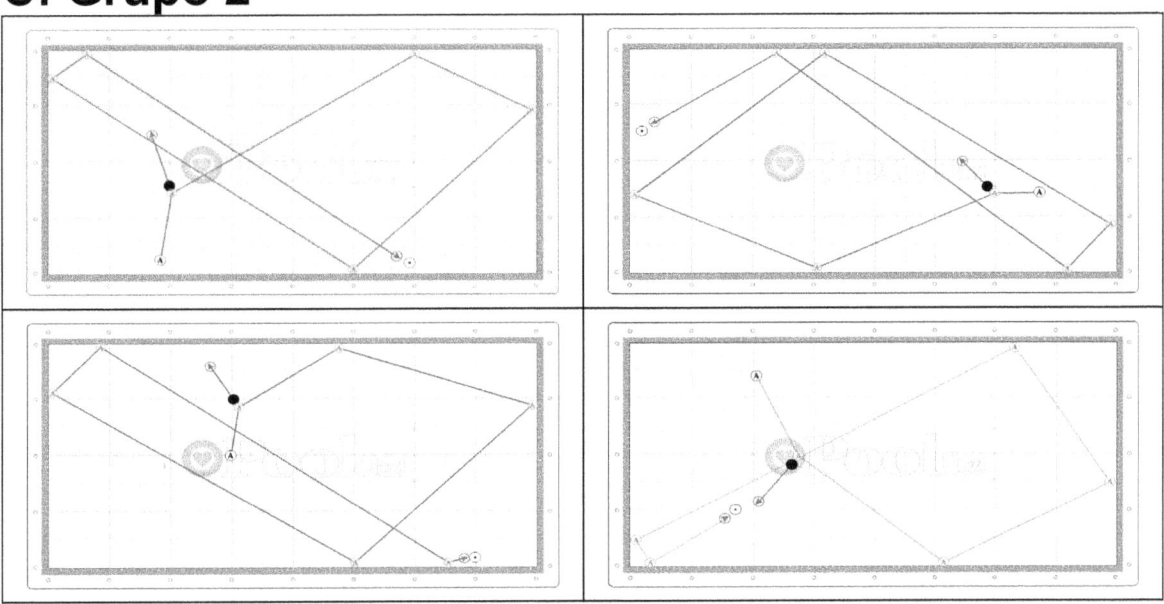

Análise:

C:2a. _____

C:2b. _____

C:2c. _____

C:2d. _____

C:2a – Configuração

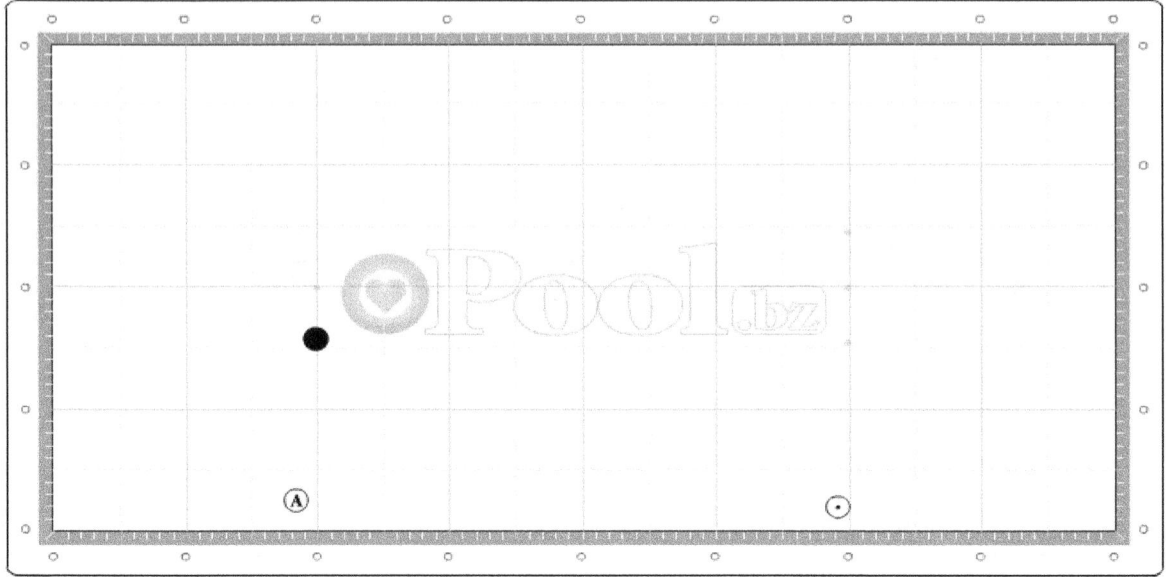

Notas e ideias:

Tiro padrão n

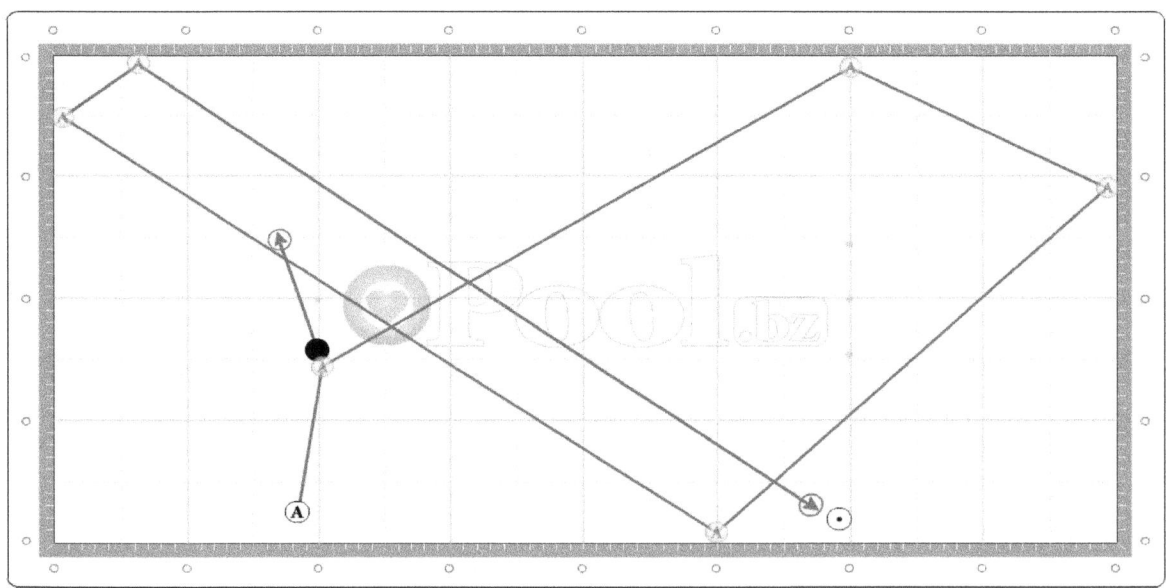

C:2b – Configuração

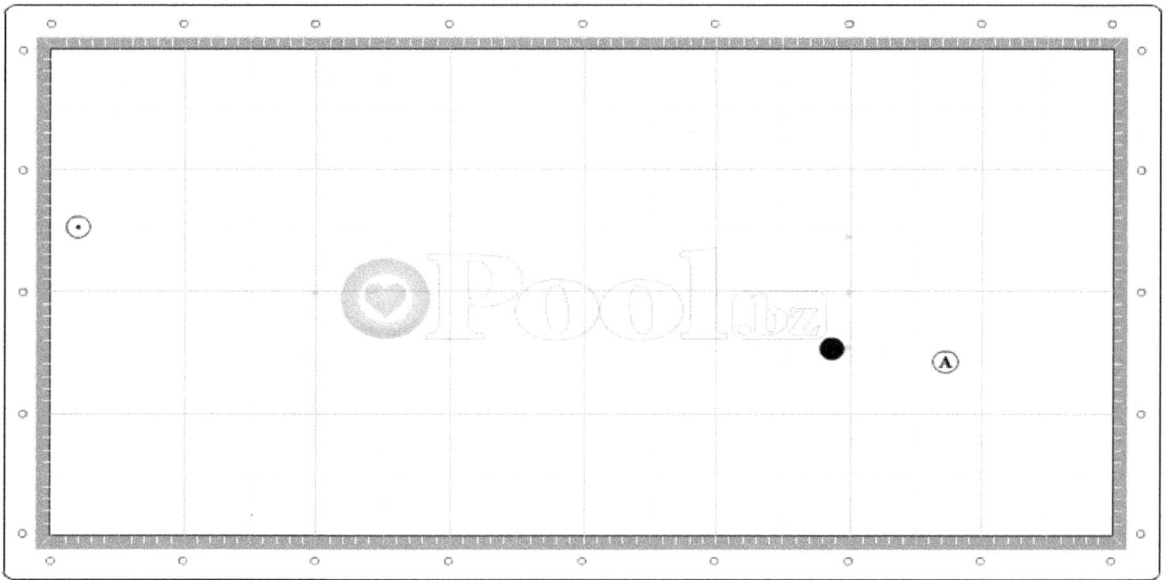

Notas e ideias:

Tiro padrão n

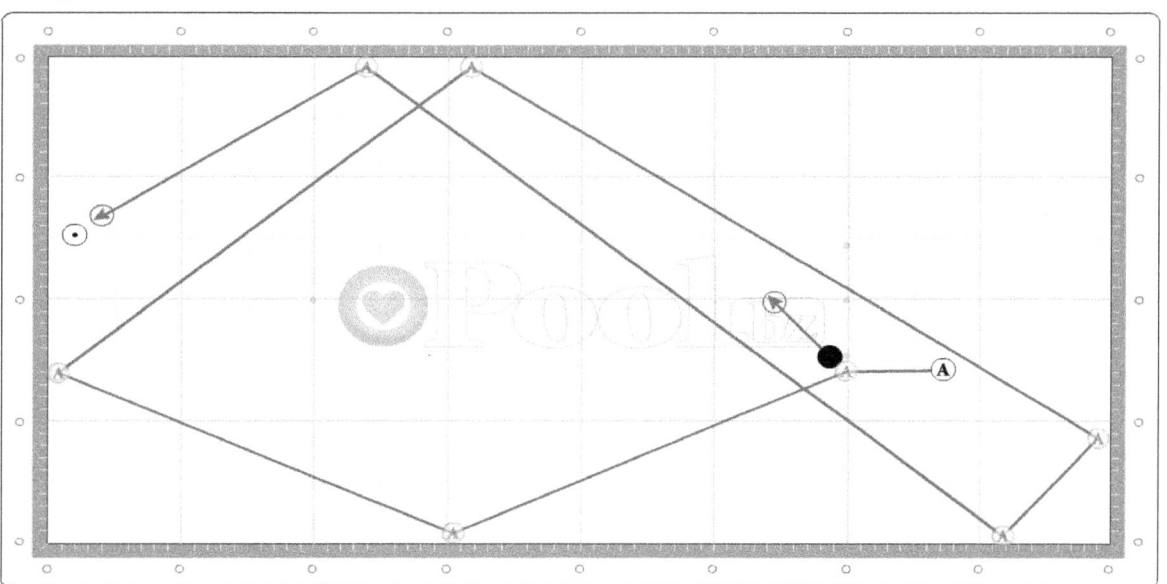

C:2c – Configuração

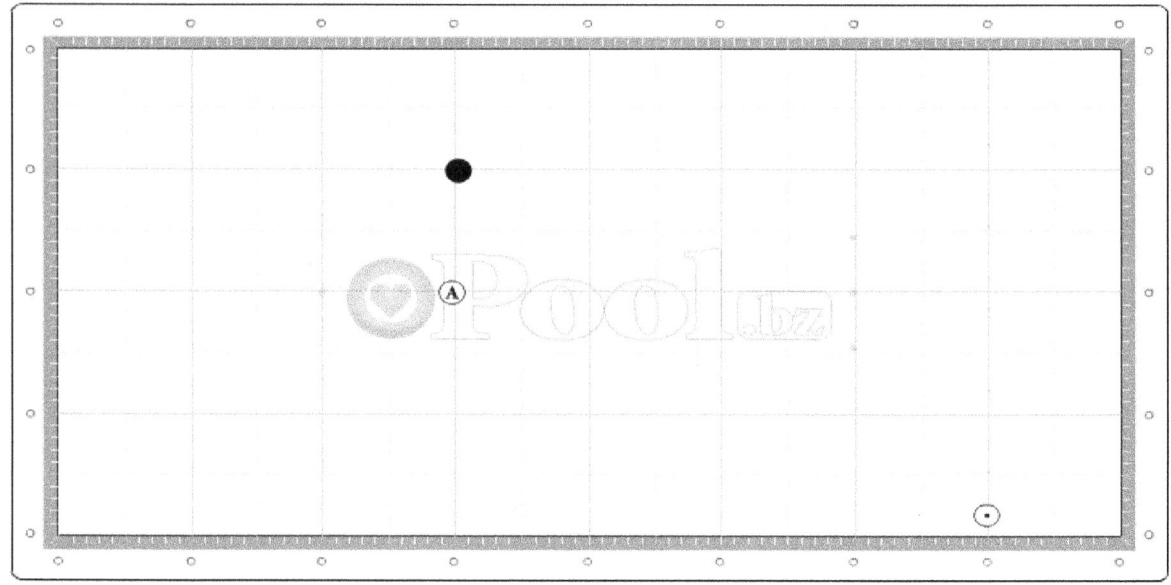

Notas e ideias:

Tiro padrão n

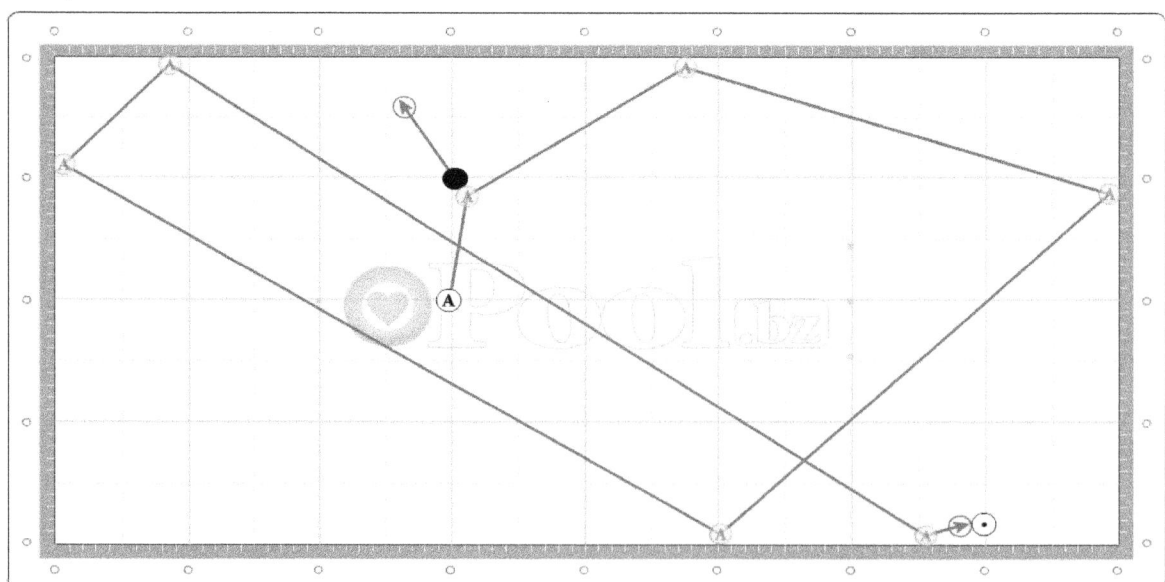

C:2d – Configuração

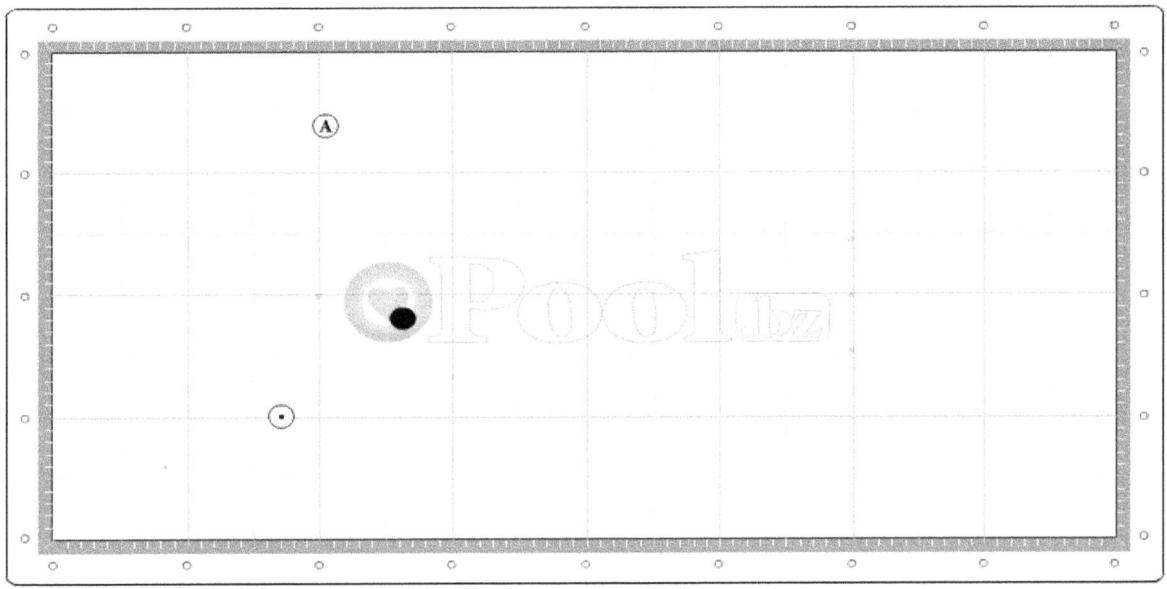

Notas e ideias:

Tiro padrão n

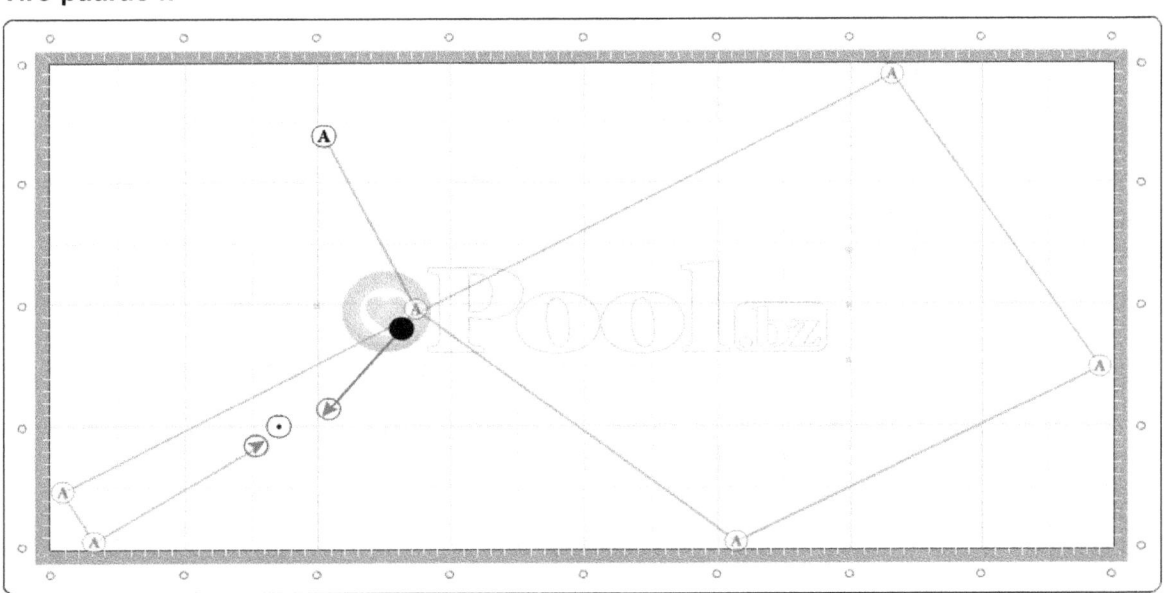

C: Grupo 3

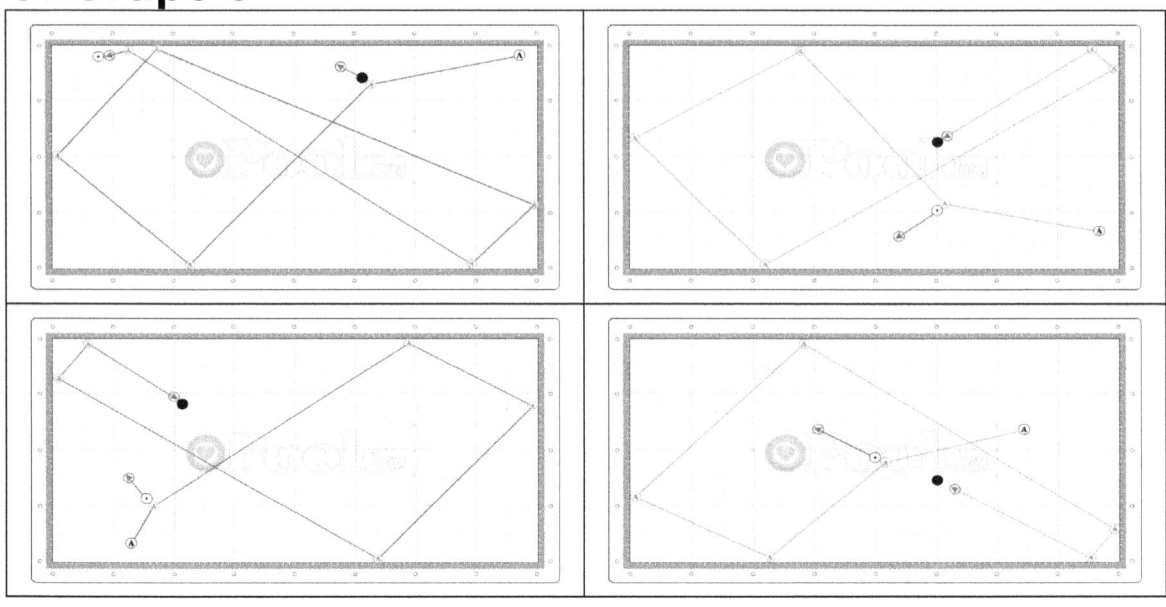

Análise:

C:3a. _____

C:3b. _____

C:3c. _____

C:3d. _____

C:3a – Configuração

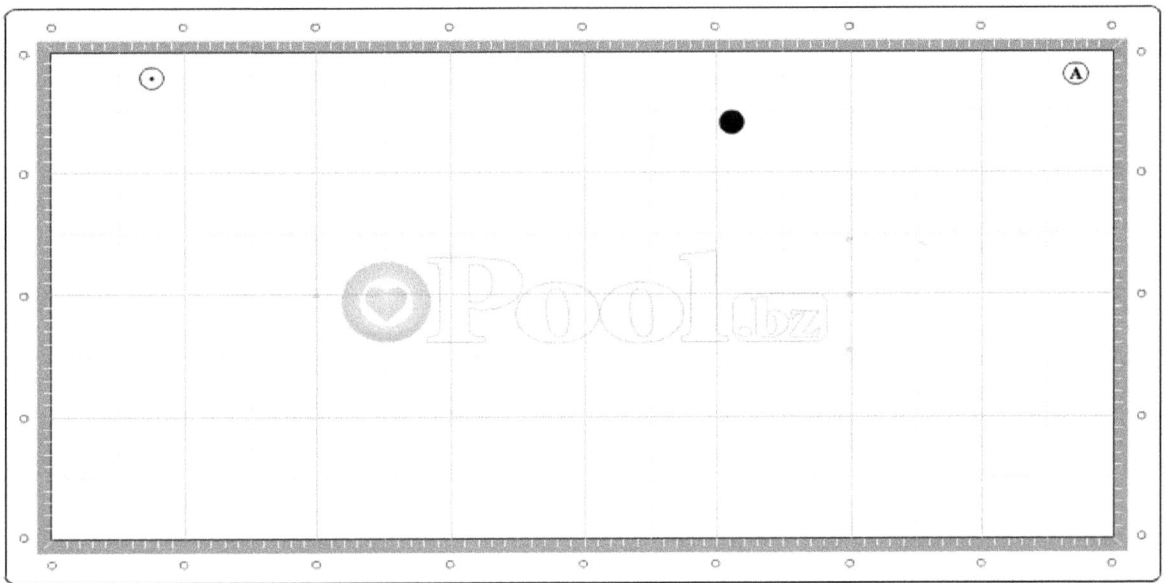

Notas e ideias:

Tiro padrão n

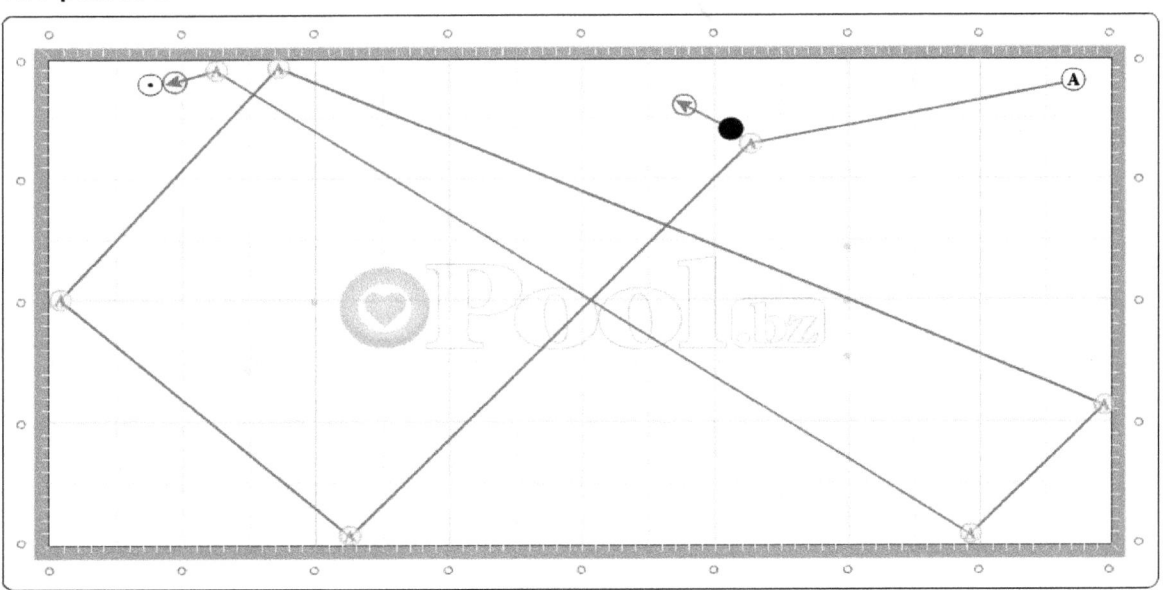

C:3b – Configuração

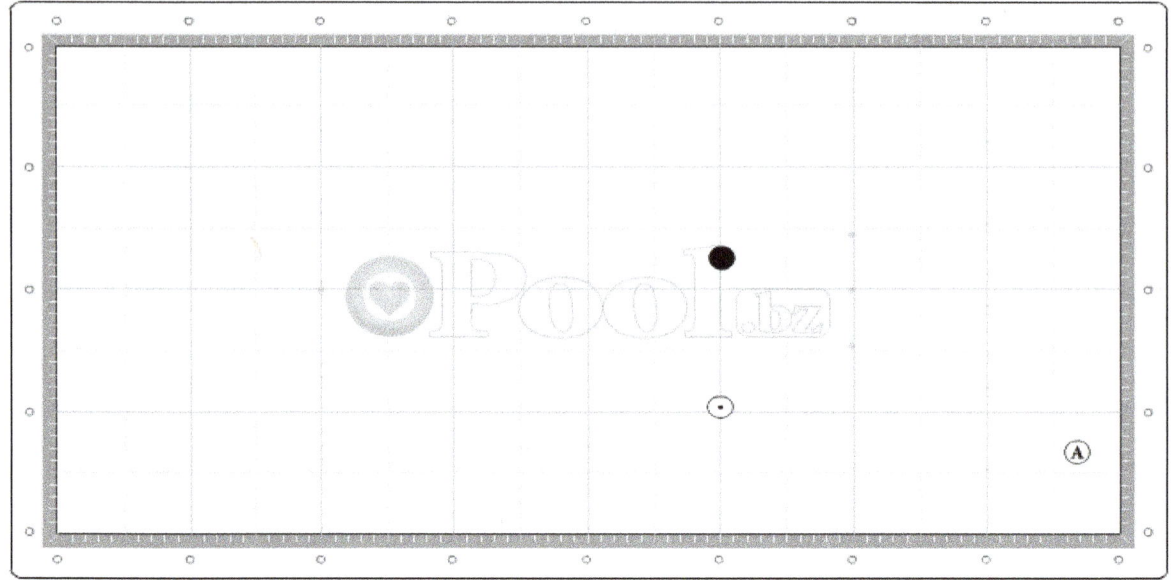

Notas e ideias:

Tiro padrão n

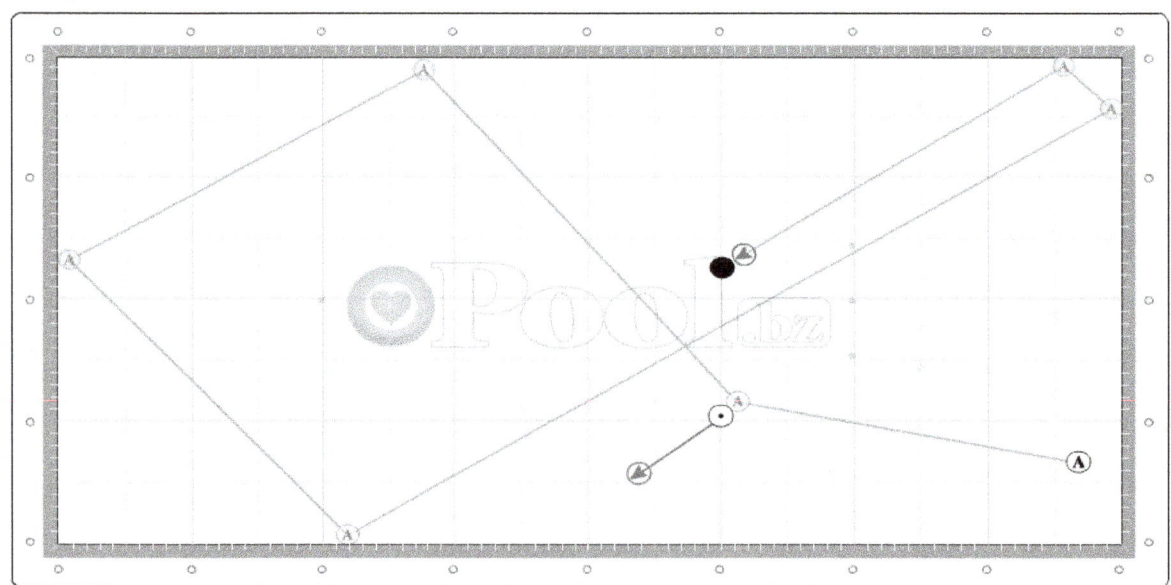

C:3c – Configuração

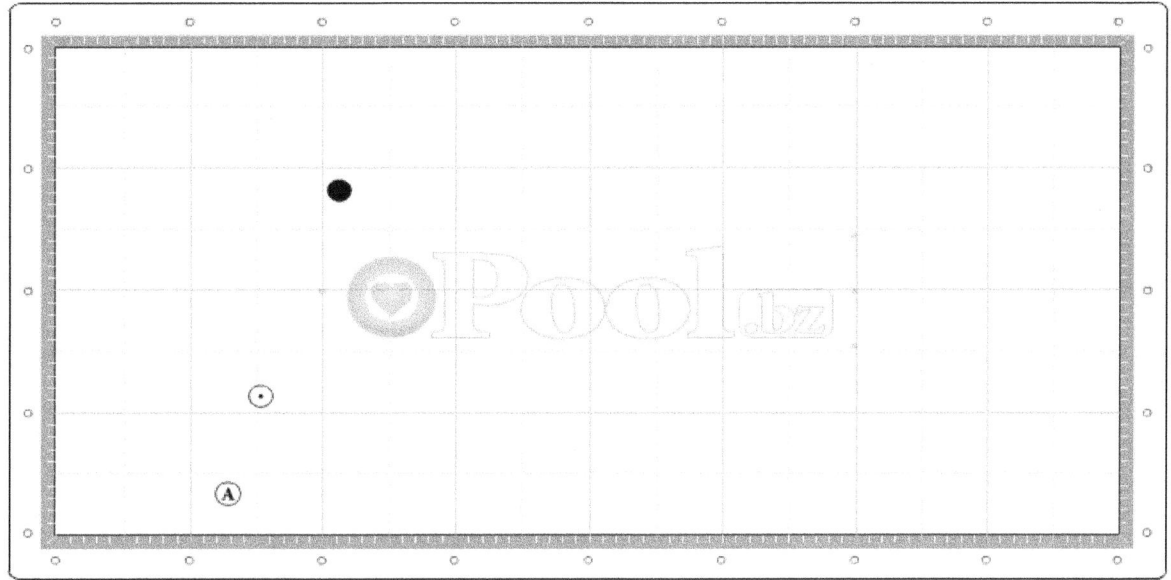

Notas e ideias:

Tiro padrão n

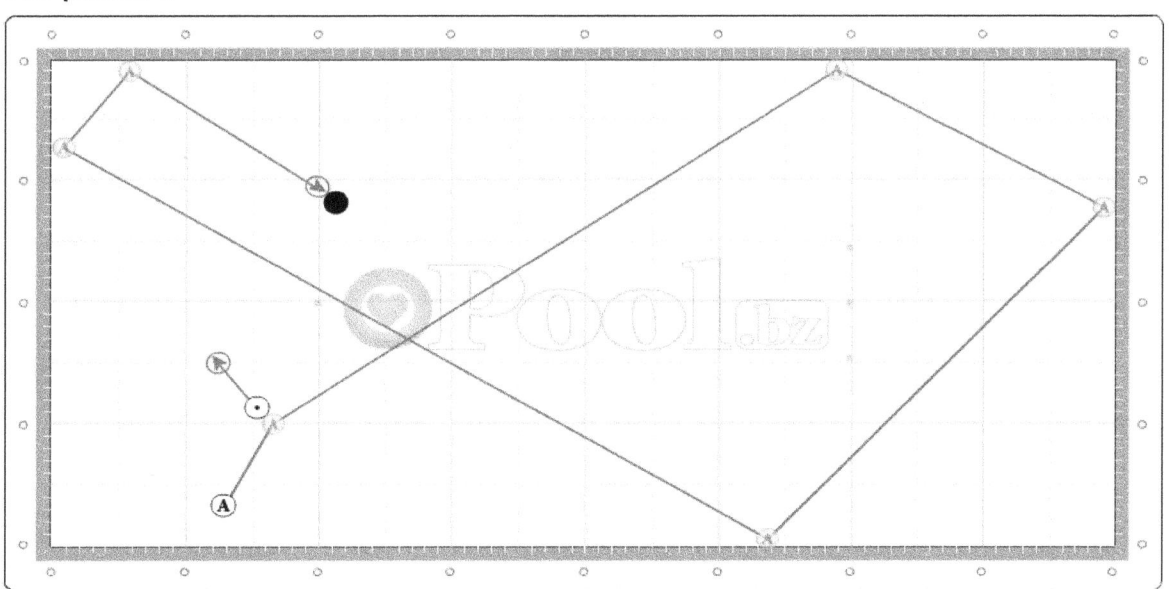

C:3d – Configuração

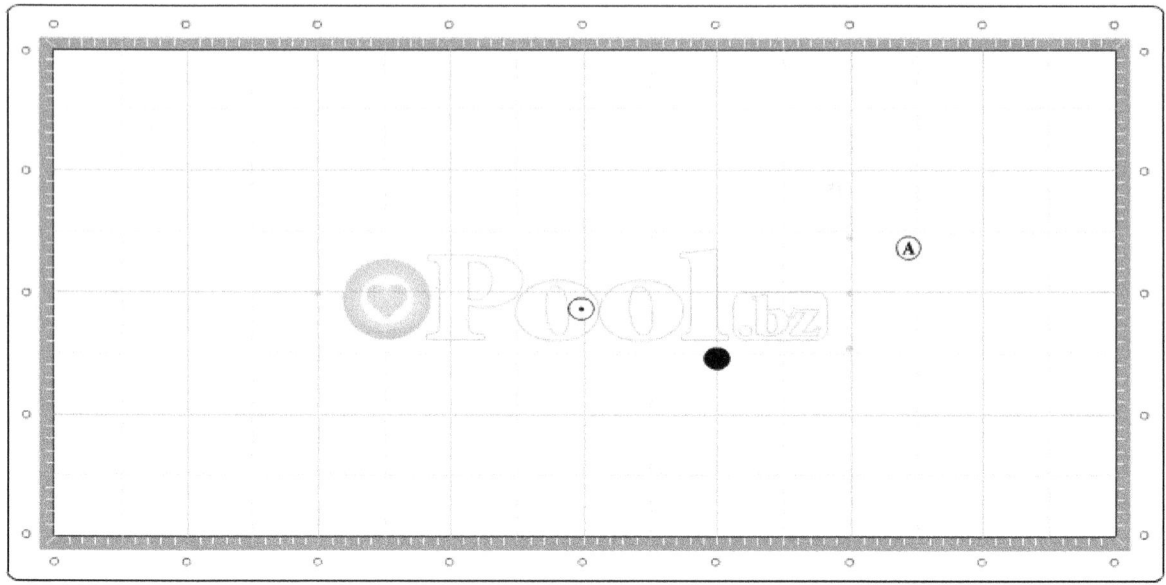

Notas e ideias:

Tiro padrão n

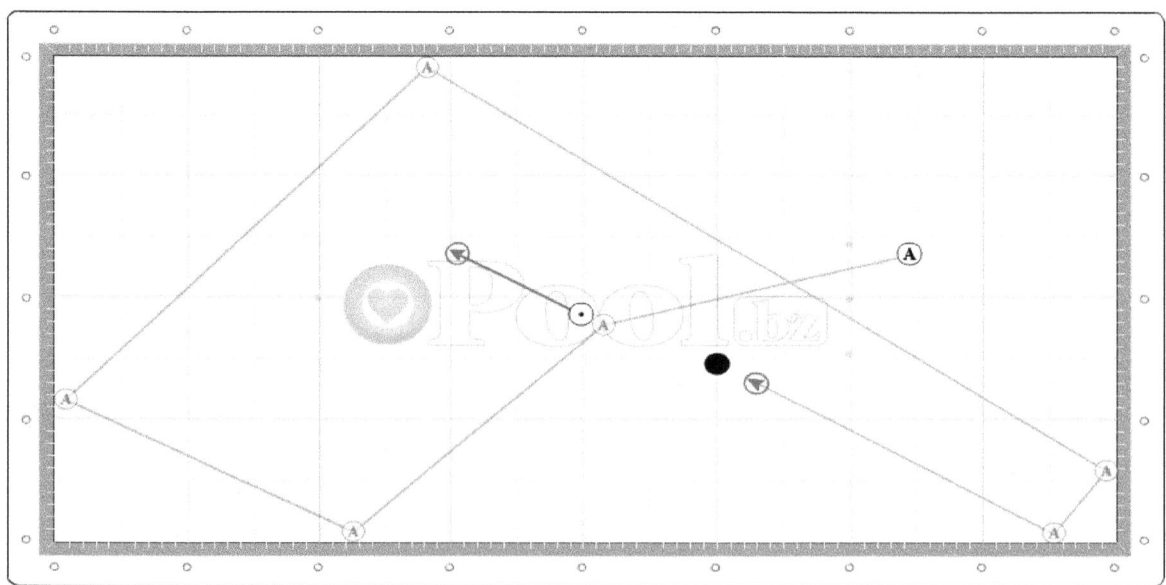

D: Grande bola no canto da casa

O (CB) sai do primeiro (OB) e segue o básico em torno do padrão mundial. Porque o outro (OB) está no canto, o alvo (OB) é "maior".

Ⓐ (CB) (sua bola de bilhar) - ⊙ (OB) (bola de bilhar oponente) - ● (RB) (bola de bilhar vermelha)

D: Grupo 1

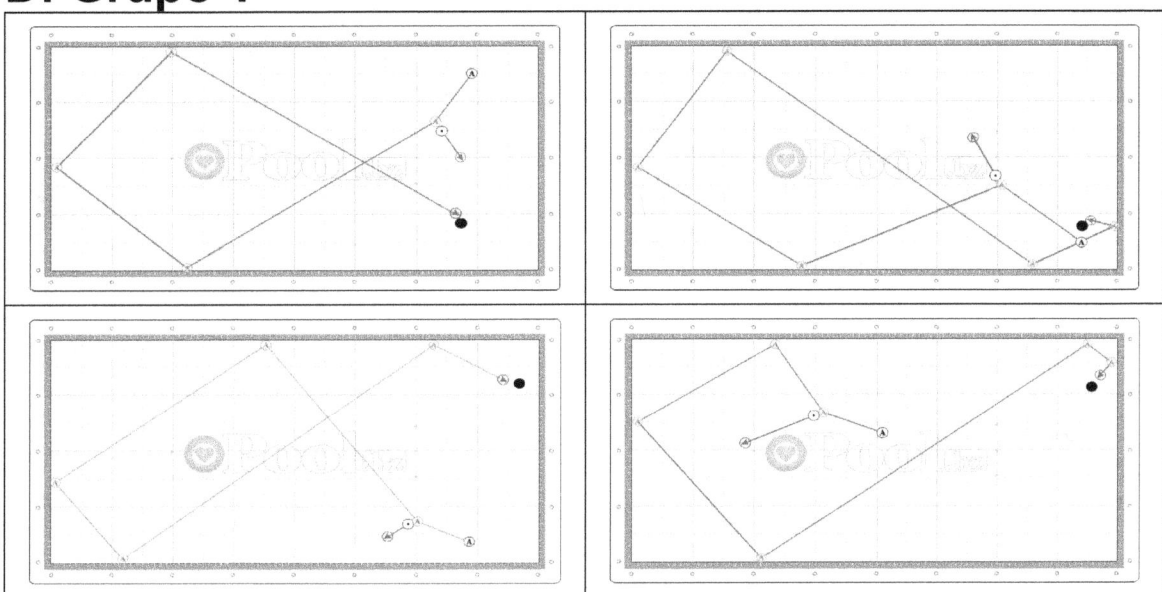

Análise:

D:1a. _____

D:1b. _____

D:1c. _____

D:1d. _____

D:1a – Configuração

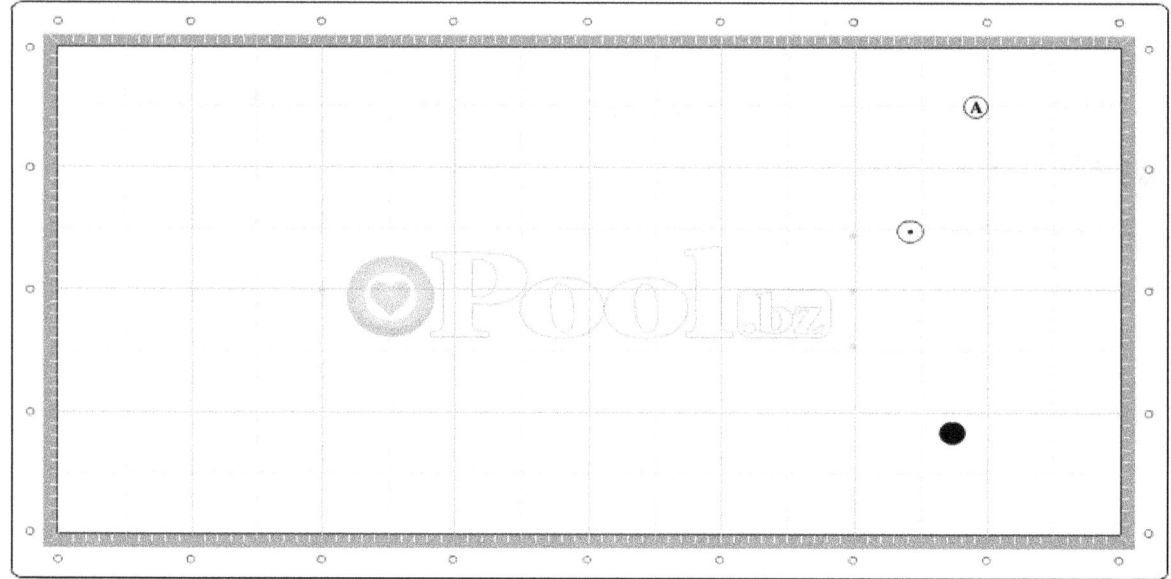

Notas e ideias:

Tiro padrão n

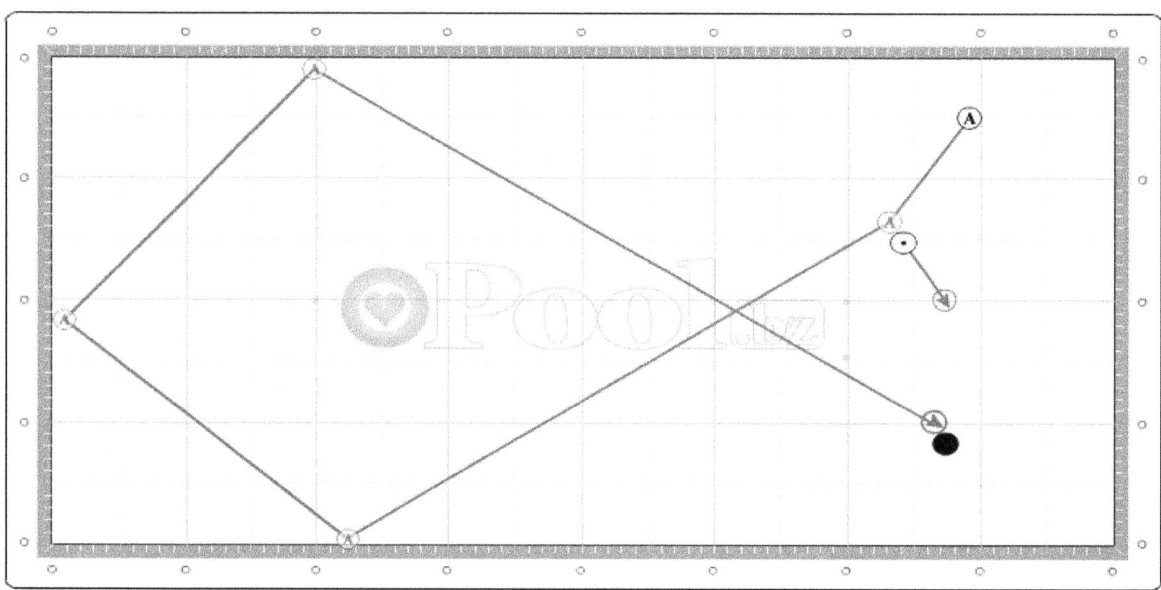

D:1b – Configuração

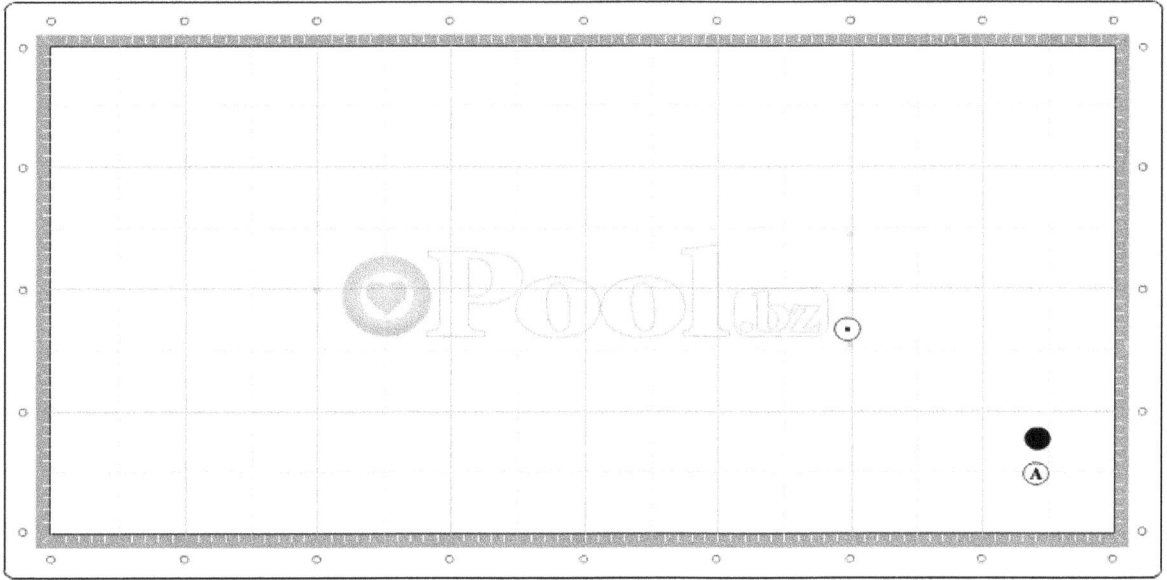

Notas e ideias:

Tiro padrão n

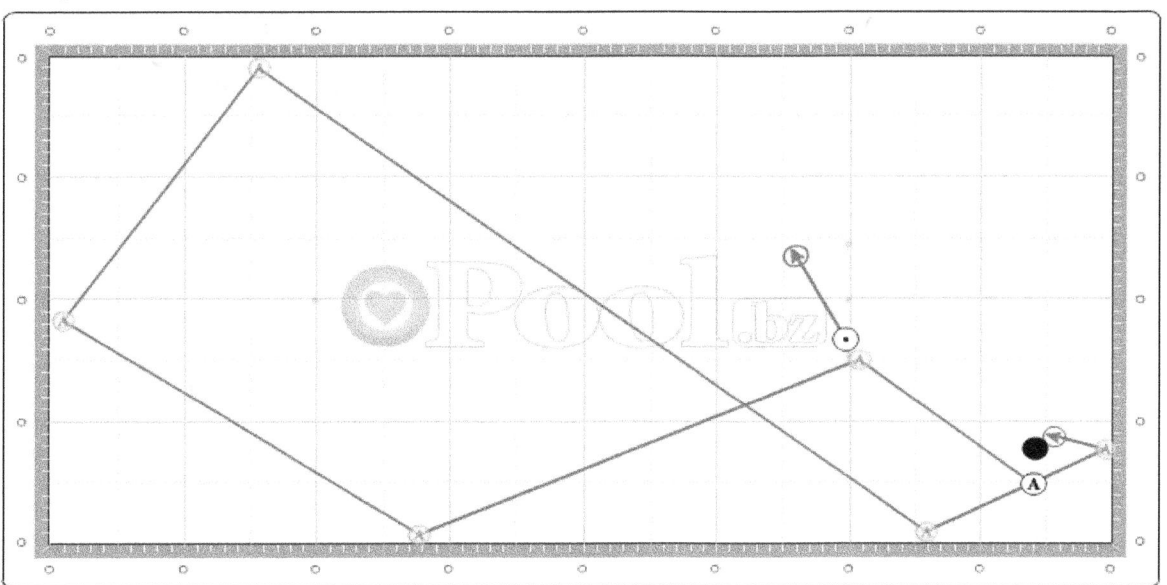

D:1c – Configuração

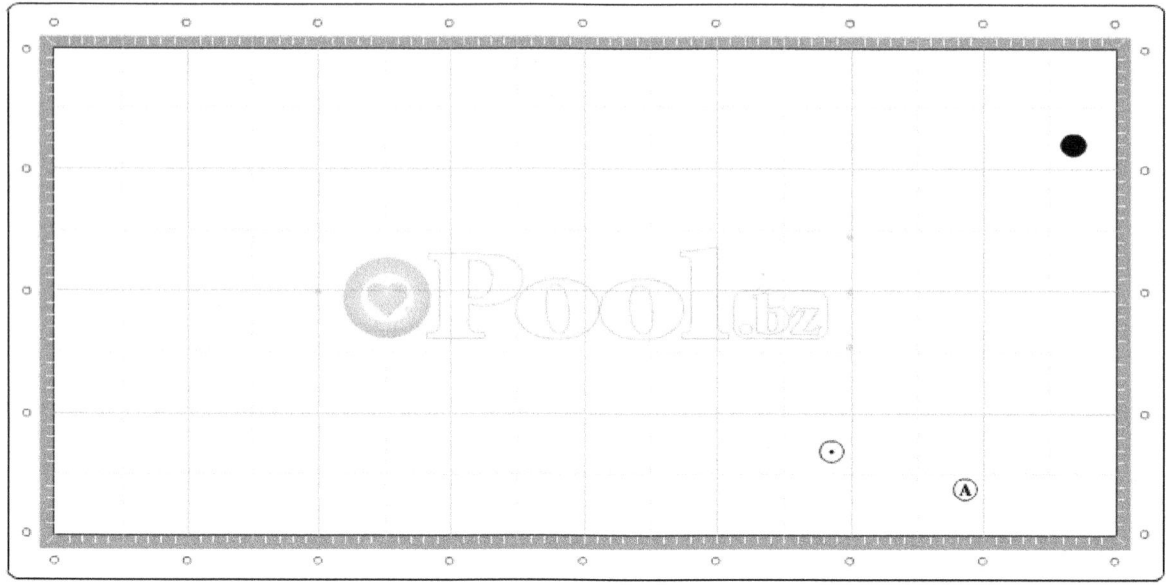

Notas e ideias:

Tiro padrão n

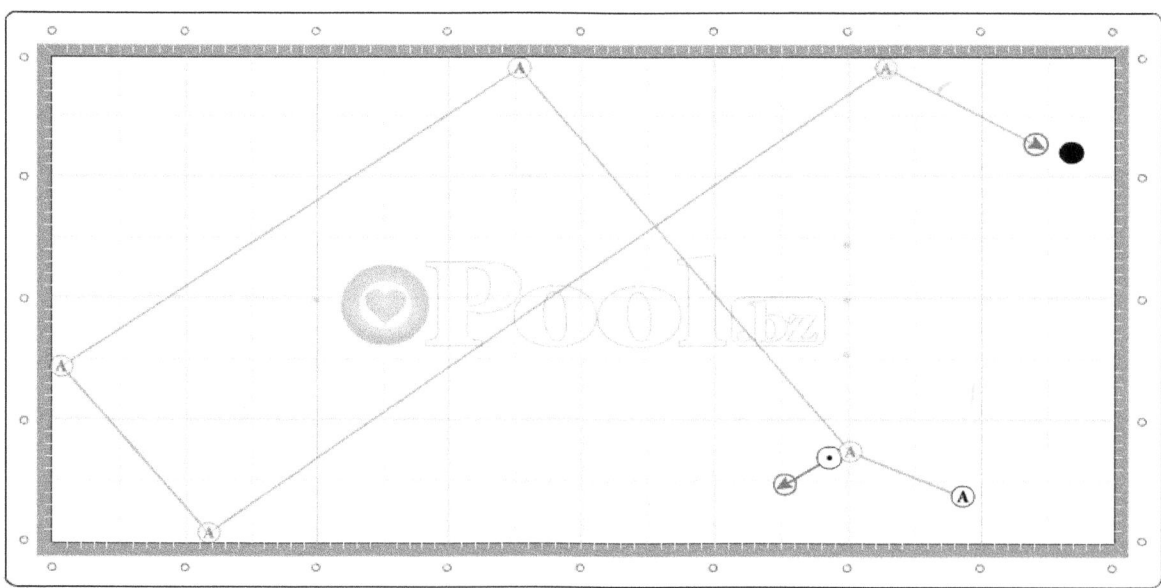

D:1d – Configuração

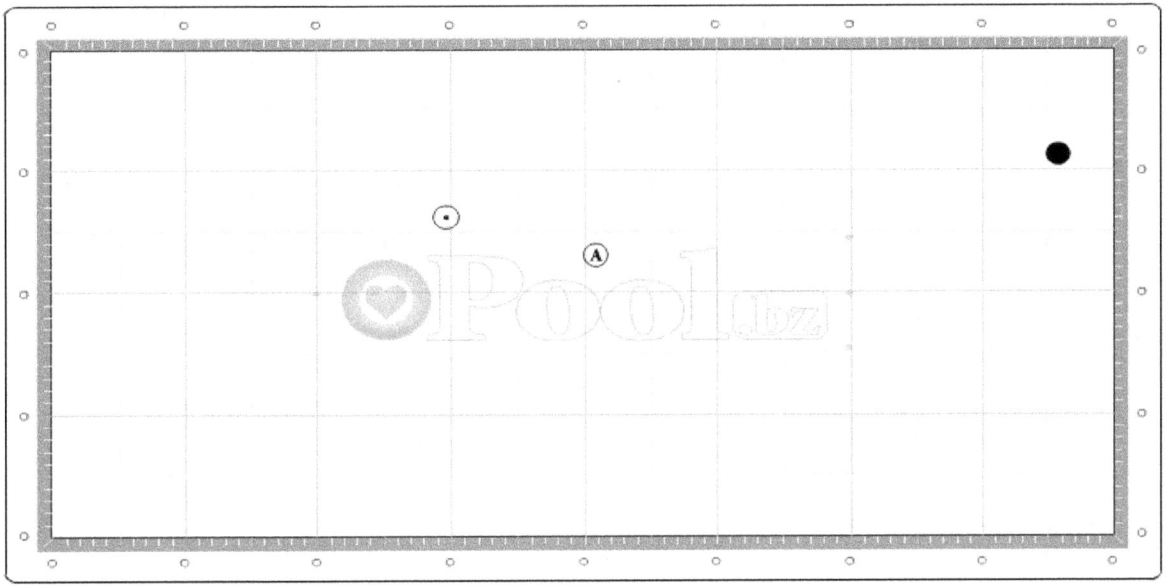

Notas e ideias:

Tiro padrão n

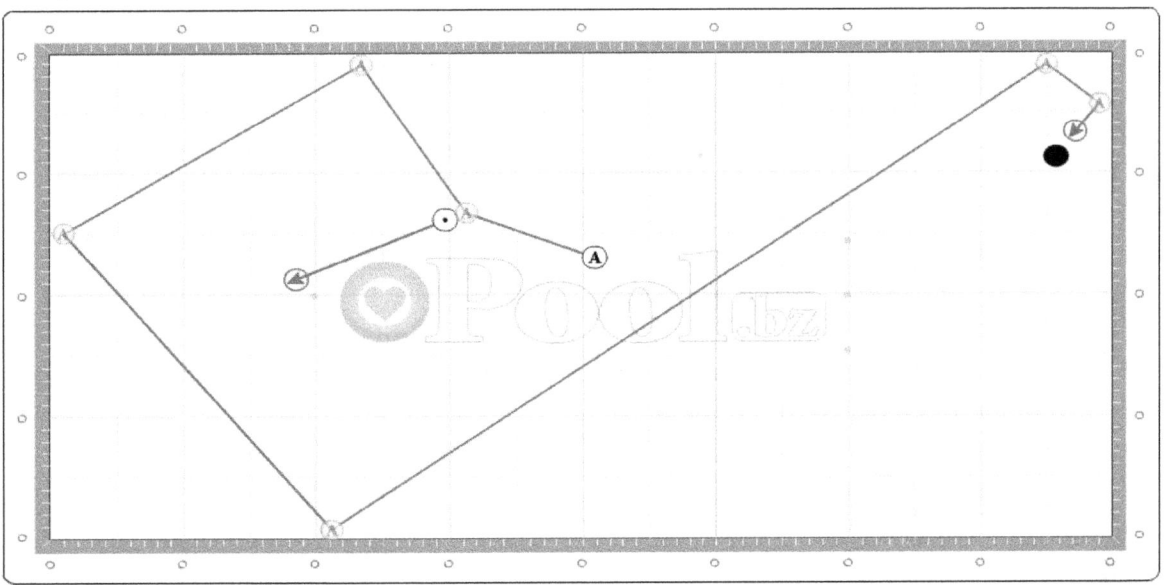

D: Grupo 2

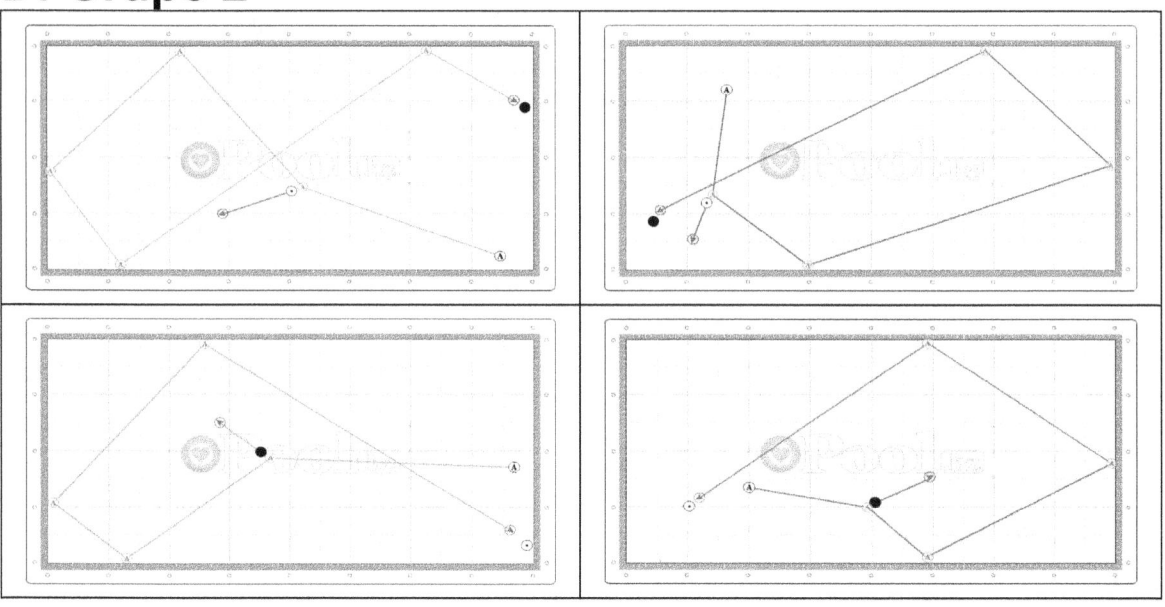

Análise:

D:2a. _____

D:2b. _____

D:2c. _____

D:2d. _____

D:2a – Configuração

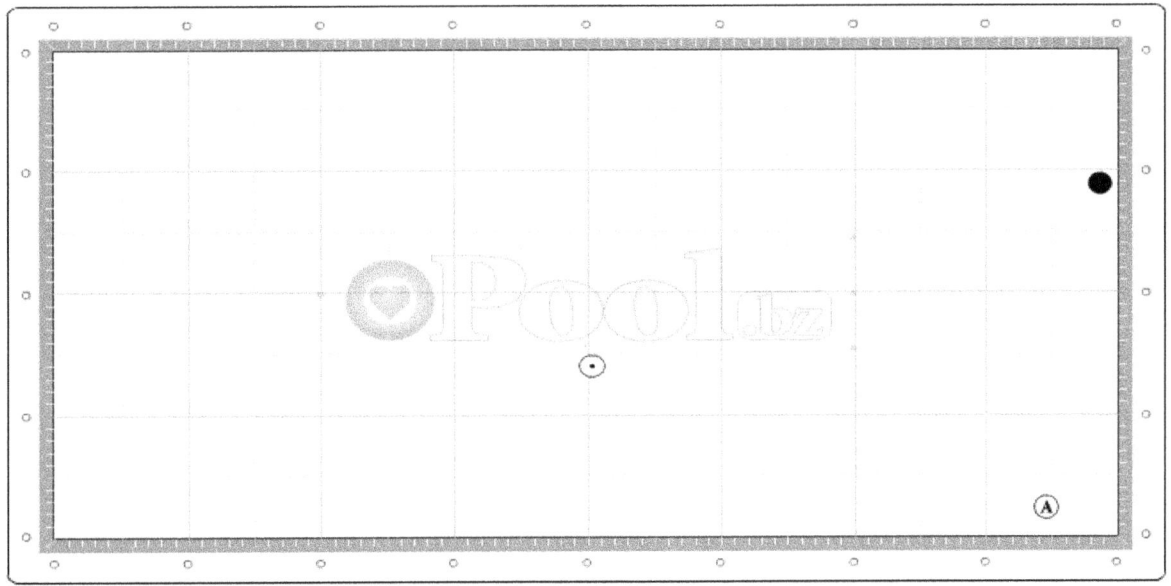

Notas e ideias:

Tiro padrão n

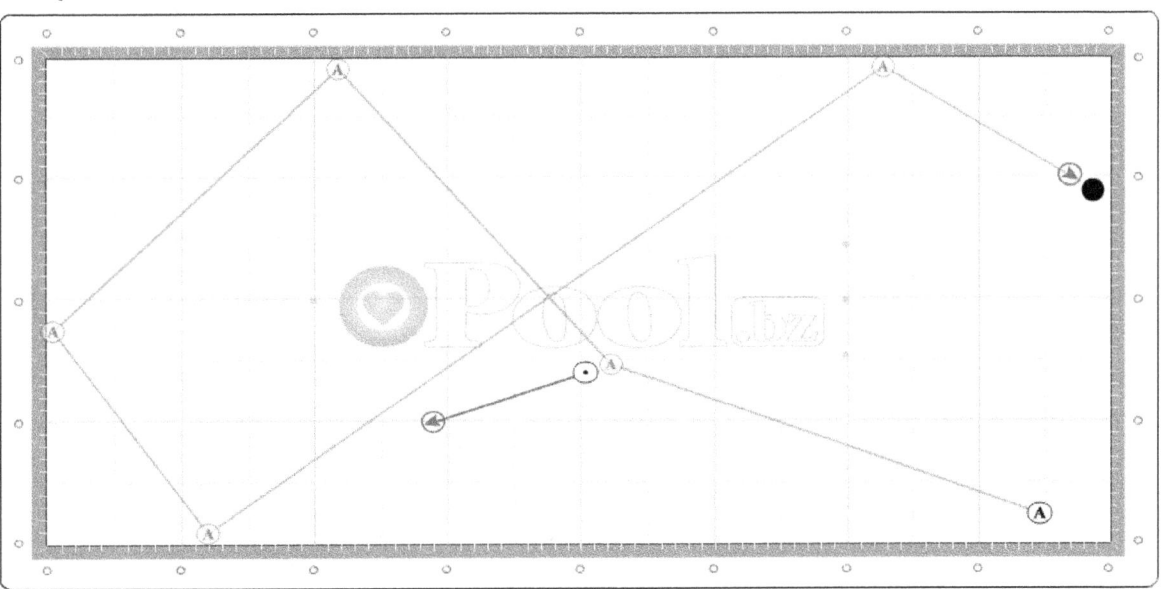

D:2b – Configuração

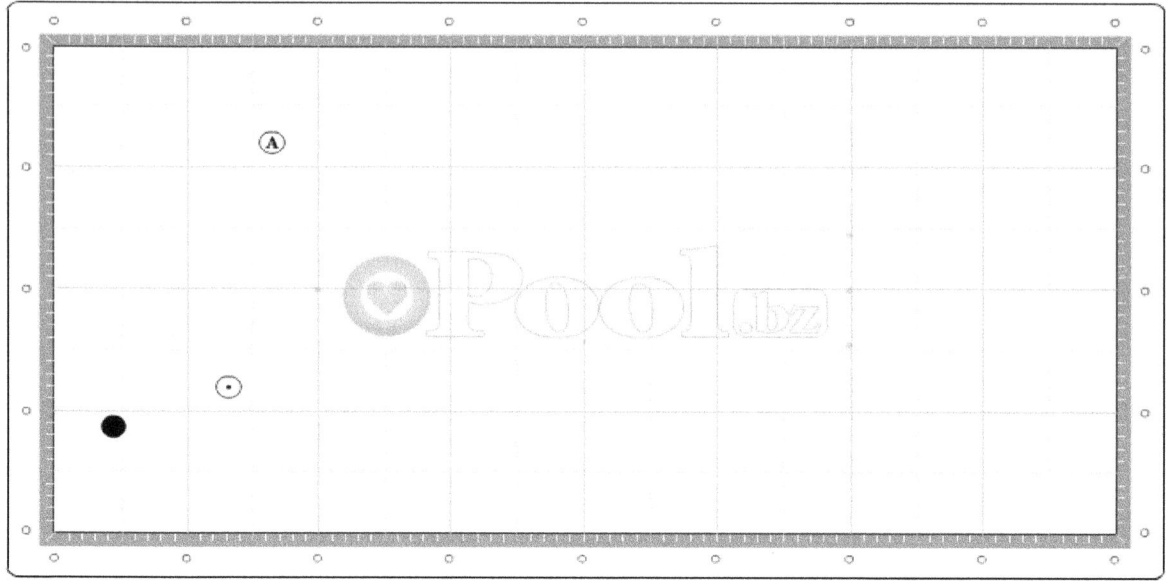

Notas e ideias:

Tiro padrão n

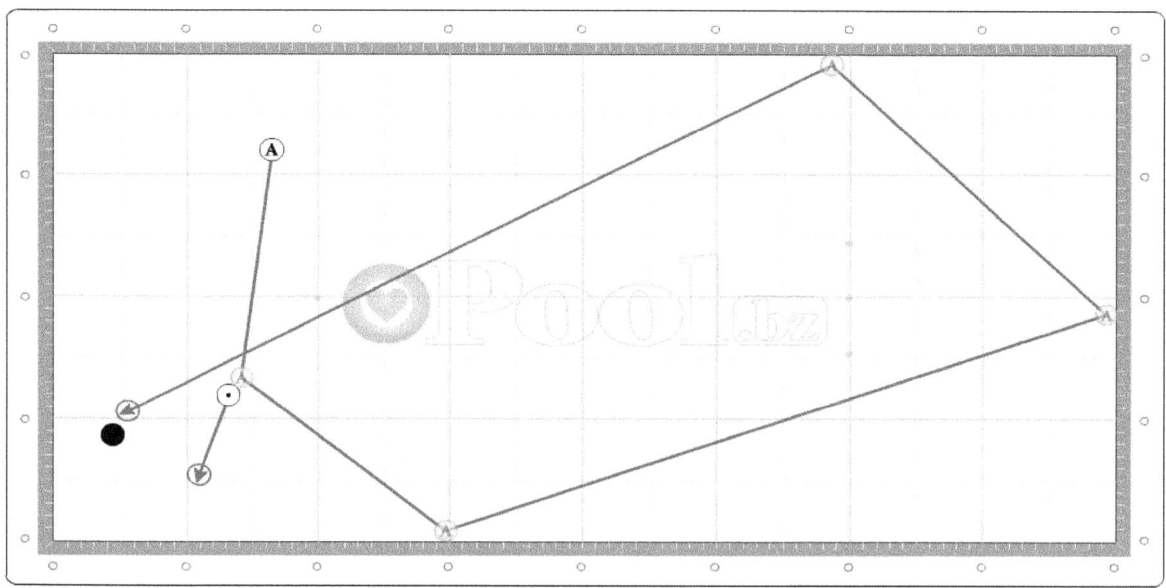

D:2c – Configuração

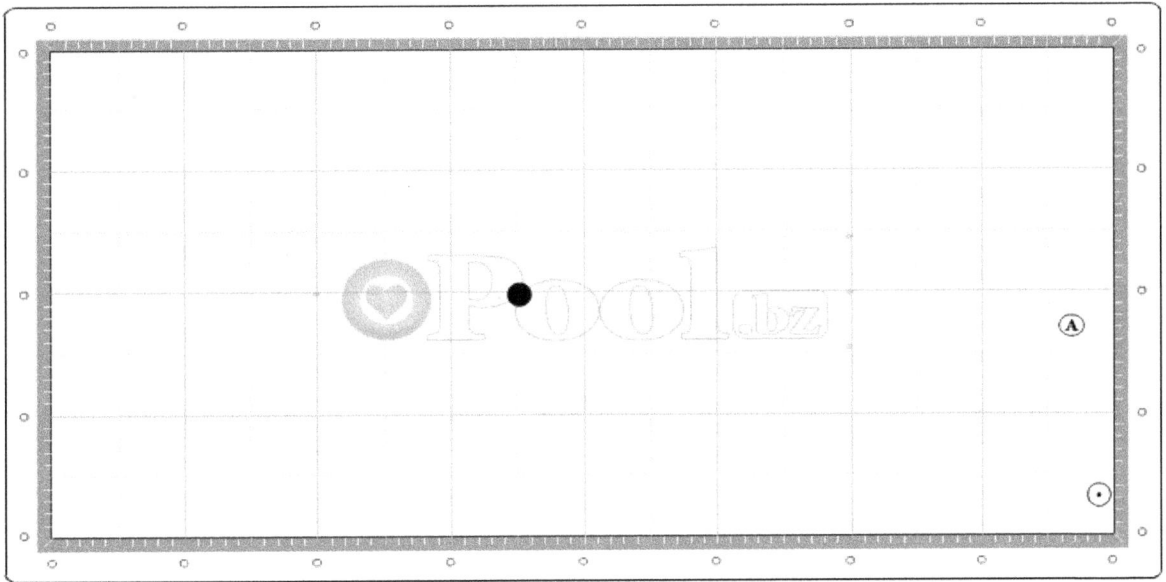

Notas e ideias:

Tiro padrão n

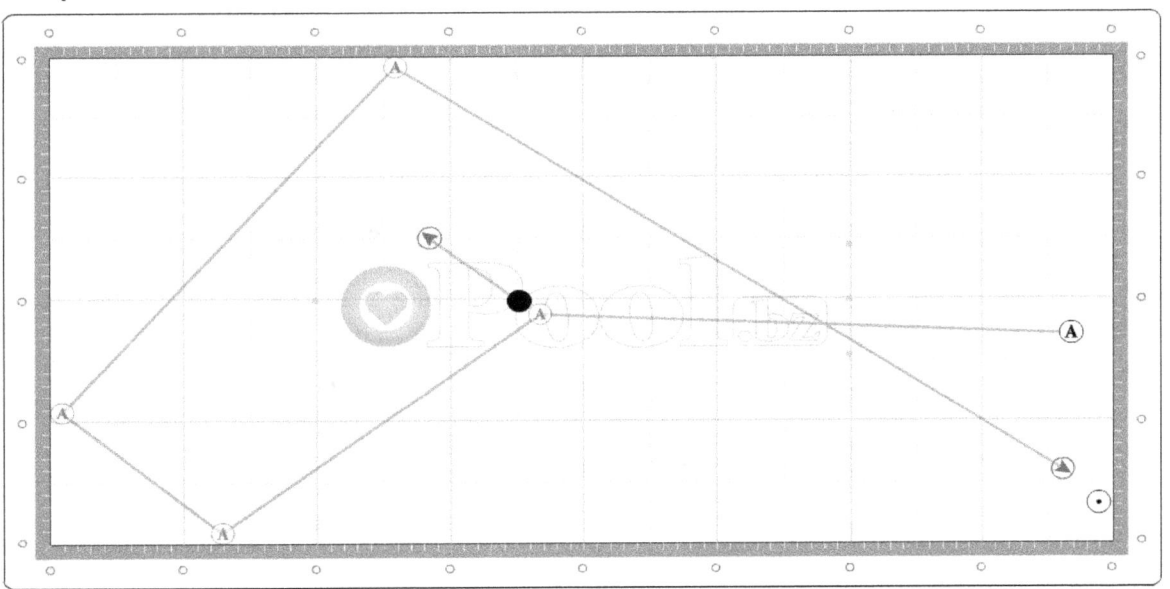

D:2d – Configuração

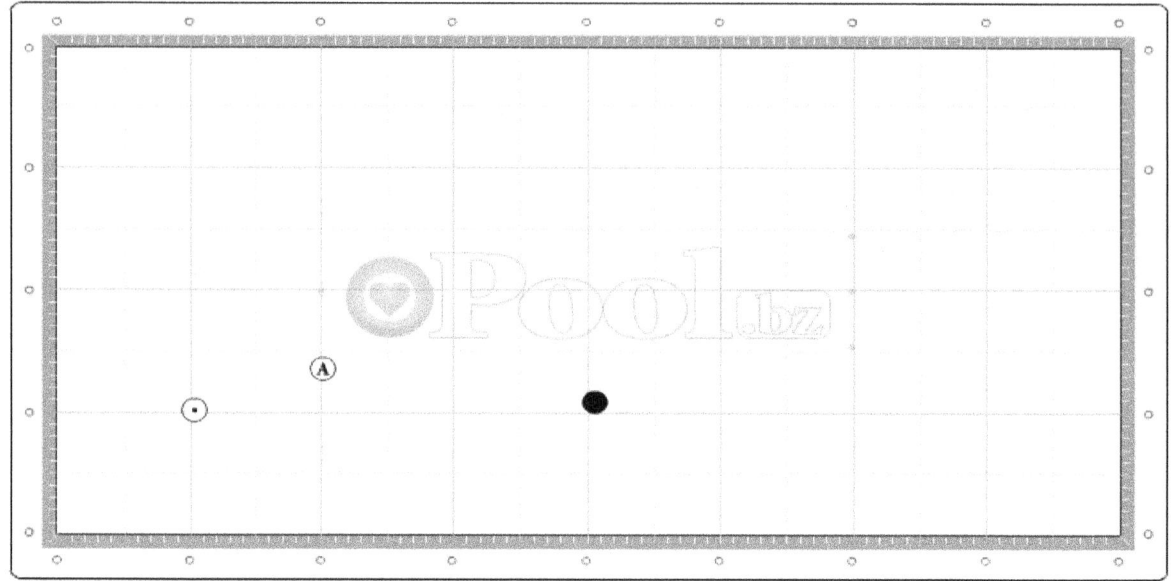

Notas e ideias:

Tiro padrão n

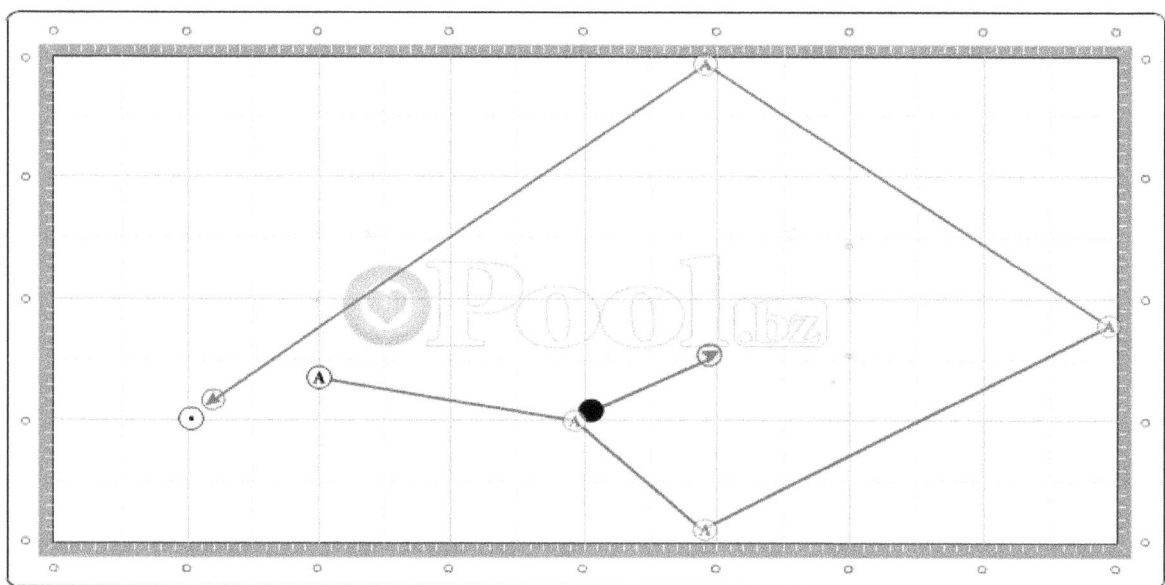

D: Grupo 3

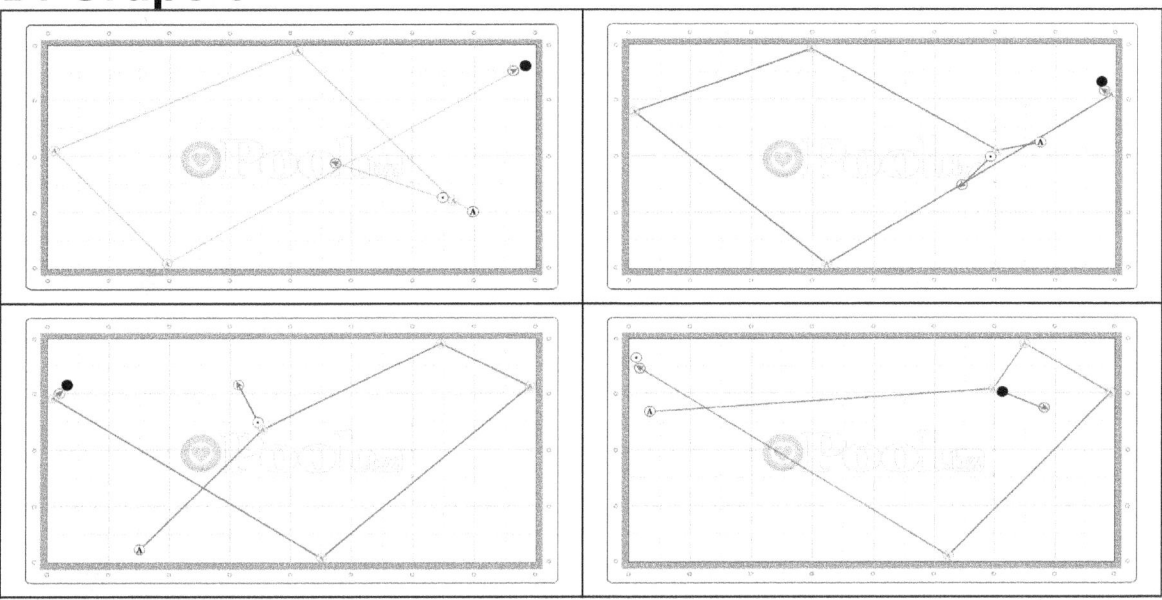

Análise:

D:3a. _____

D:3b. _____

D:3c. _____

D:3d. _____

D:3a – Configuração

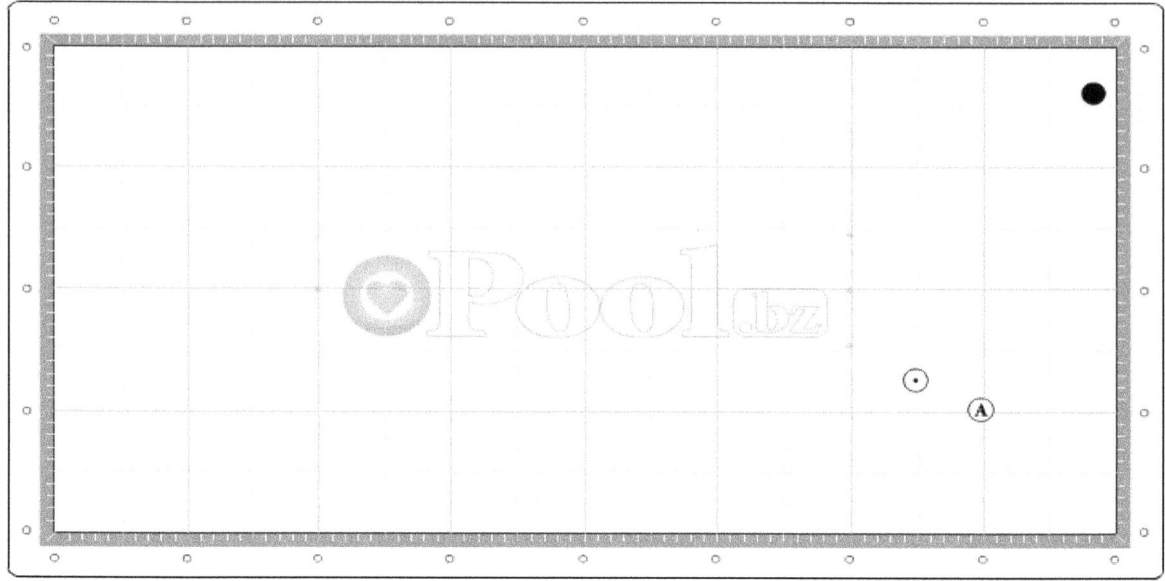

Notas e ideias:

Tiro padrão n

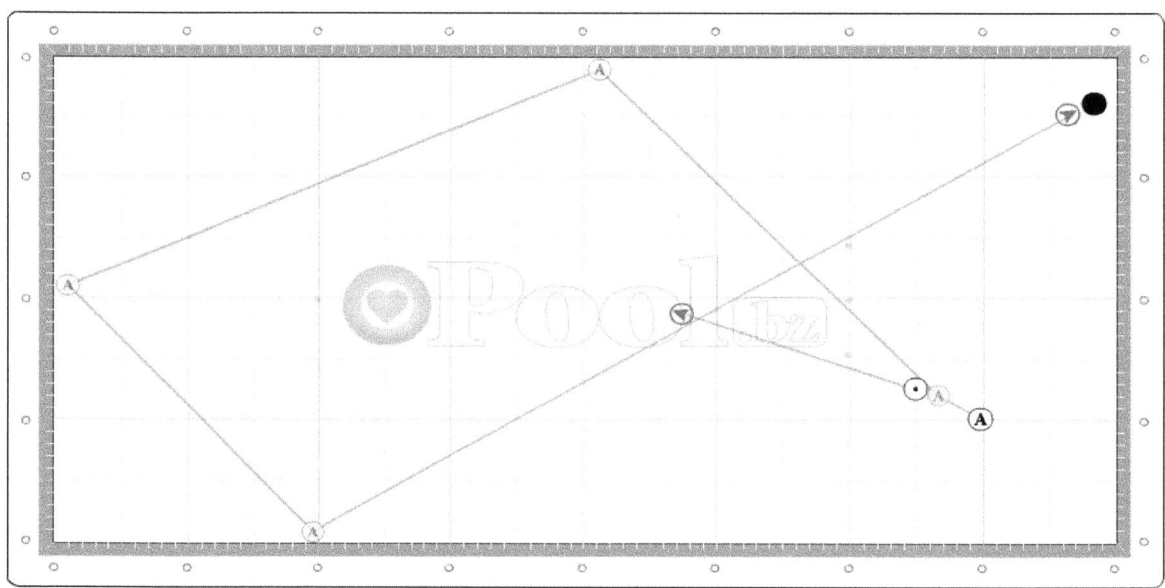

D:3b – Configuração

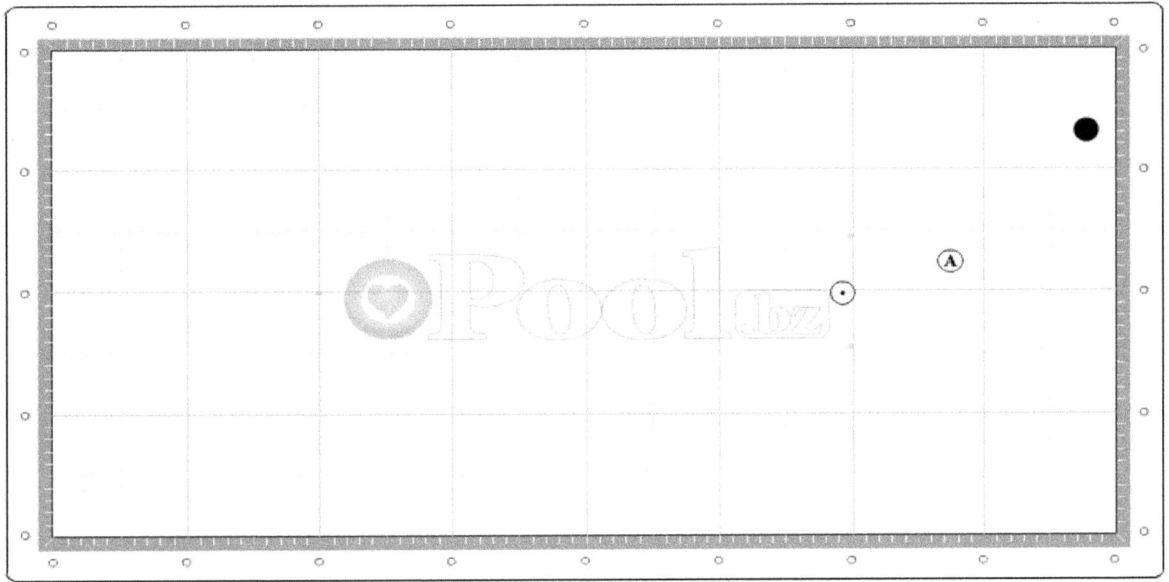

Notas e ideias:

Tiro padrão n

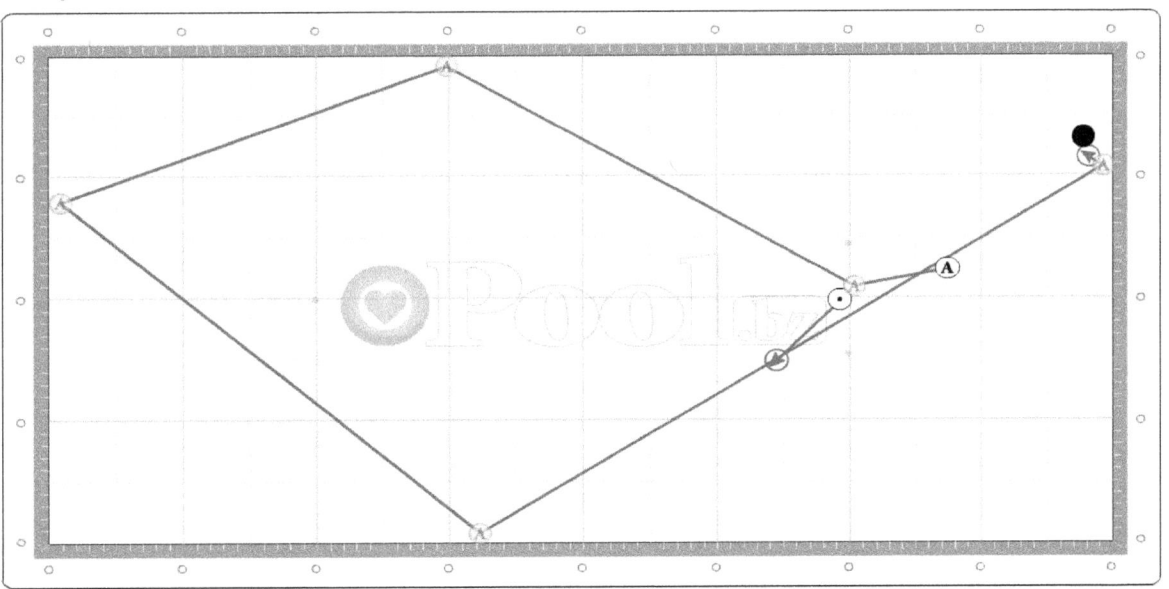

D:3c – Configuração

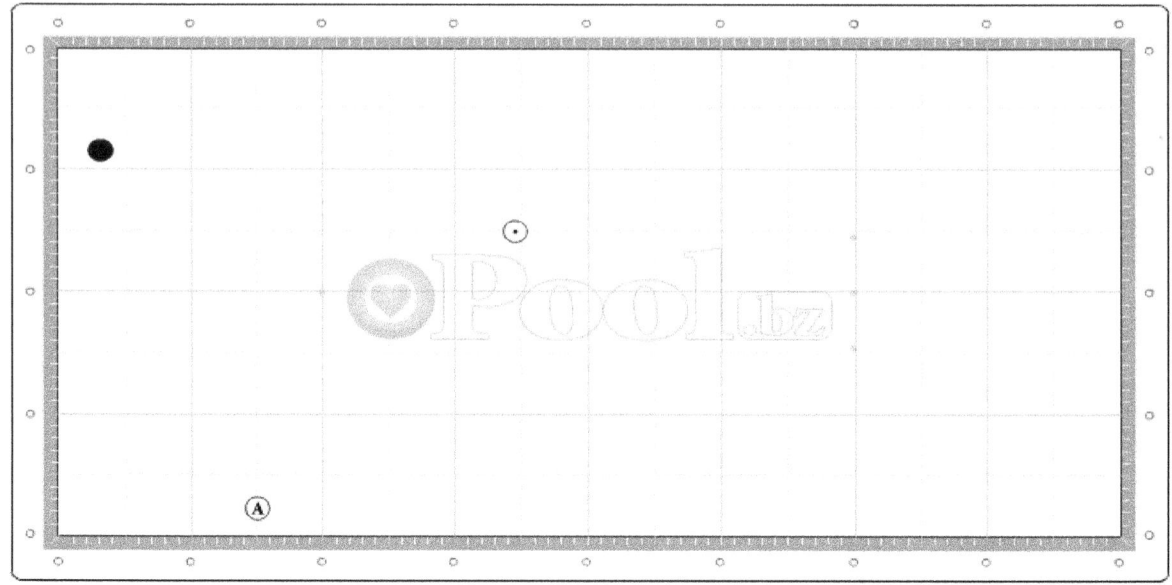

Notas e ideias:

Tiro padrão n

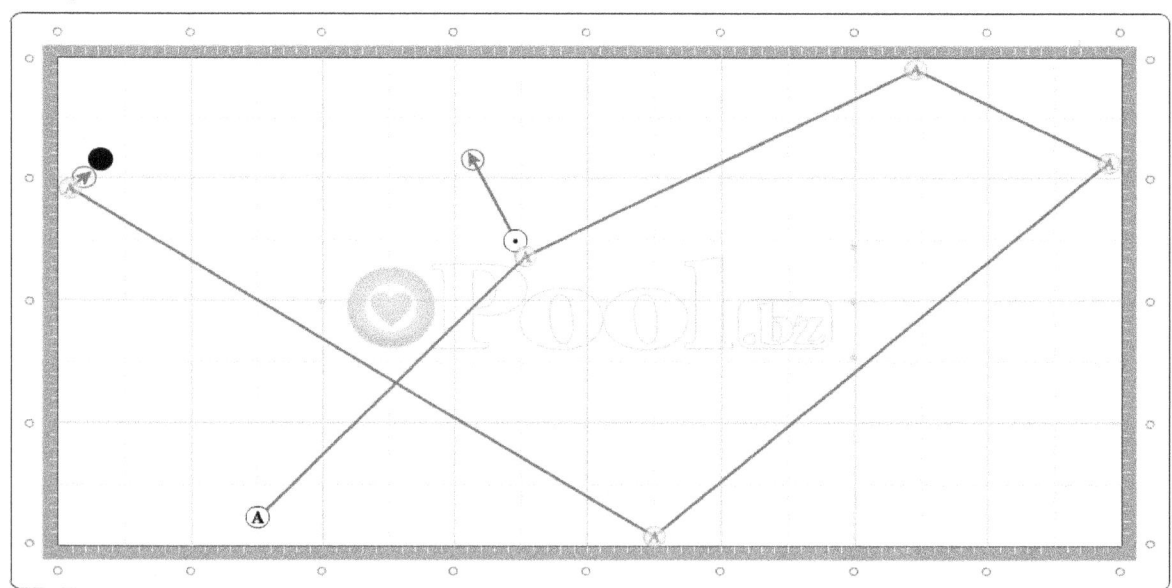

D:3d – Configuração

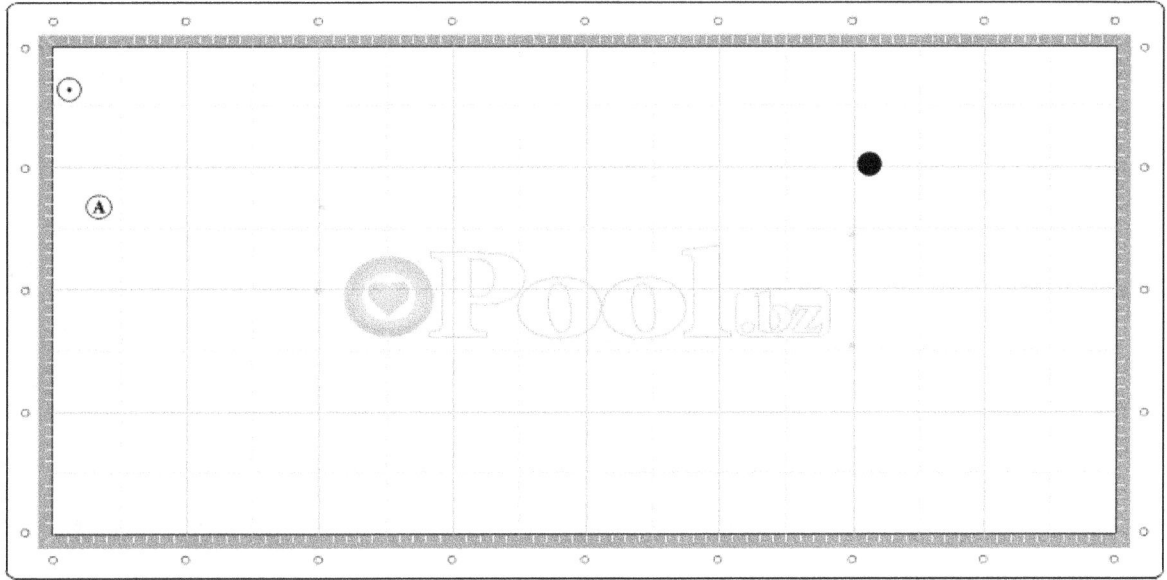

Notas e ideias:

Tiro padrão n

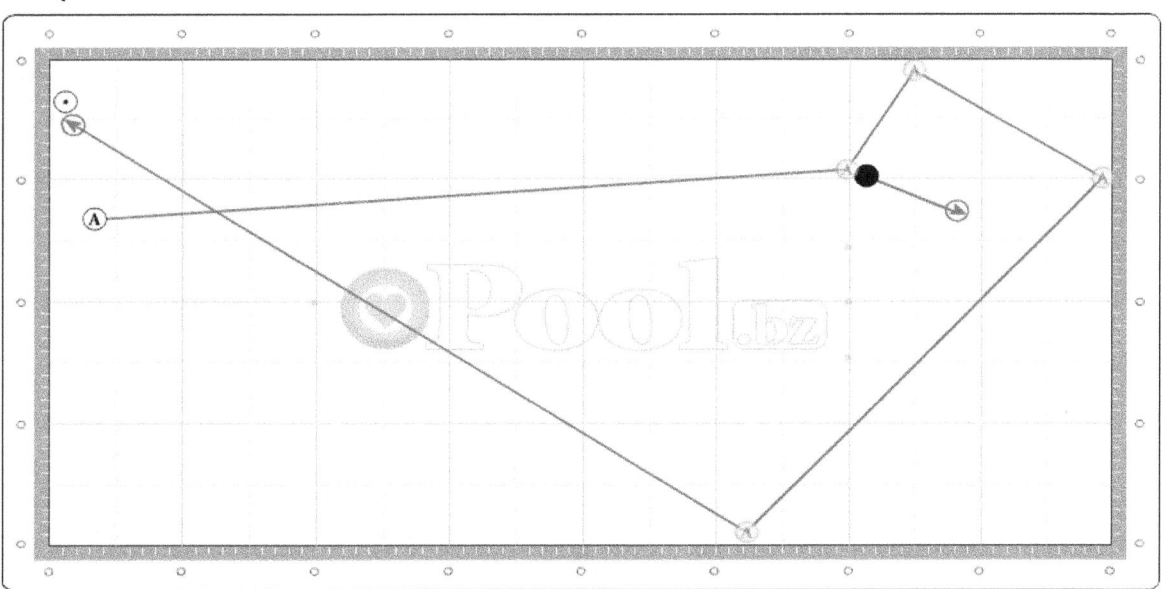

D: Grupo 4

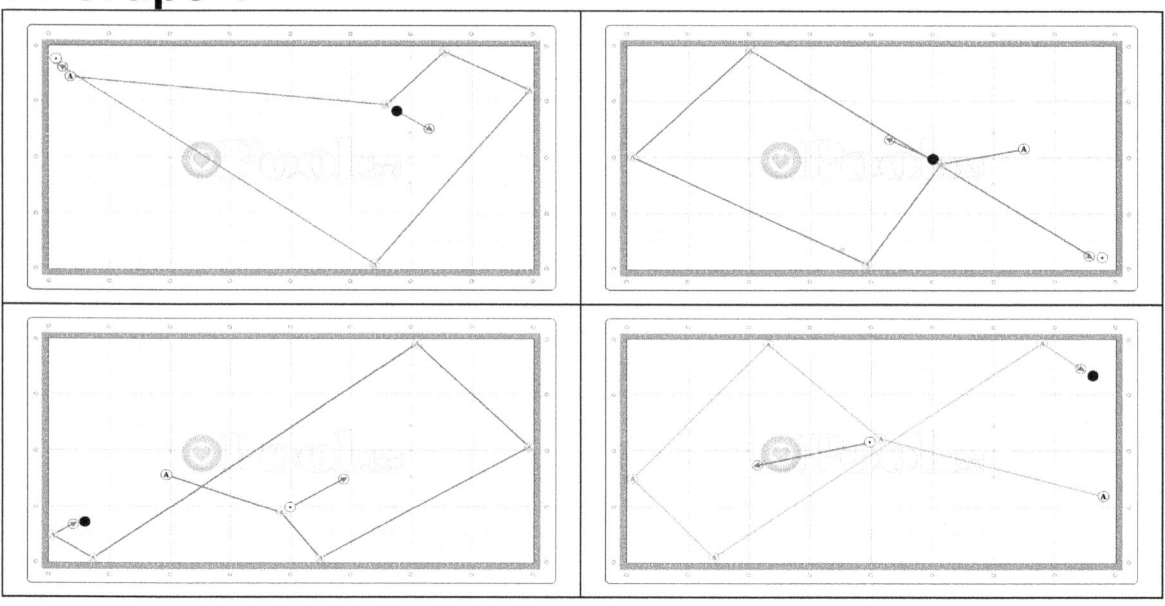

Análise:

D:4a. _____

D:4b. _____

D:4c. _____

D:4d. _____

D:4a – Configuração

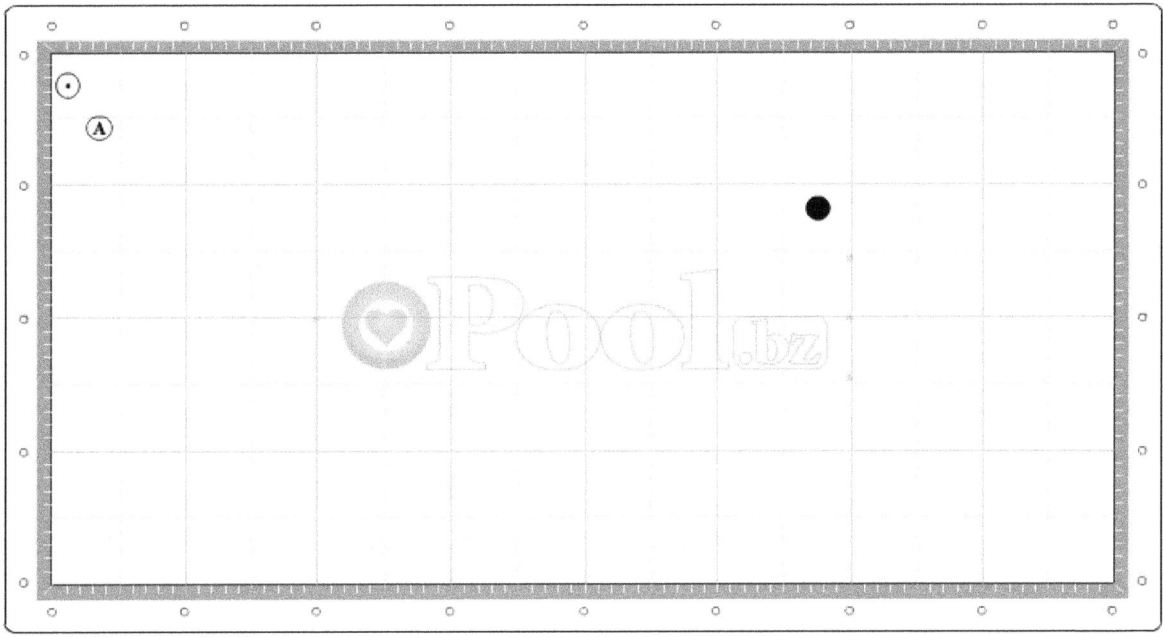

Notas e ideias:

Tiro padrão n

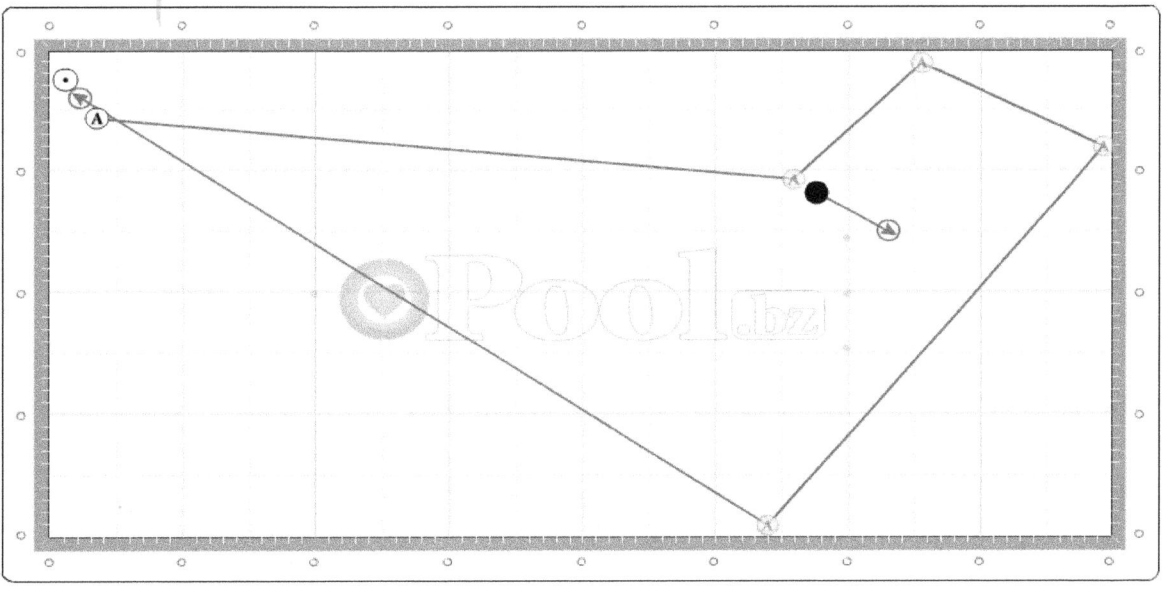

D:4b – Configuração

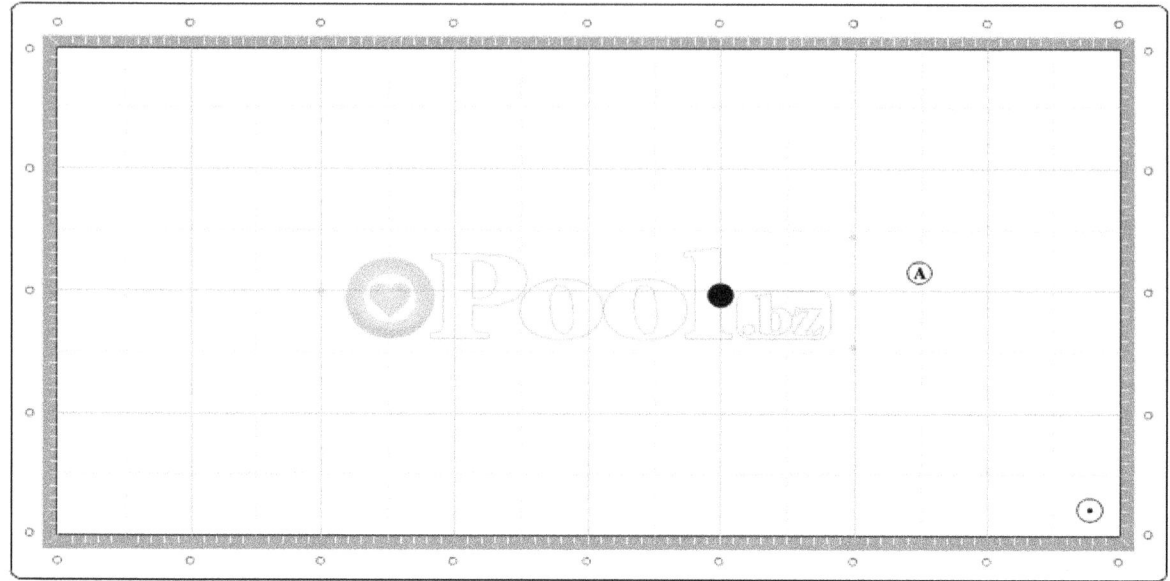

Notas e ideias:

Tiro padrão n

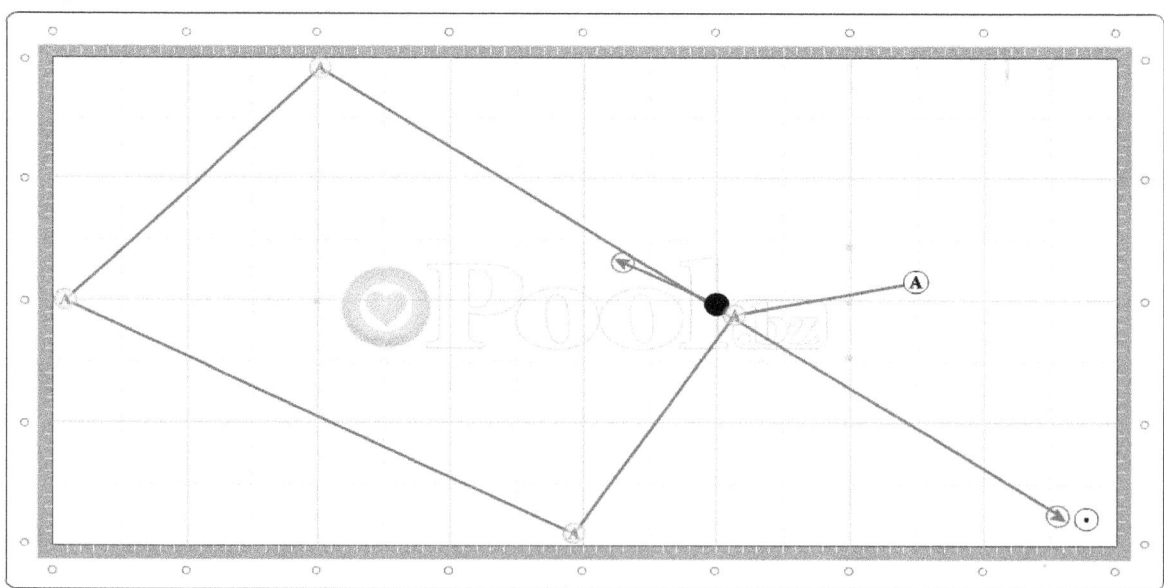

D:4c – Configuração

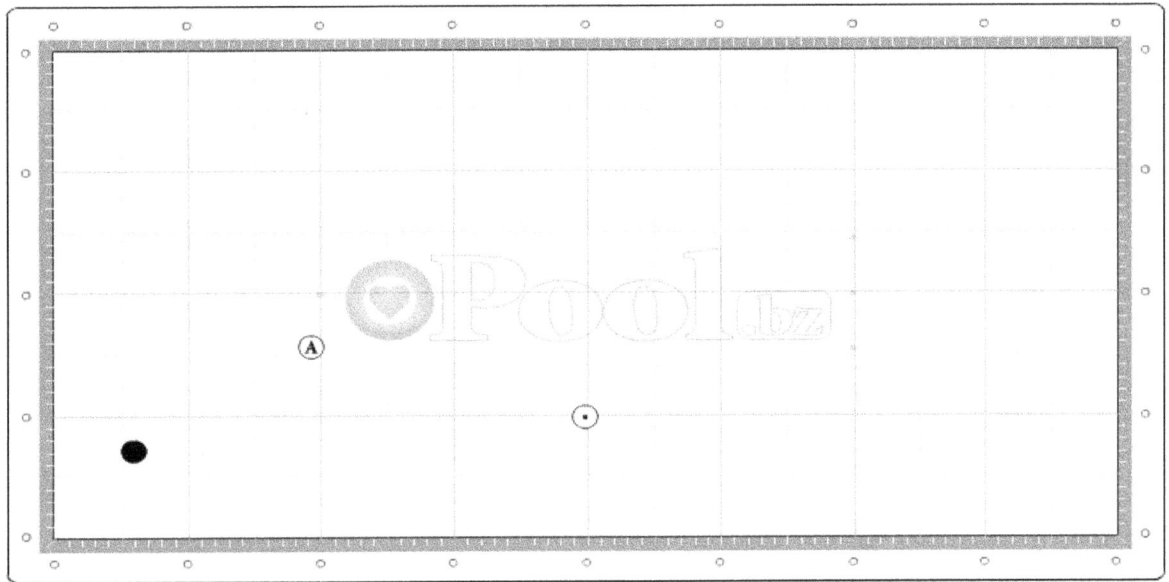

Notas e ideias:

Tiro padrão n

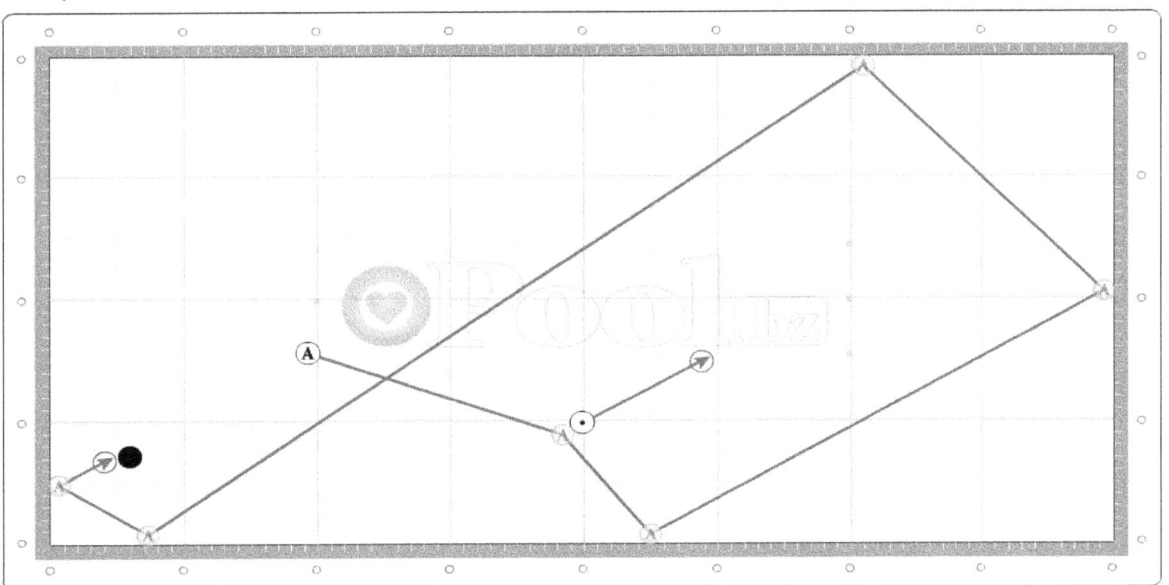

D:4d – Configuração

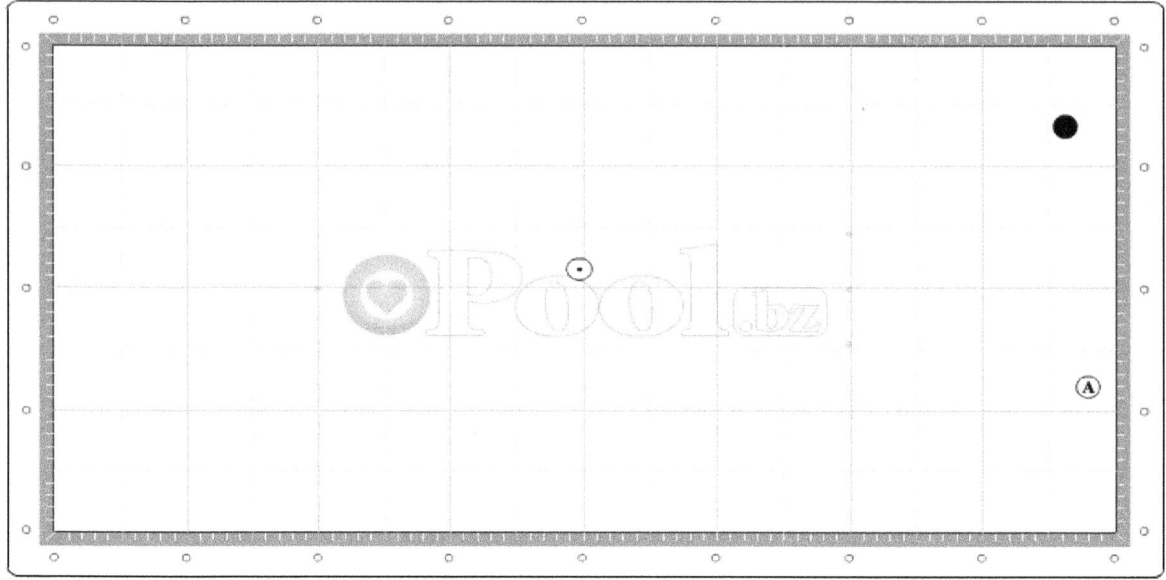

Notas e ideias:

Tiro padrão n

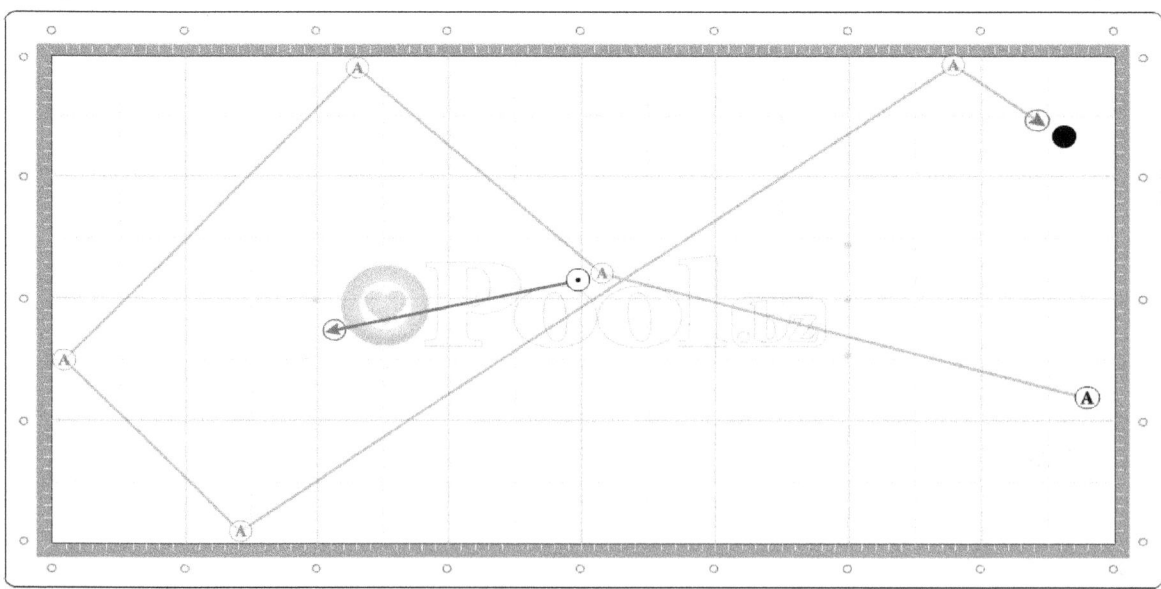

D: Grupo 5

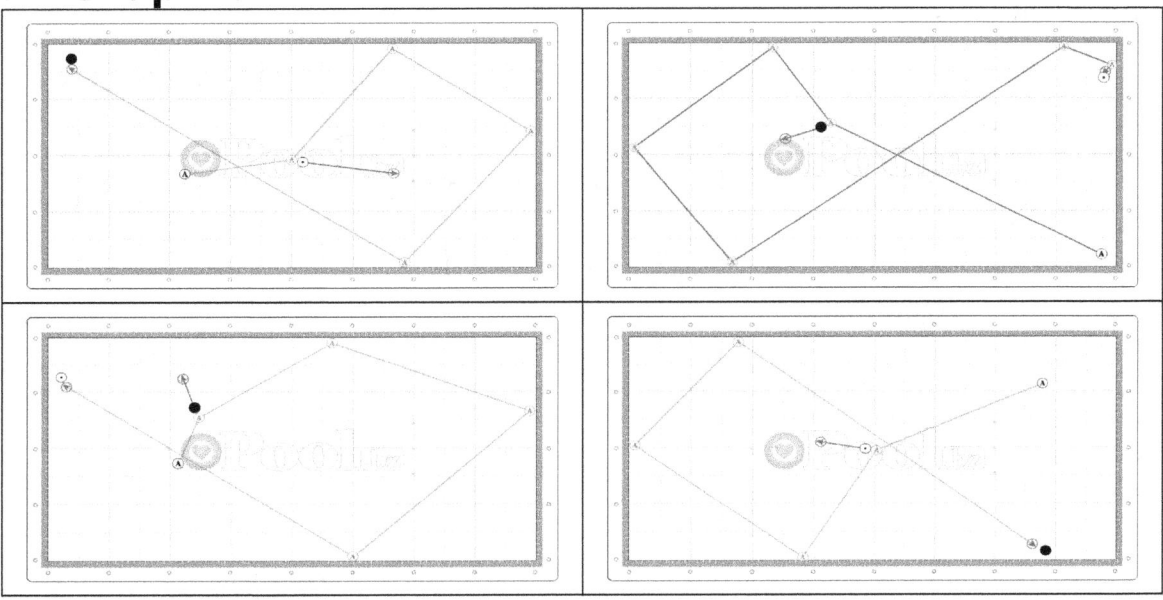

Análise:

D:5a. _____

D:5b. _____

D:5c. _____

D:5d. _____

D:5a – Configuração

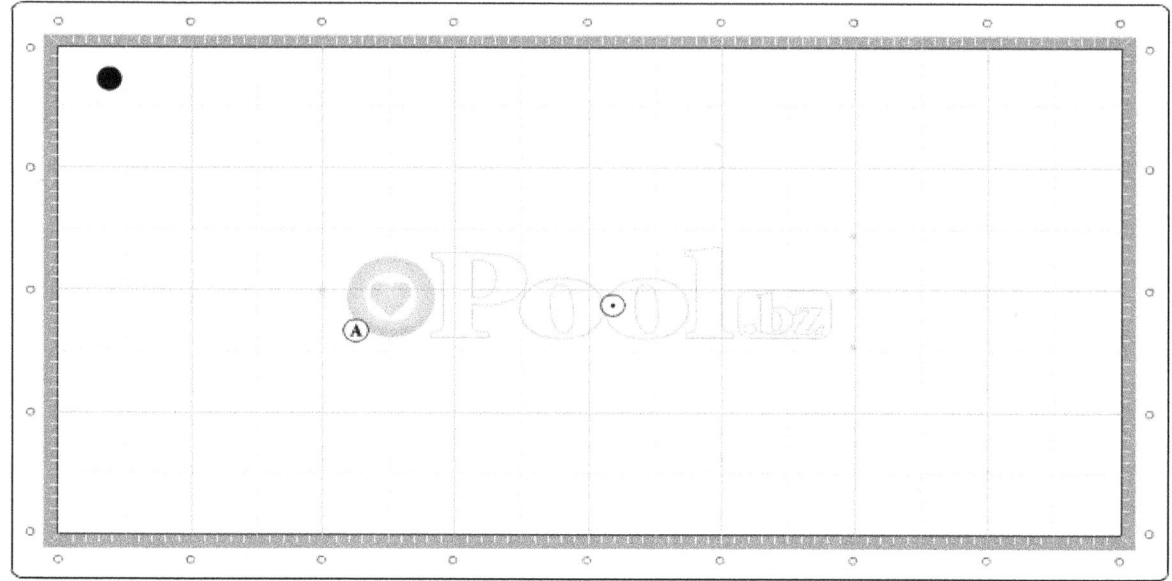

Notas e ideias:

Tiro padrão n

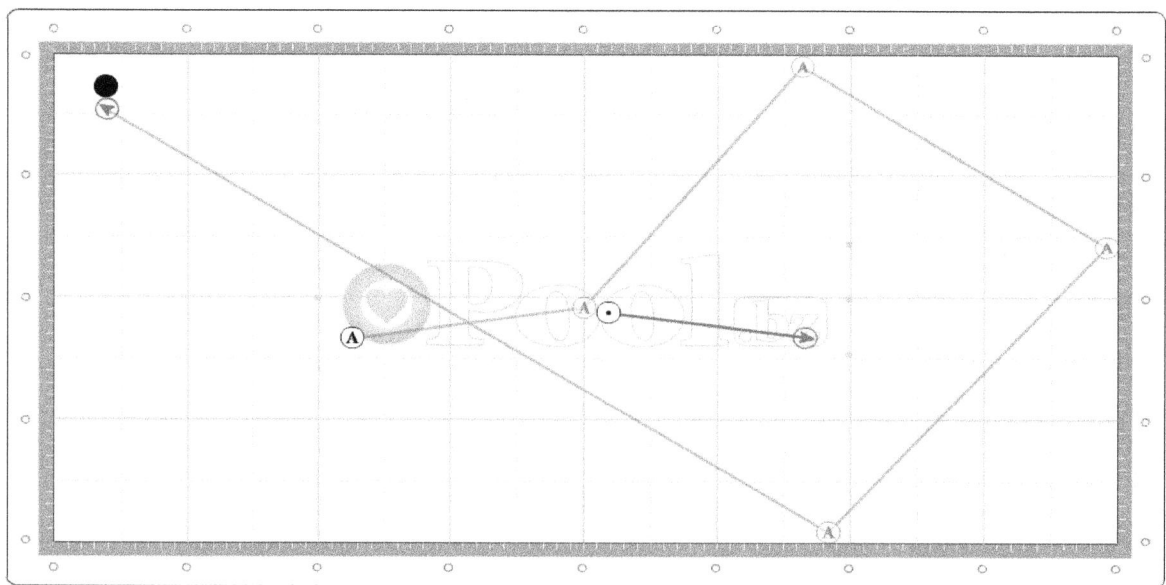

D:5b – Configuração

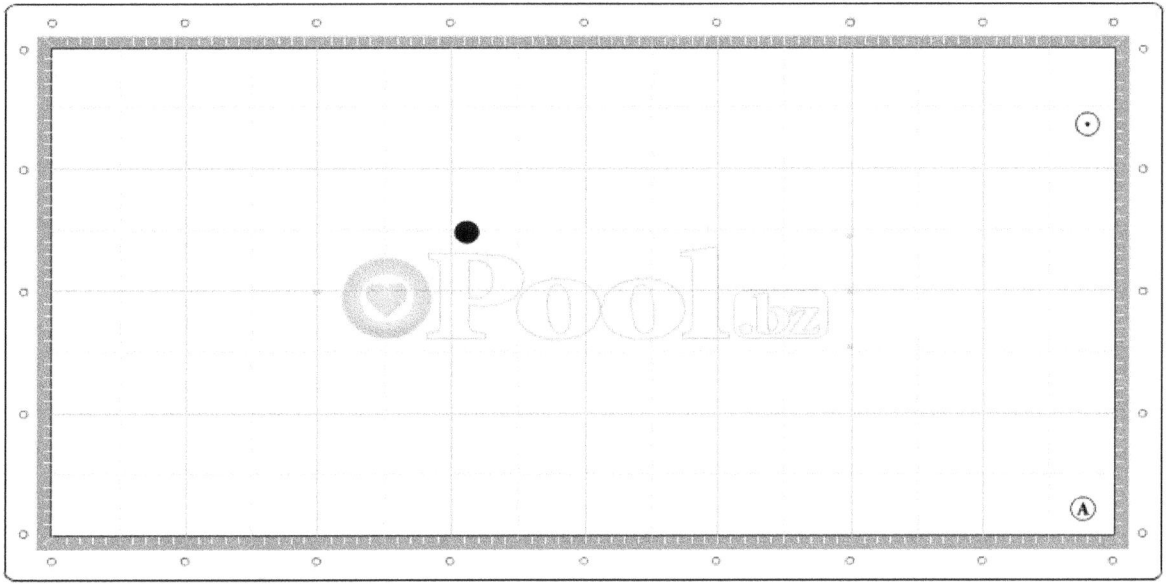

Notas e ideias:

Tiro padrão n

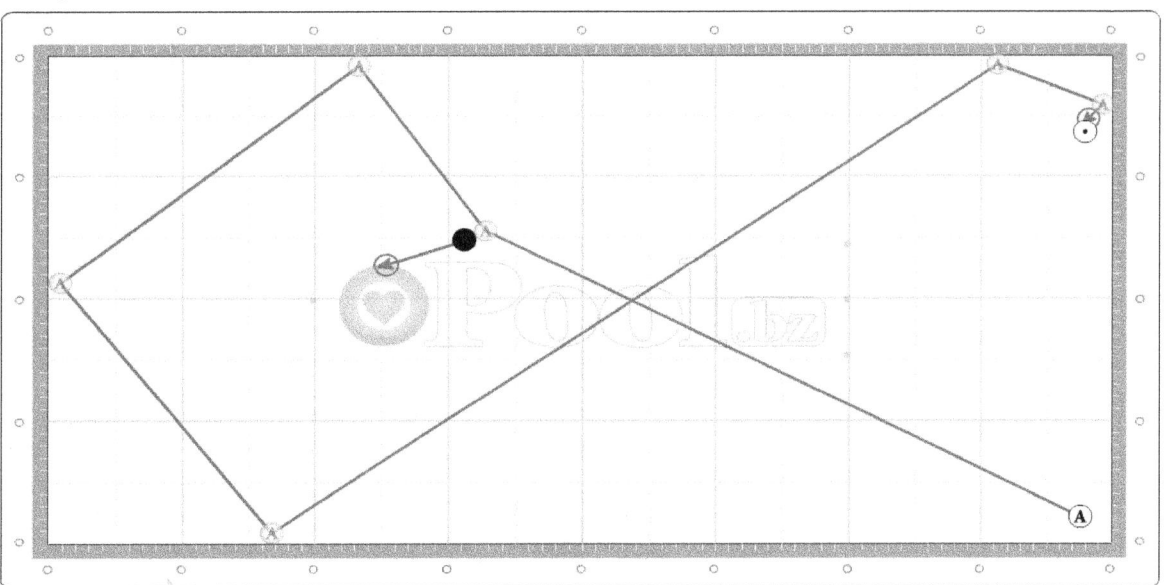

D:5c – Configuração

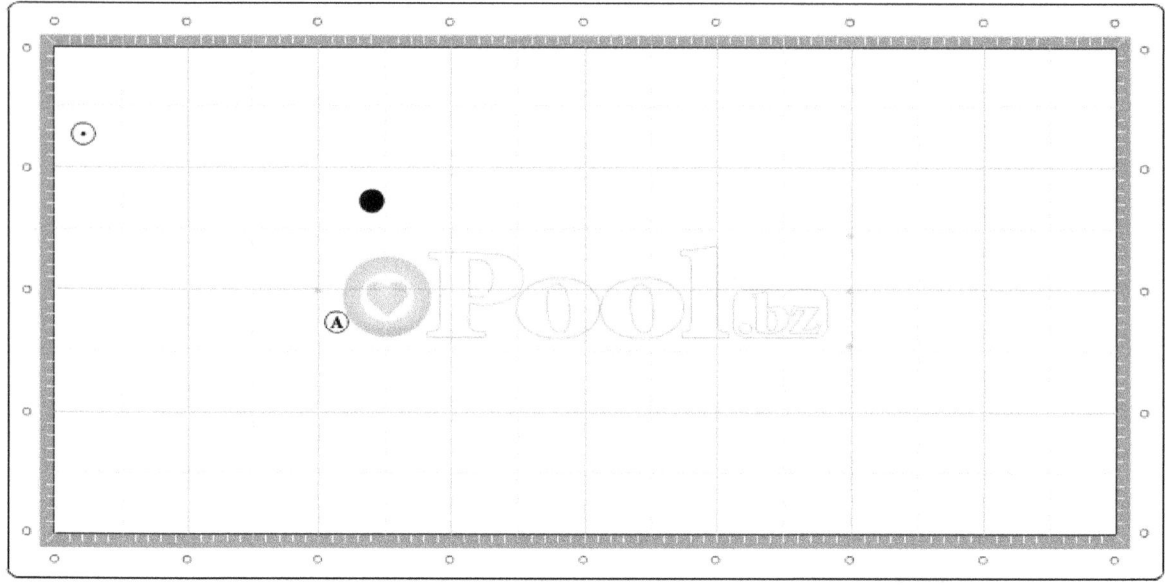

Notas e ideias:

Tiro padrão n

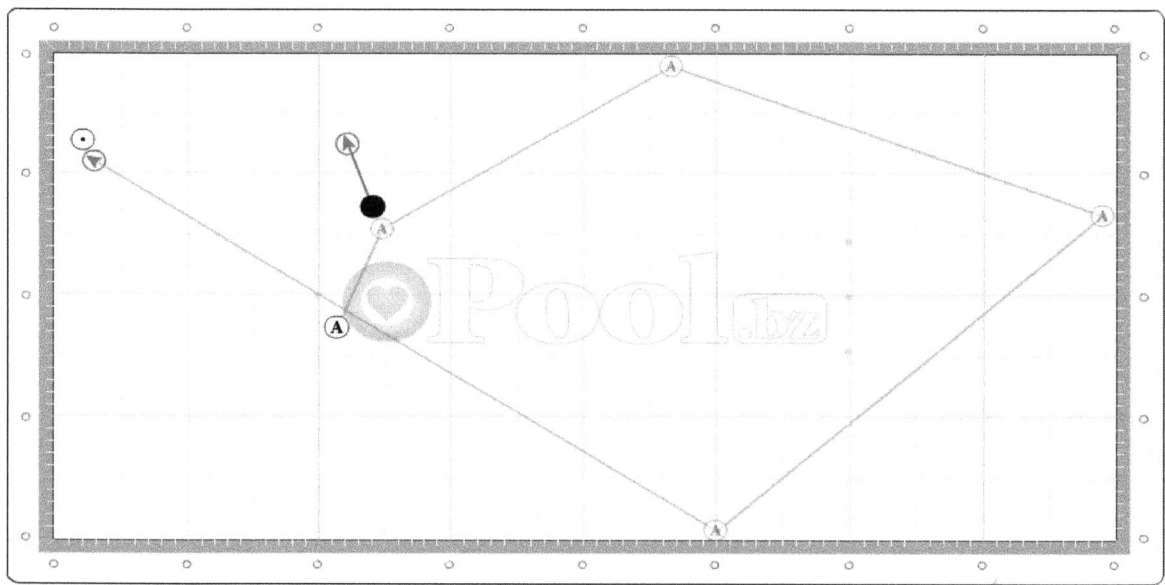

D:5d – Configuração

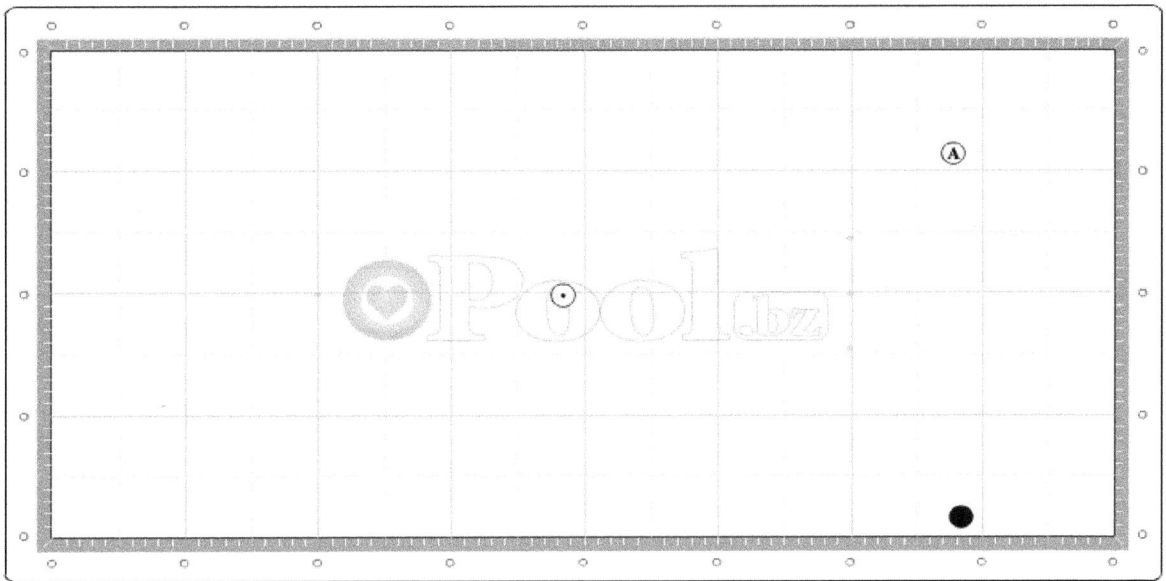

Notas e ideias:

Tiro padrão n

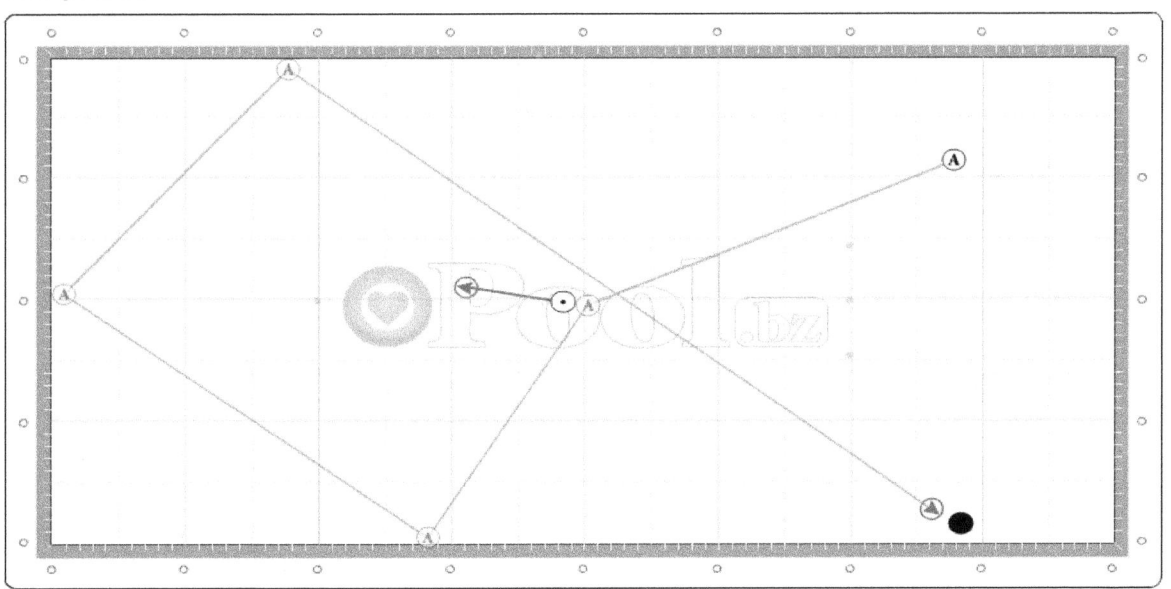

D: Grupo 6

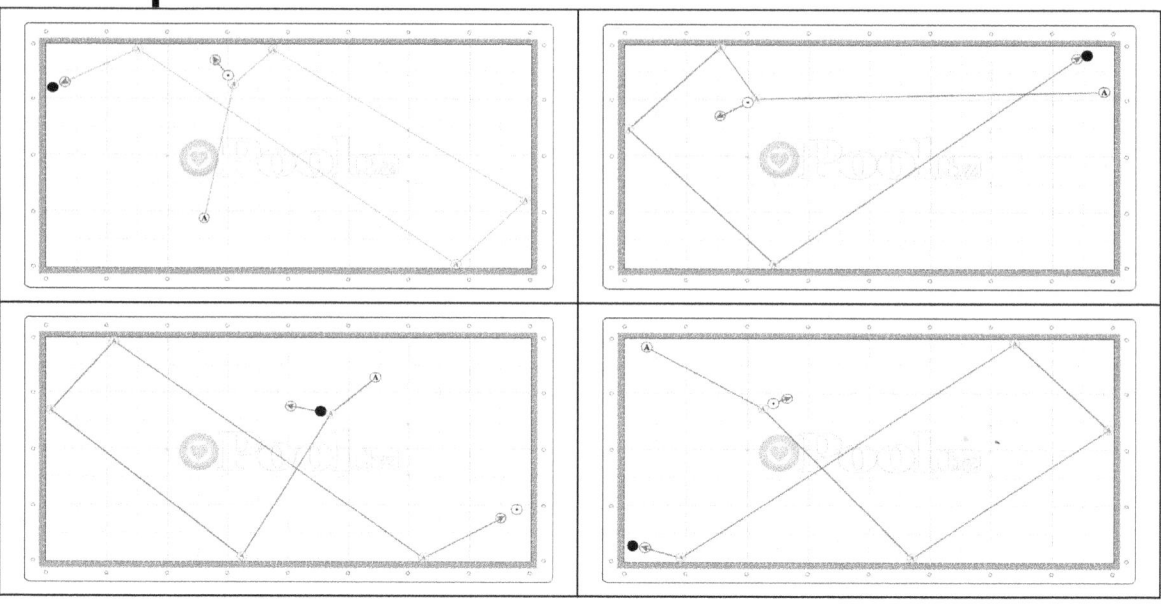

Análise:

D:6a. _____

D:6b. _____

D:6c. _____

D:6d. _____

D:6a – Configuração

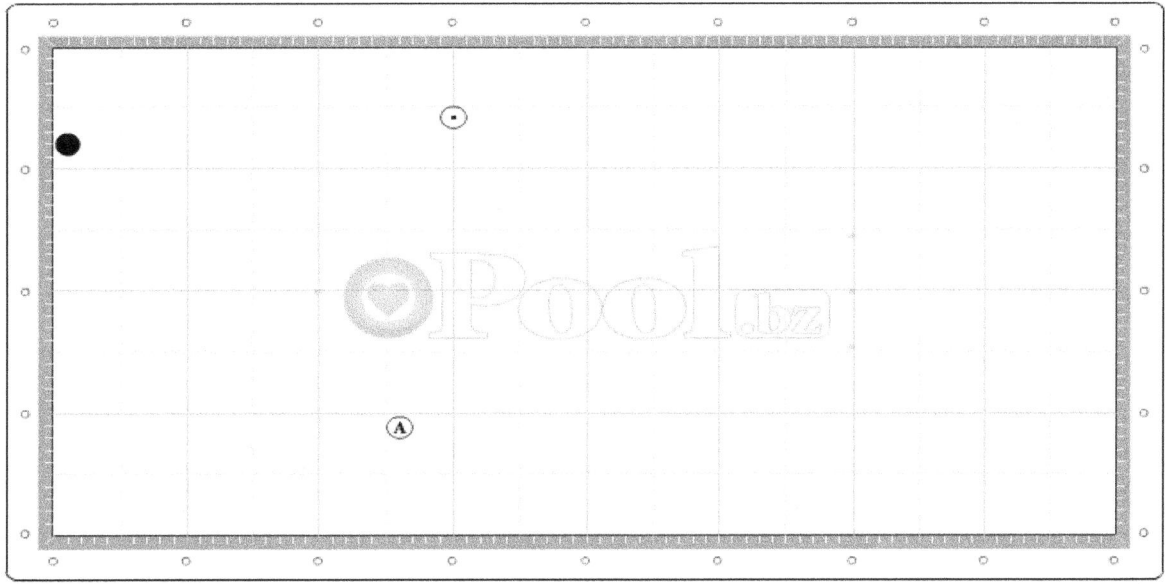

Notas e ideias:

Tiro padrão n

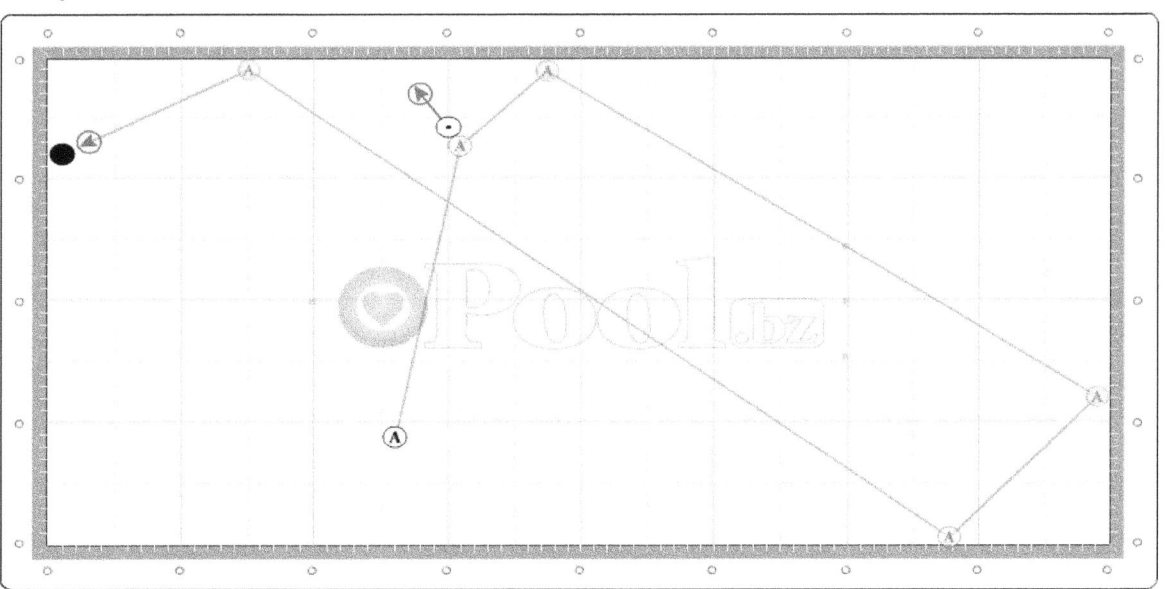

D:6b – Configuração

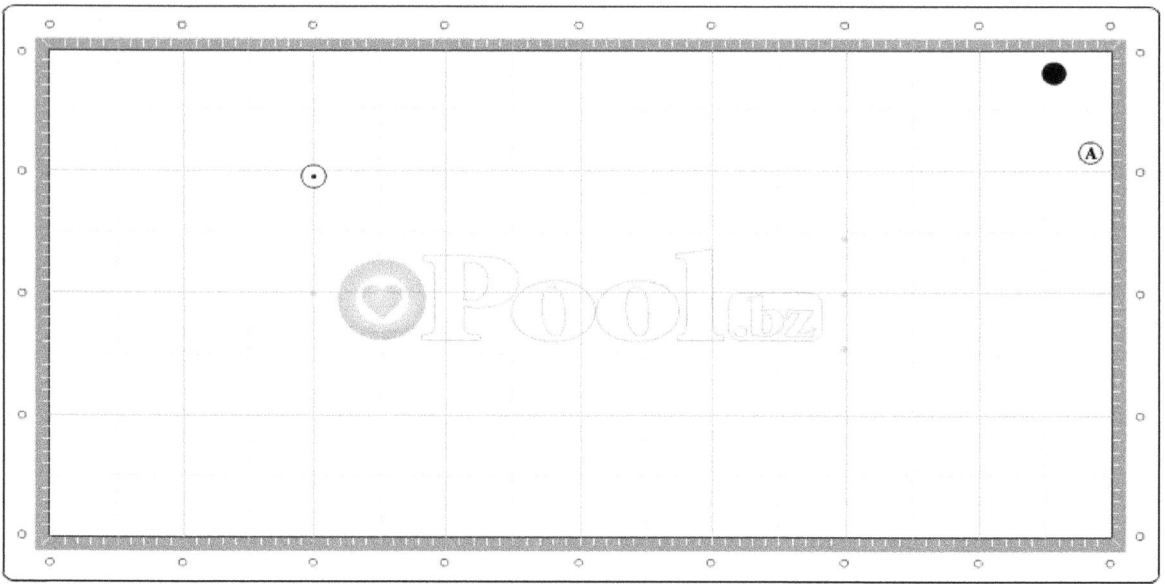

Notas e ideias:

Tiro padrão n

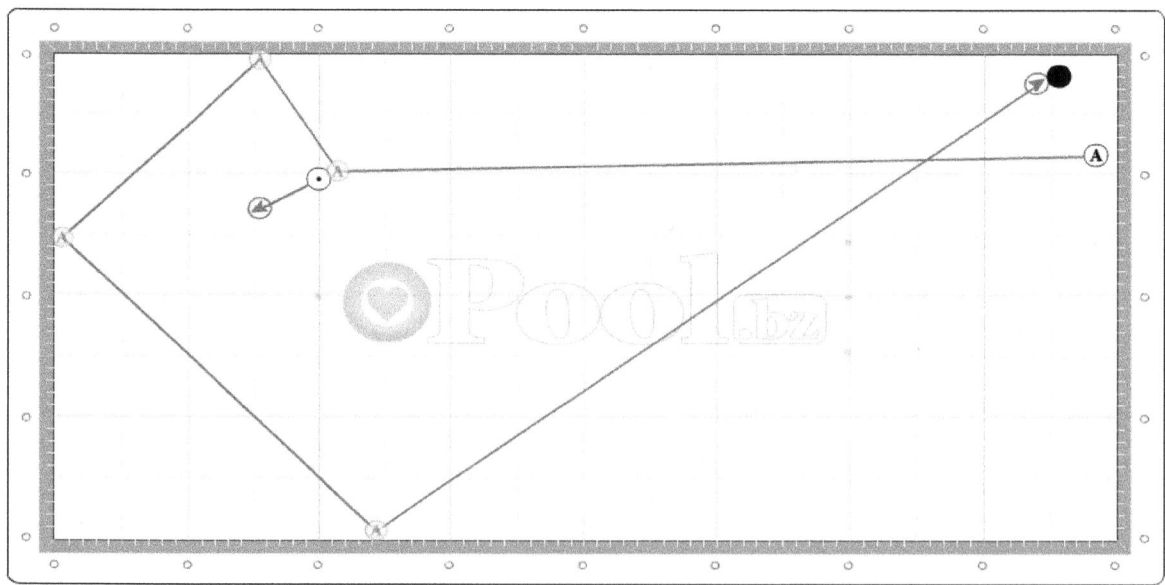

D:6c – Configuração

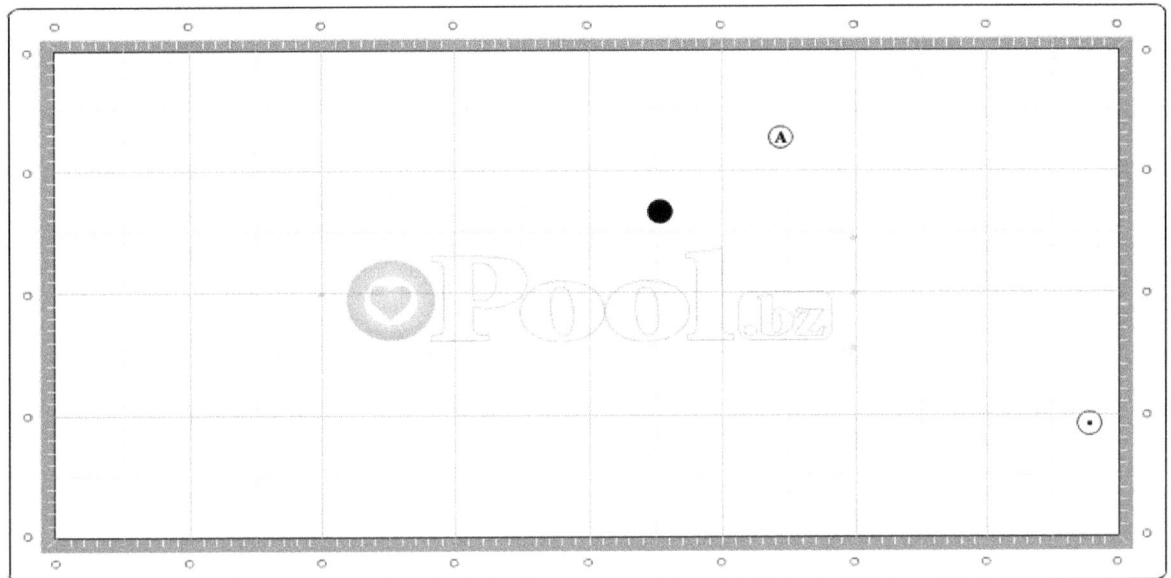

Notas e ideias:

Tiro padrão n

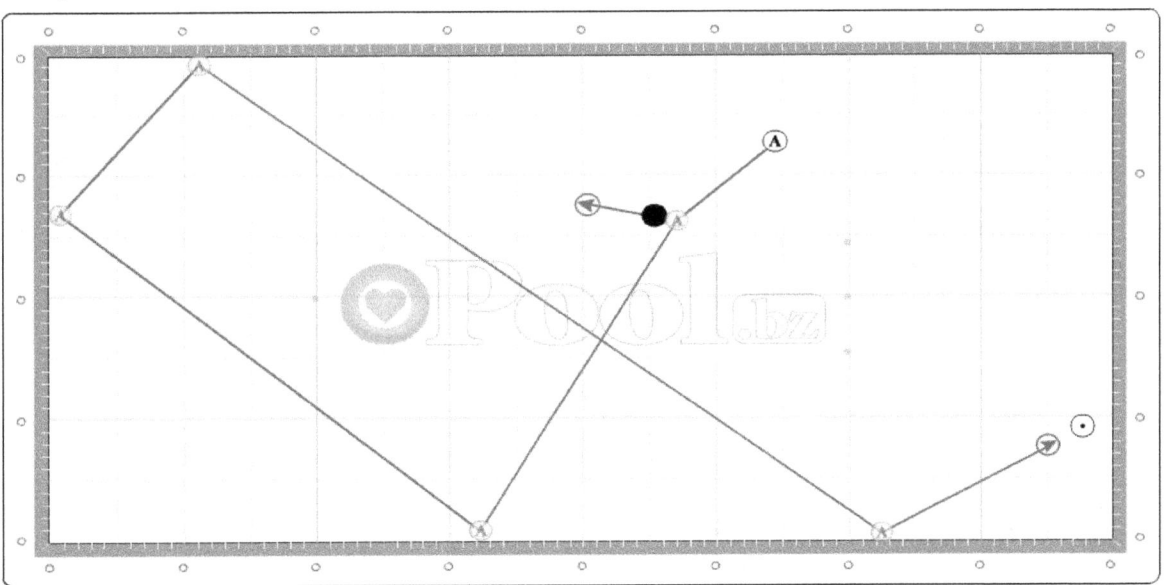

D:6d – Configuração

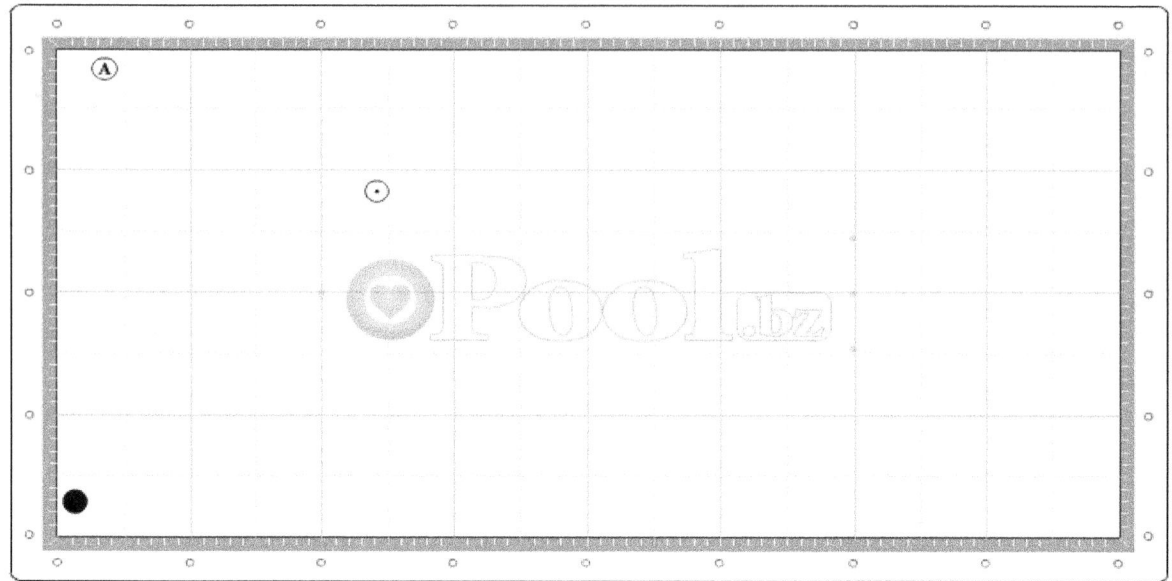

Notas e ideias:

Tiro padrão n

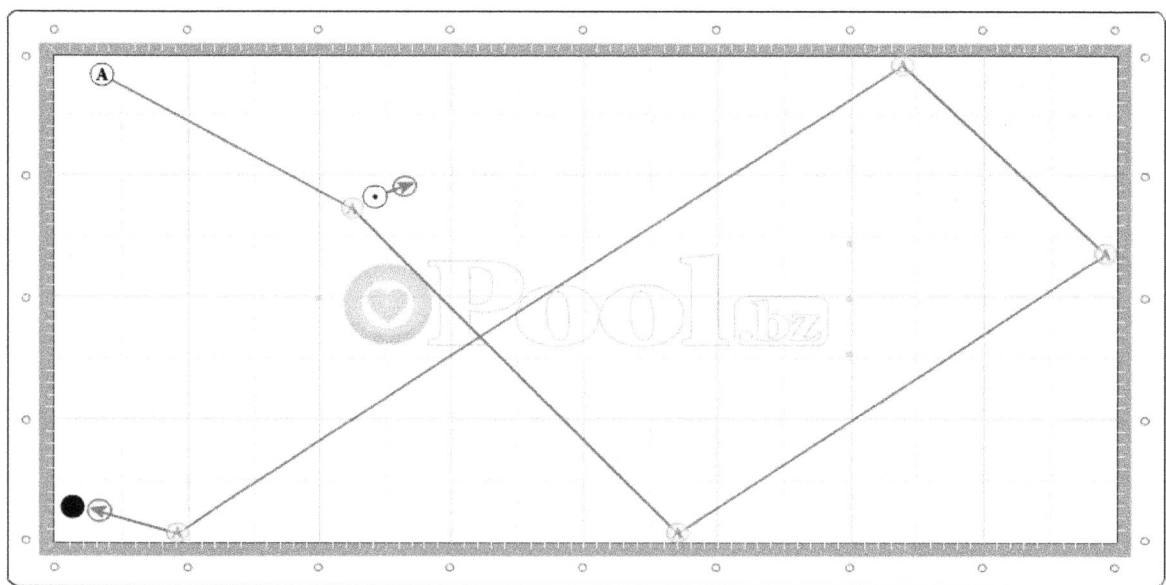

D: Grupo 7

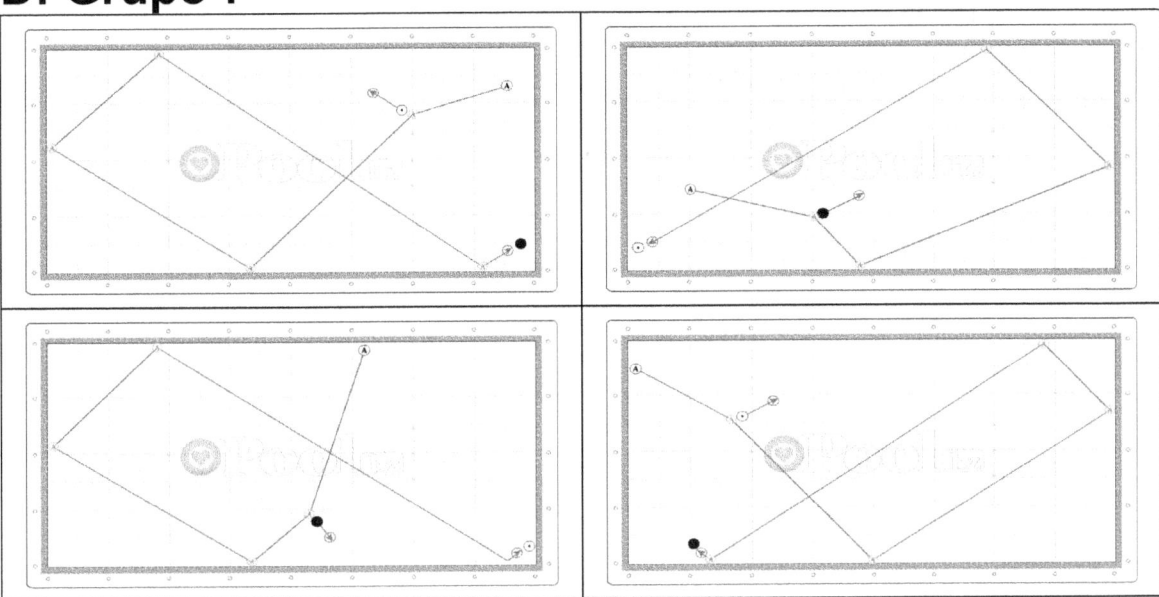

Análise:

D:7a. _____

D:7b. _____

D:7c. _____

D:7d. _____

D:7a – Configuração

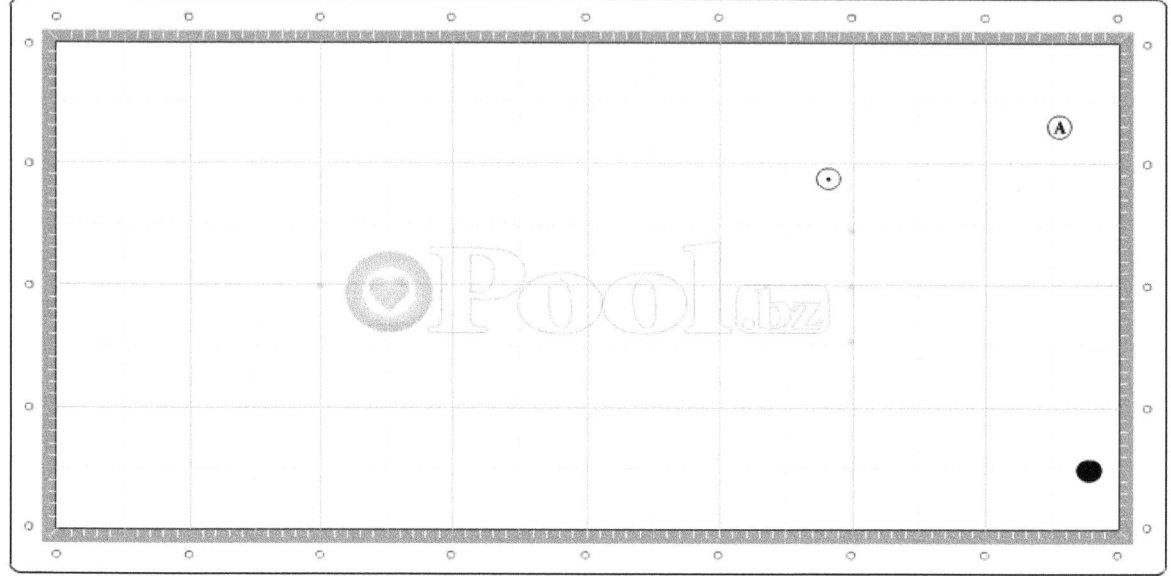

Notas e ideias:

Tiro padrão n

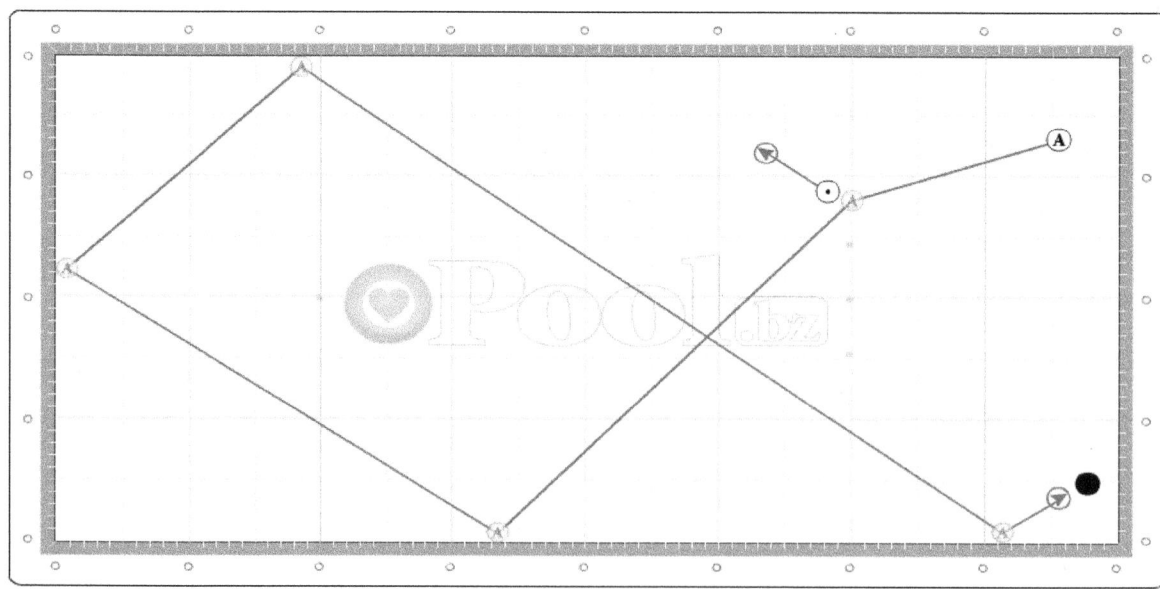

D:7b – Configuração

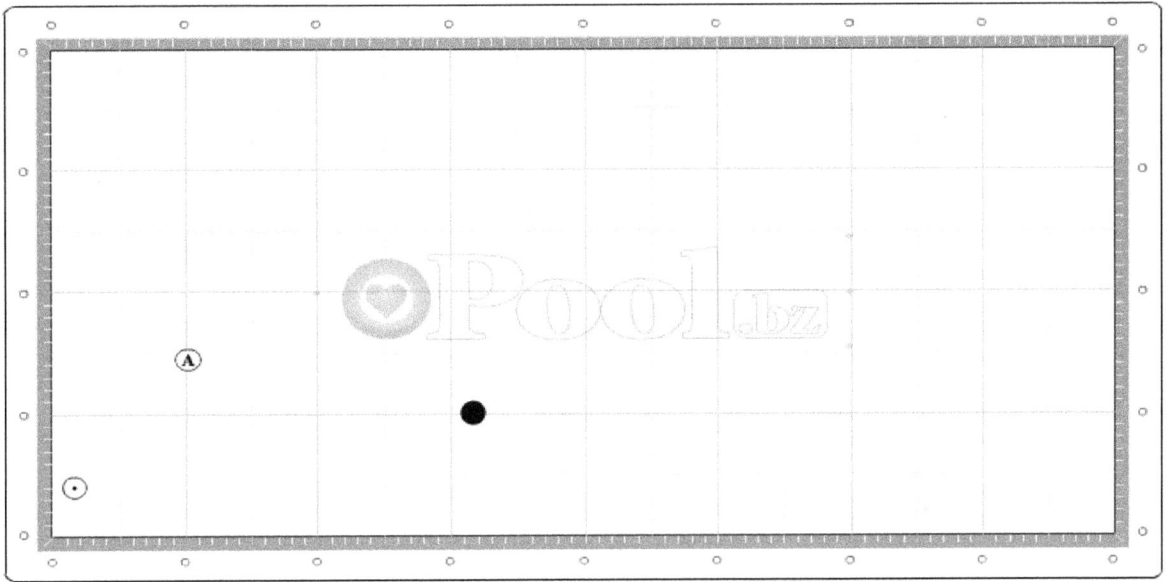

Notas e ideias:

Tiro padrão n

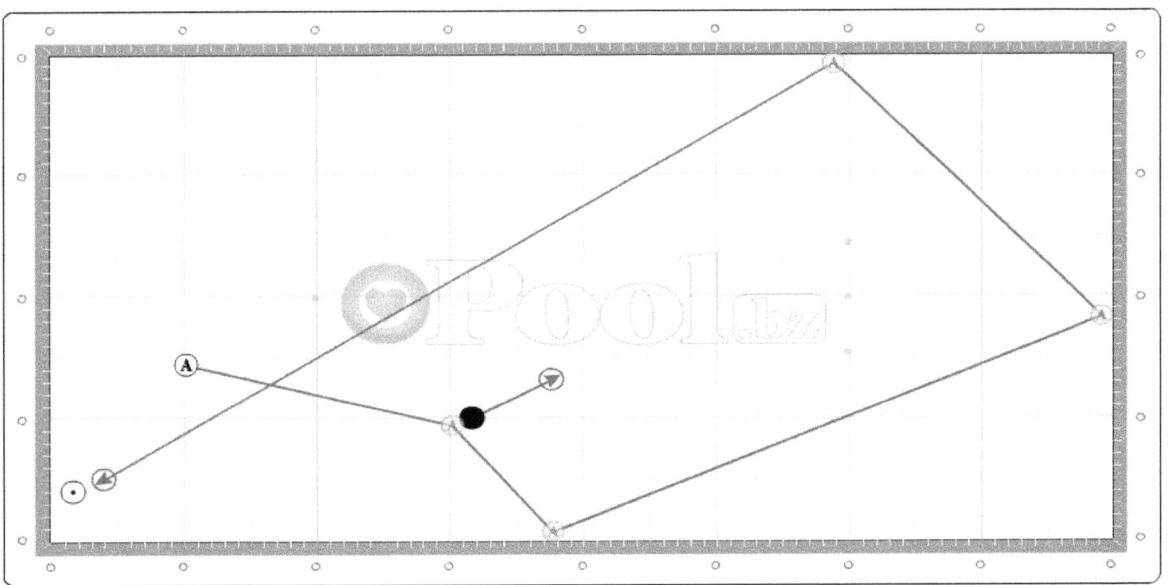

D:7c – Configuração

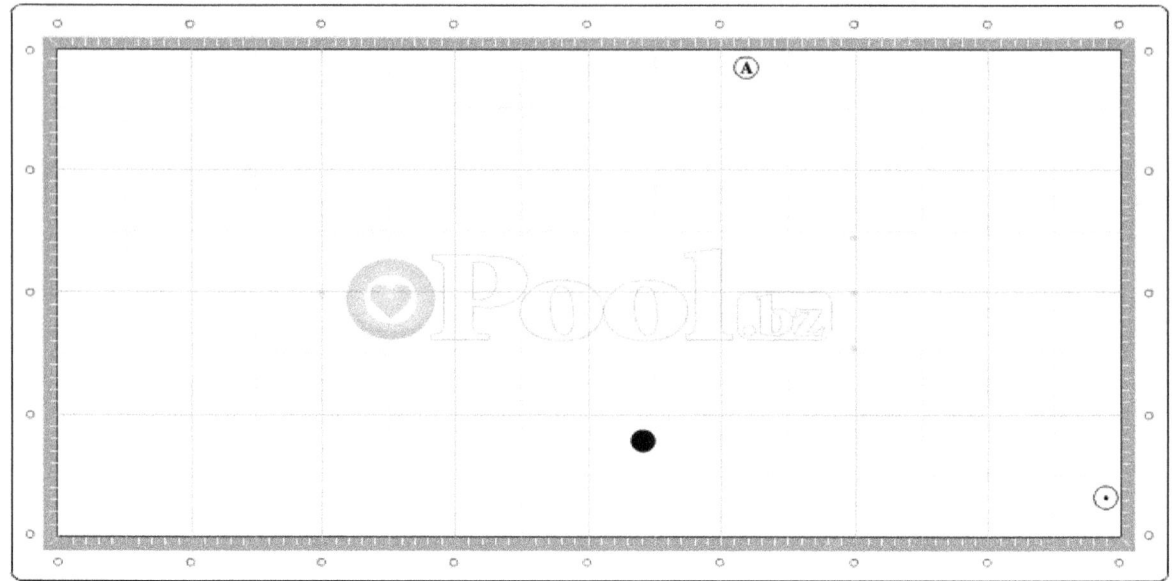

Notas e ideias:

Tiro padrão n

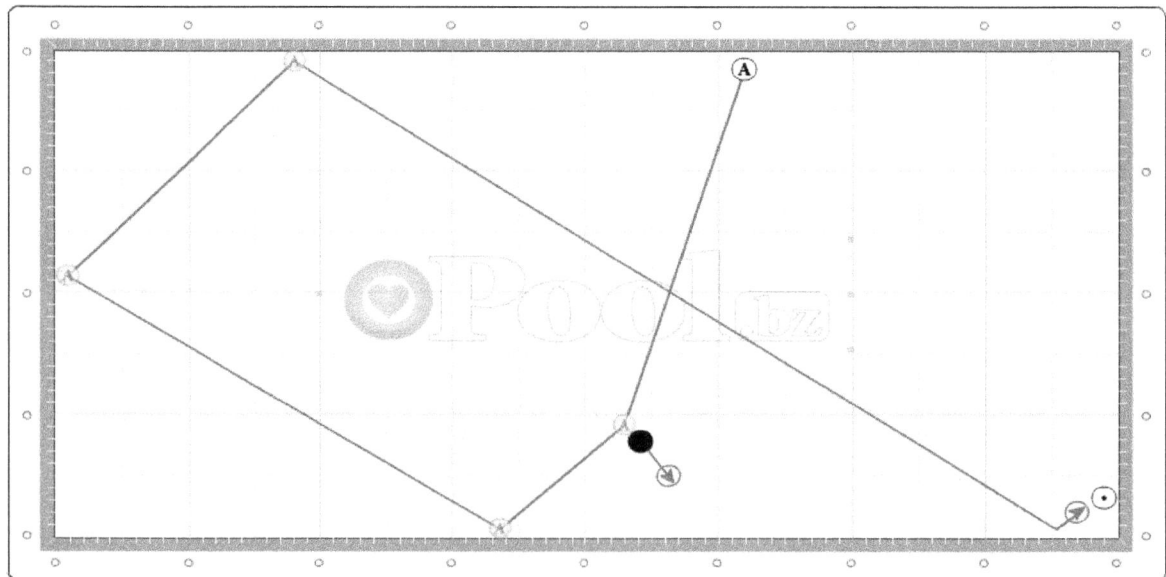

D:7d – Configuração

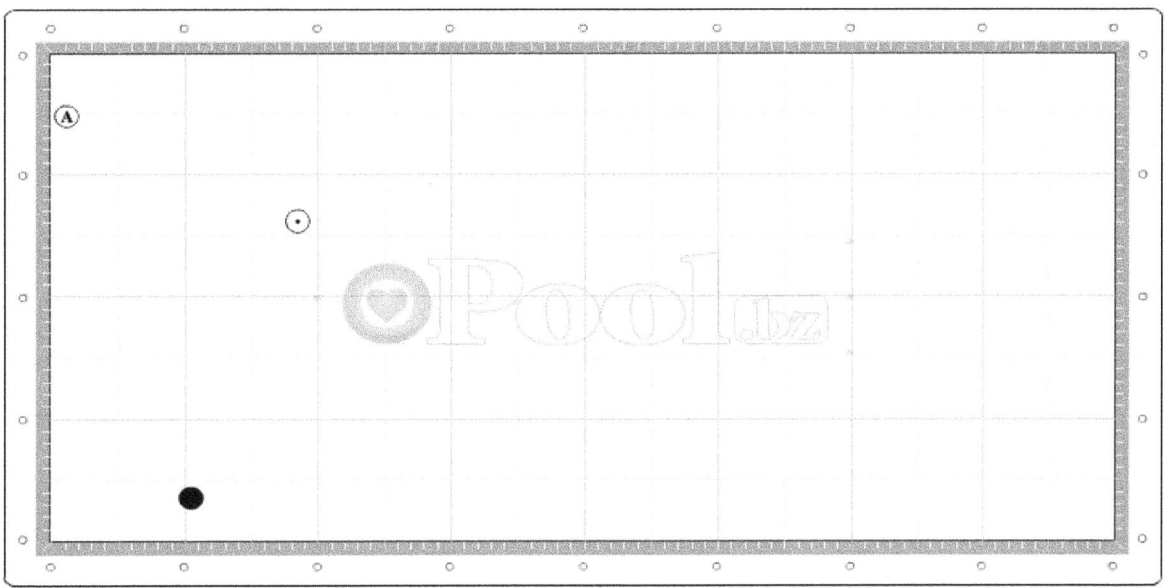

Notas e ideias:

Tiro padrão n

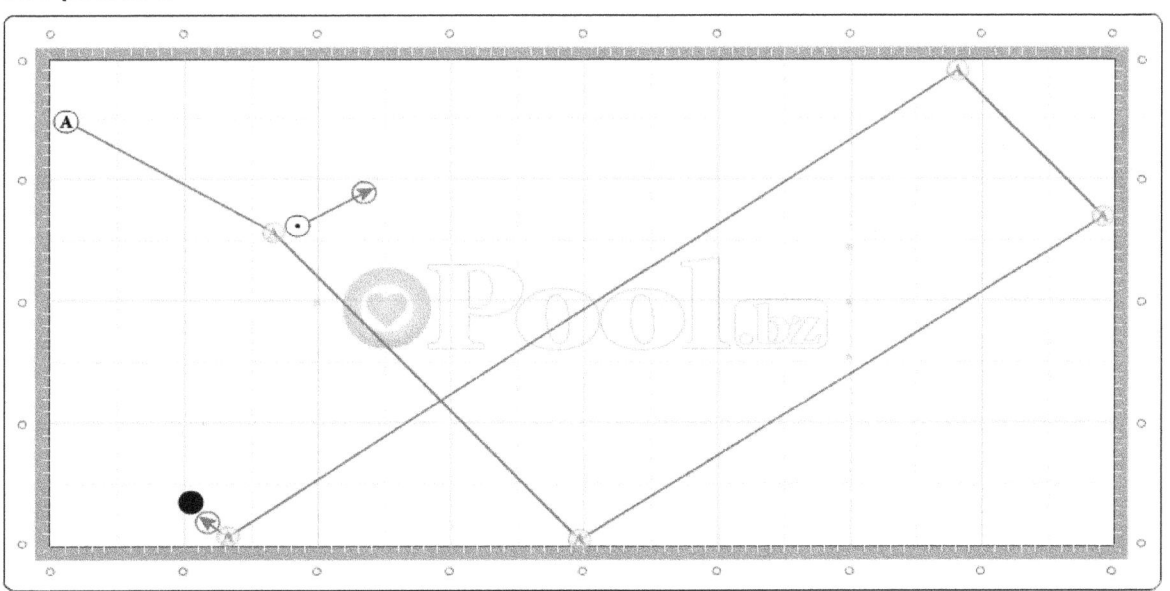

D: Grupo 8

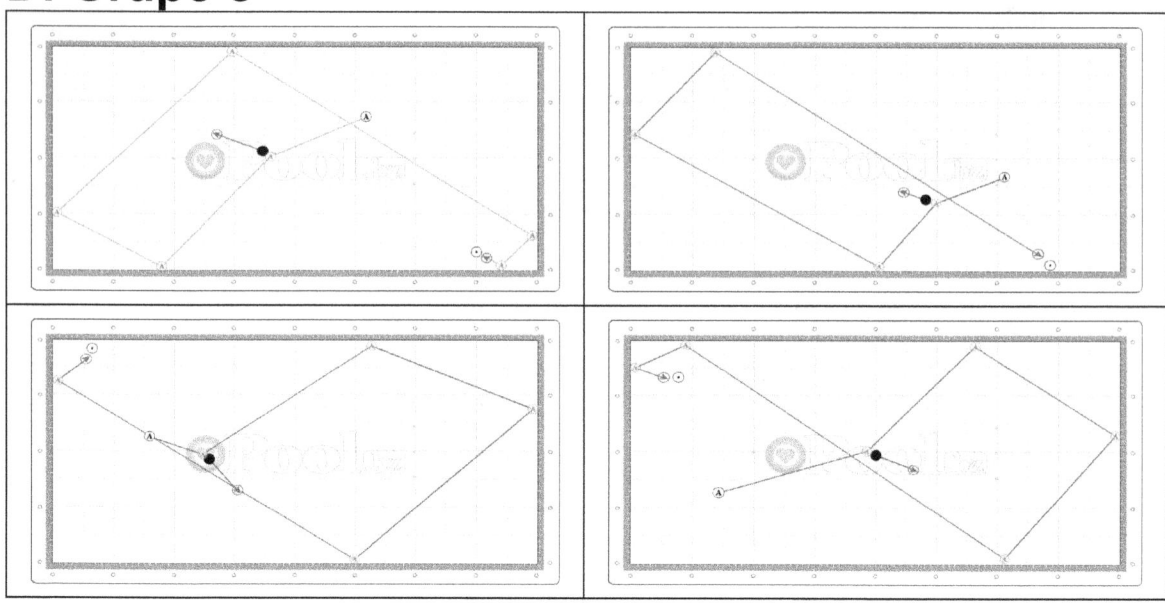

Análise:

D:8a. _____

D:8b. _____

D:8c. _____

D:8d. _____

D:8a – Configuração

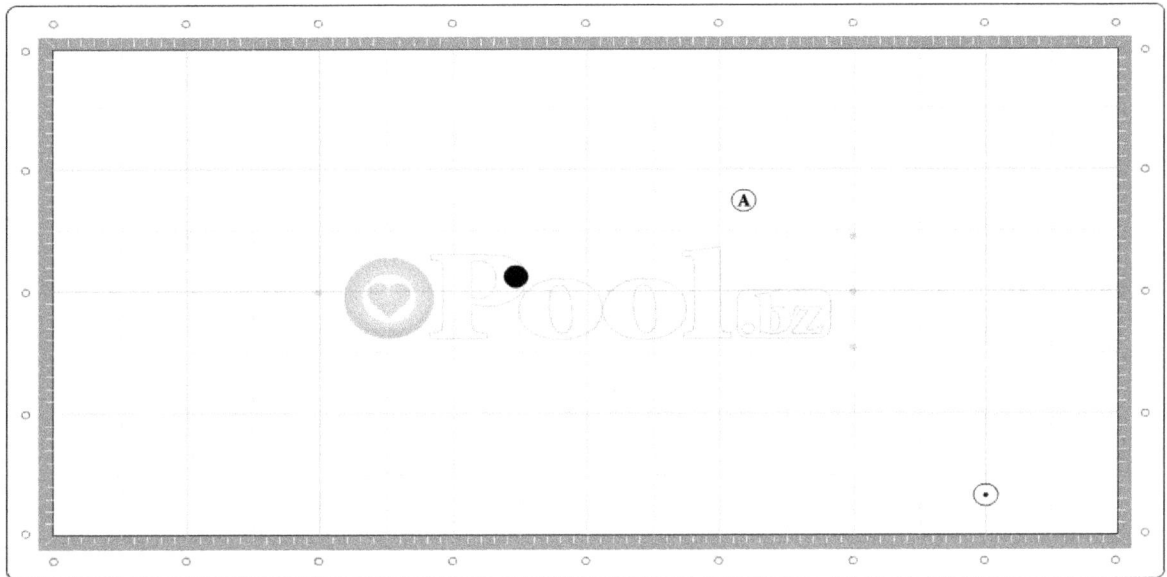

Notas e ideias:

Tiro padrão n

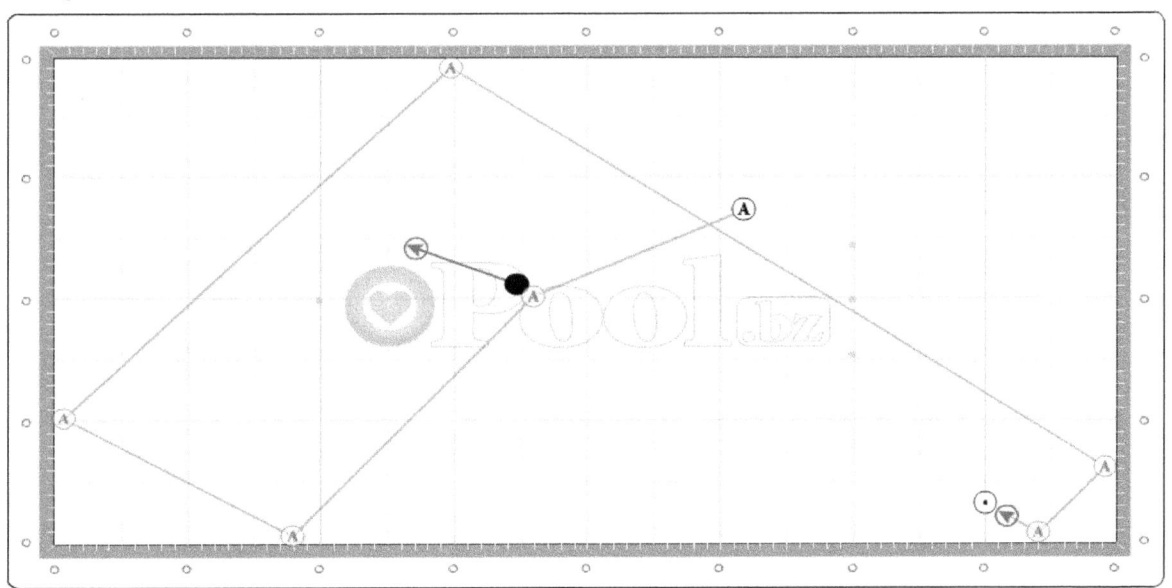

D:8b – Configuração

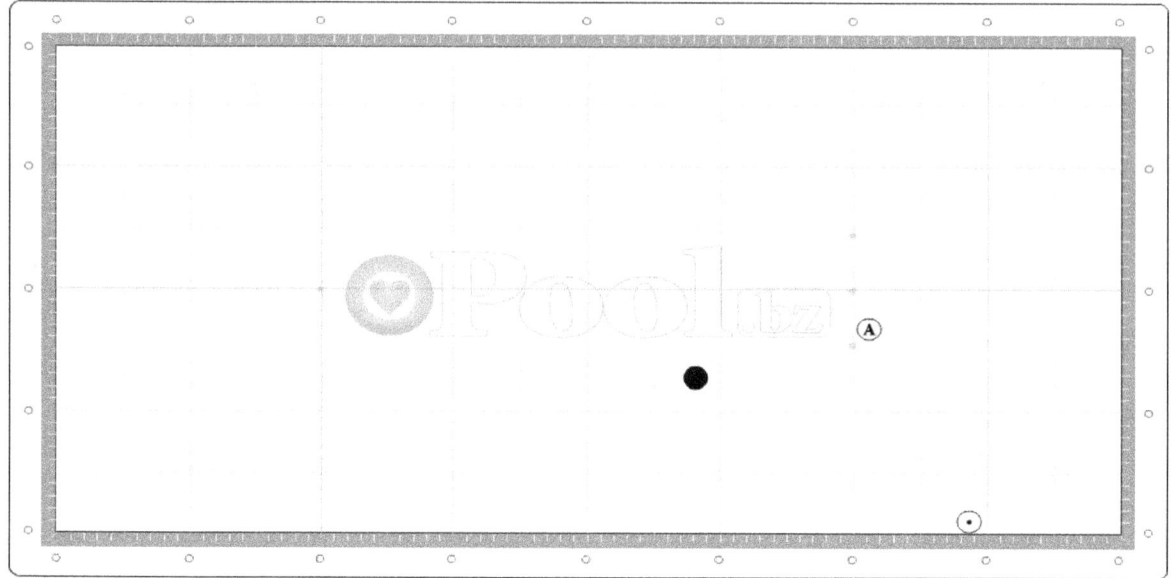

Notas e ideias:

Tiro padrão n

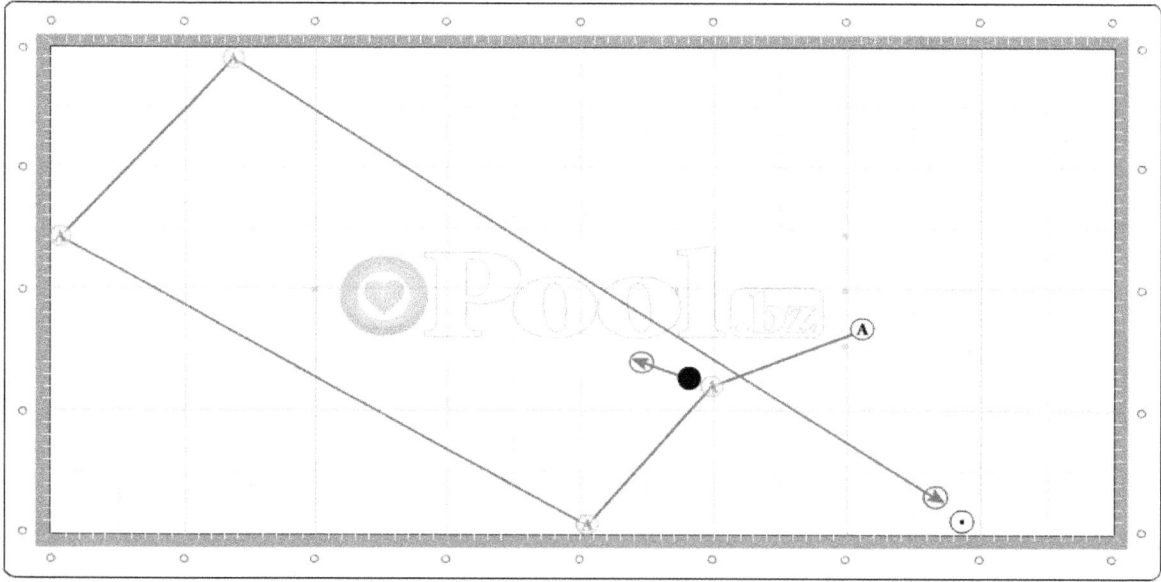

D:8c – Configuração

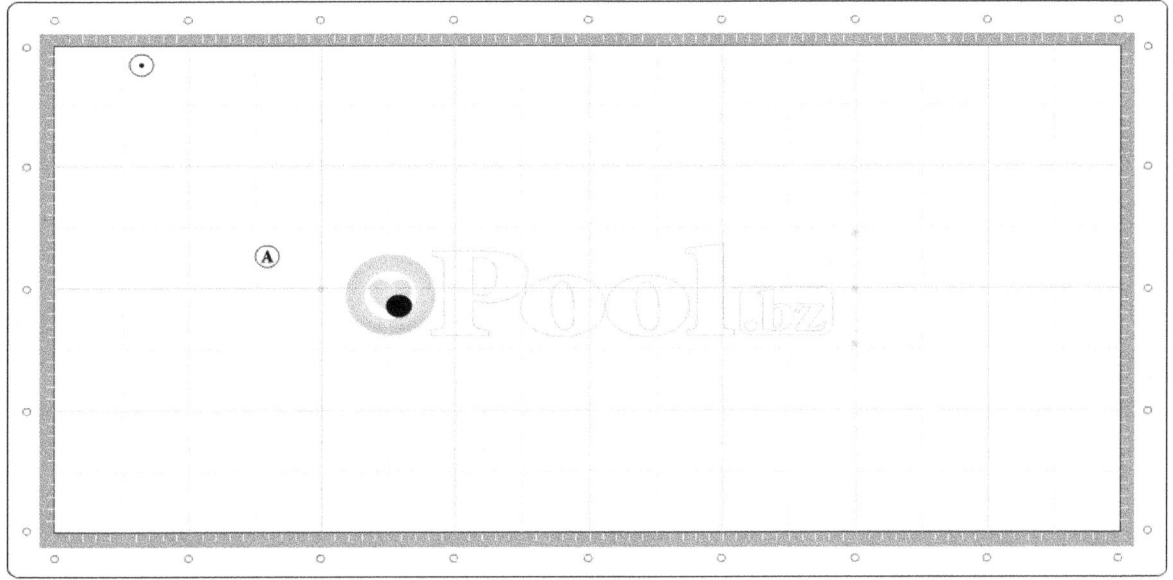

Notas e ideias:

Tiro padrão n

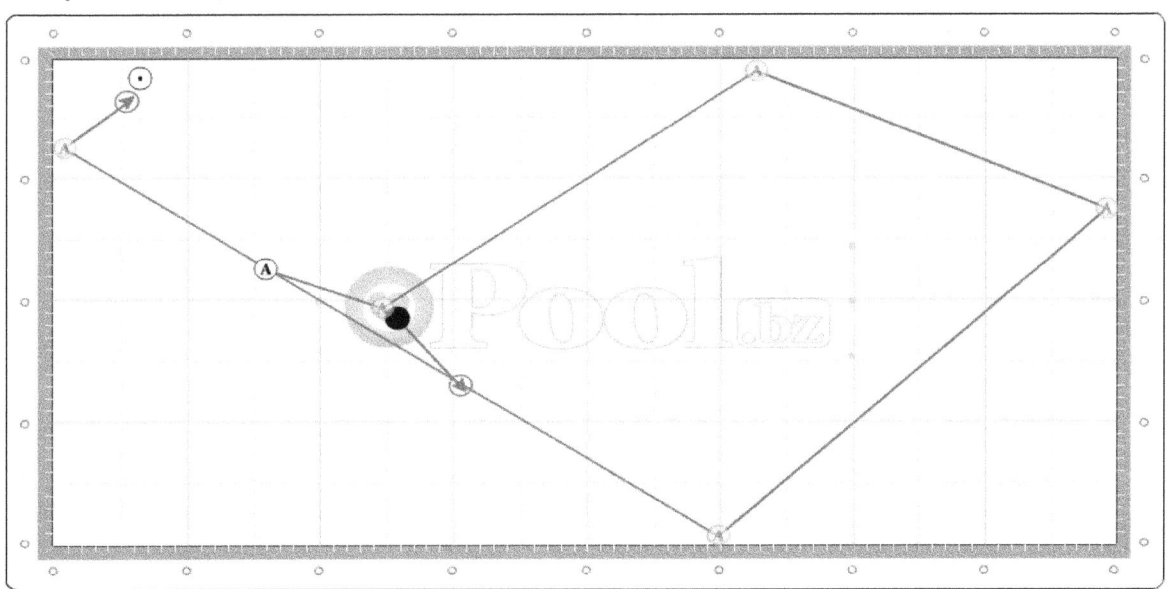

D:8d – Configuração

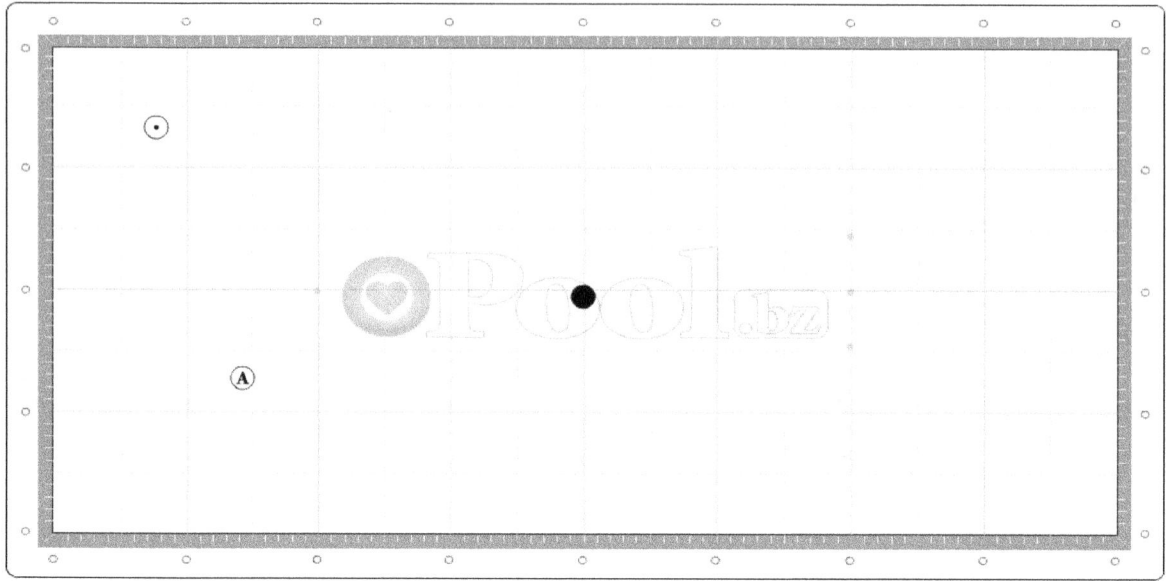

Notas e ideias:

Tiro padrão n

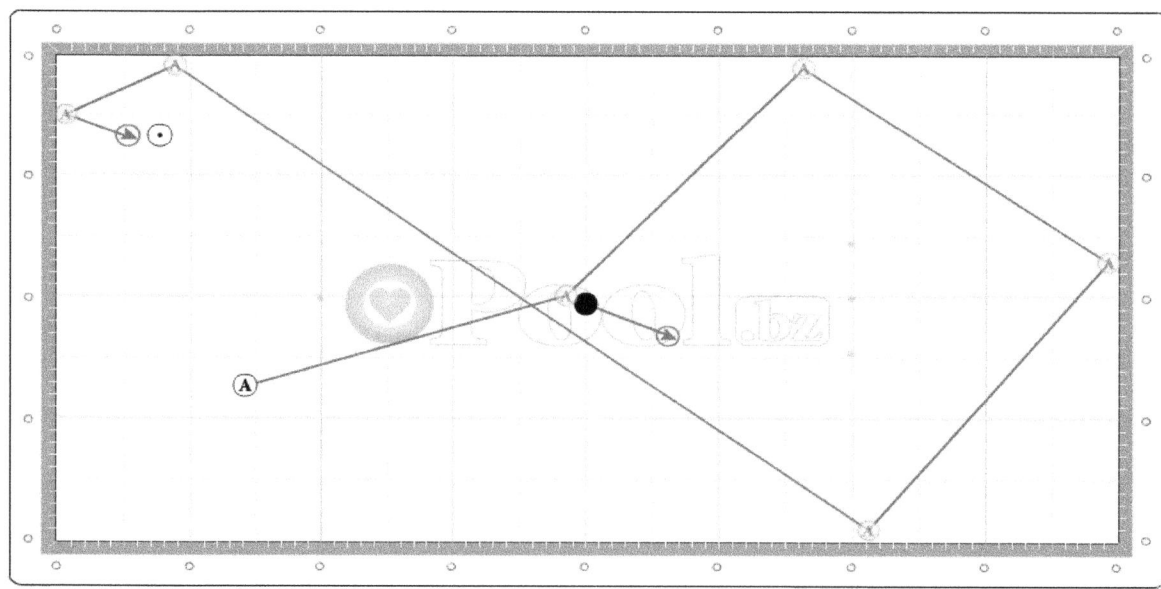

D: Grupo 9

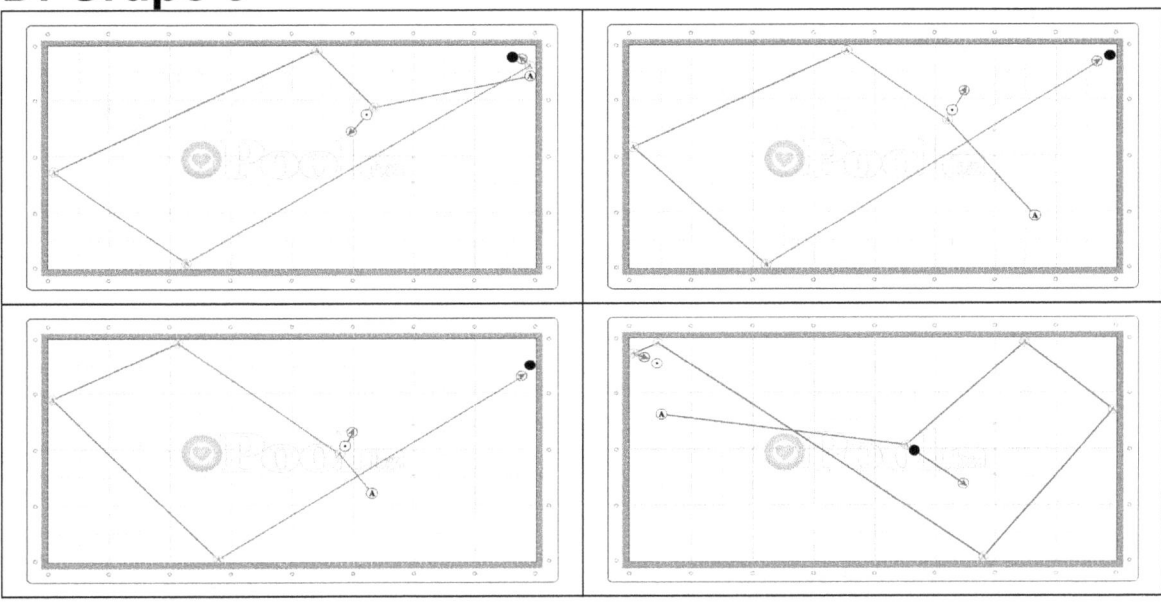

Análise:

D:9a. _____

D:9b. _____

D:9c. _____

D:9d. _____

D:9a – Configuração

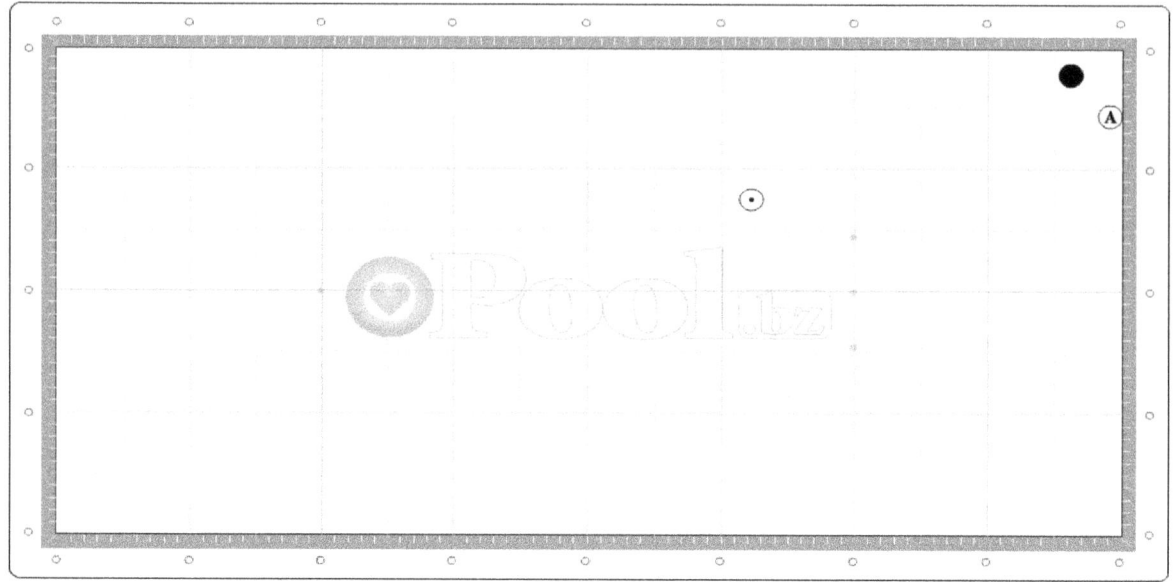

Notas e ideias:

Tiro padrão n

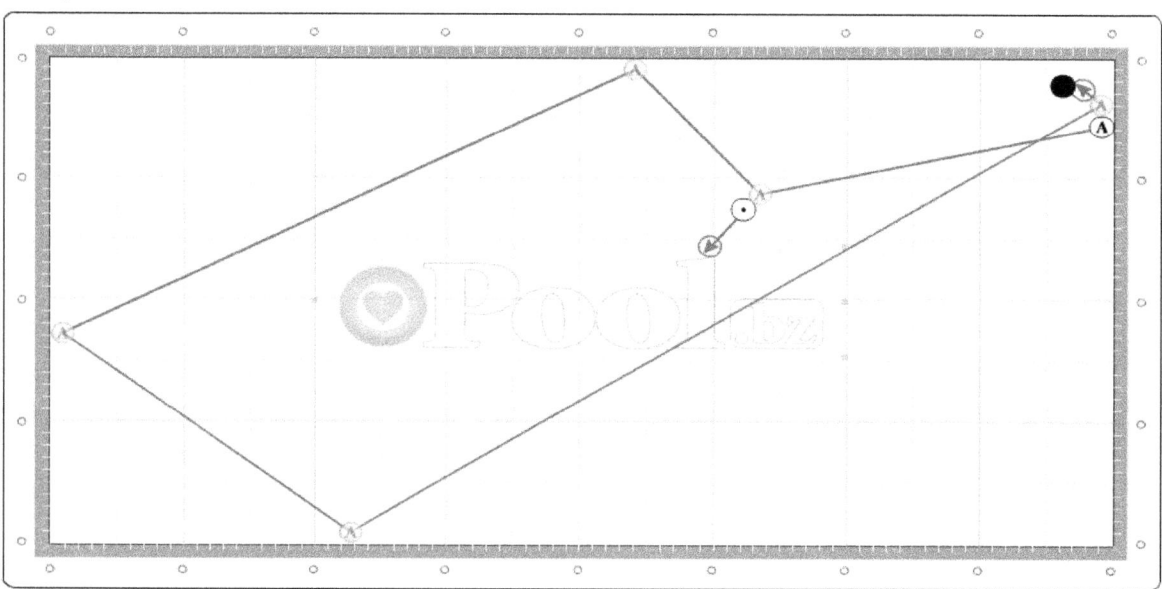

D:9b – Configuração

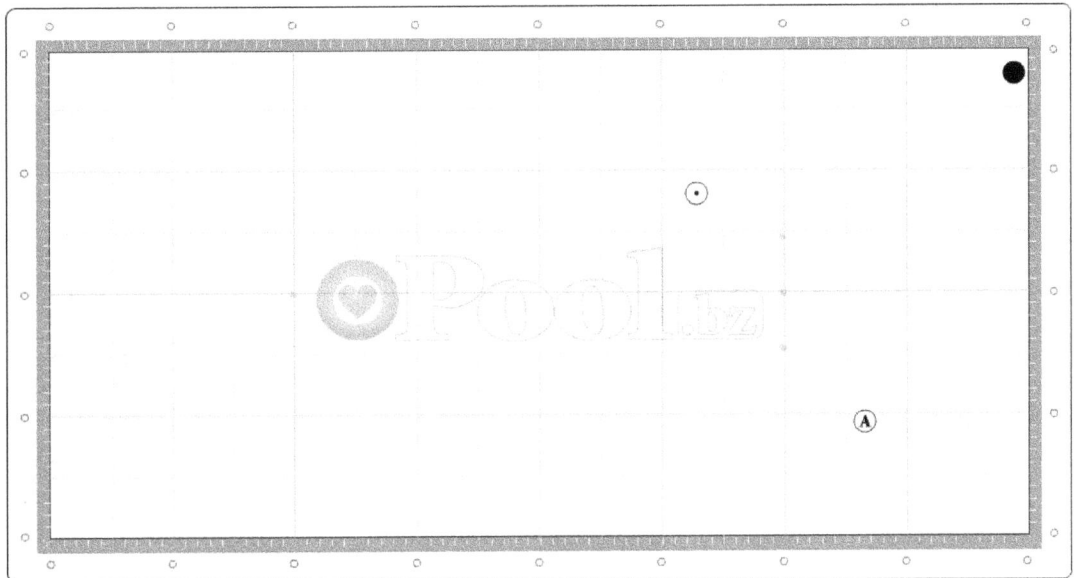

Notas e ideias:

Tiro padrão n

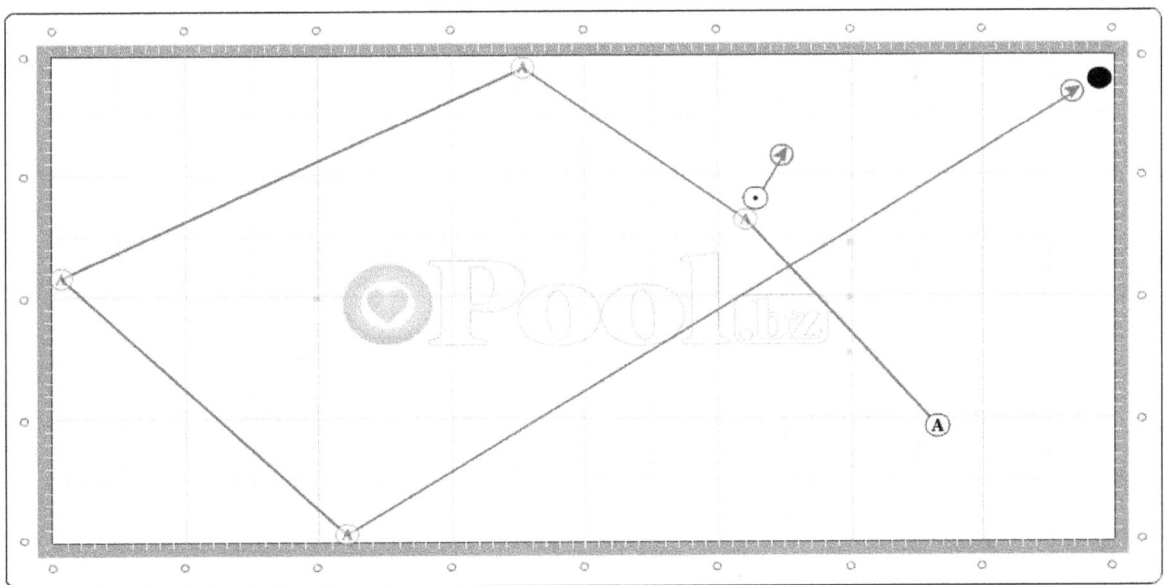

D:9c – Configuração

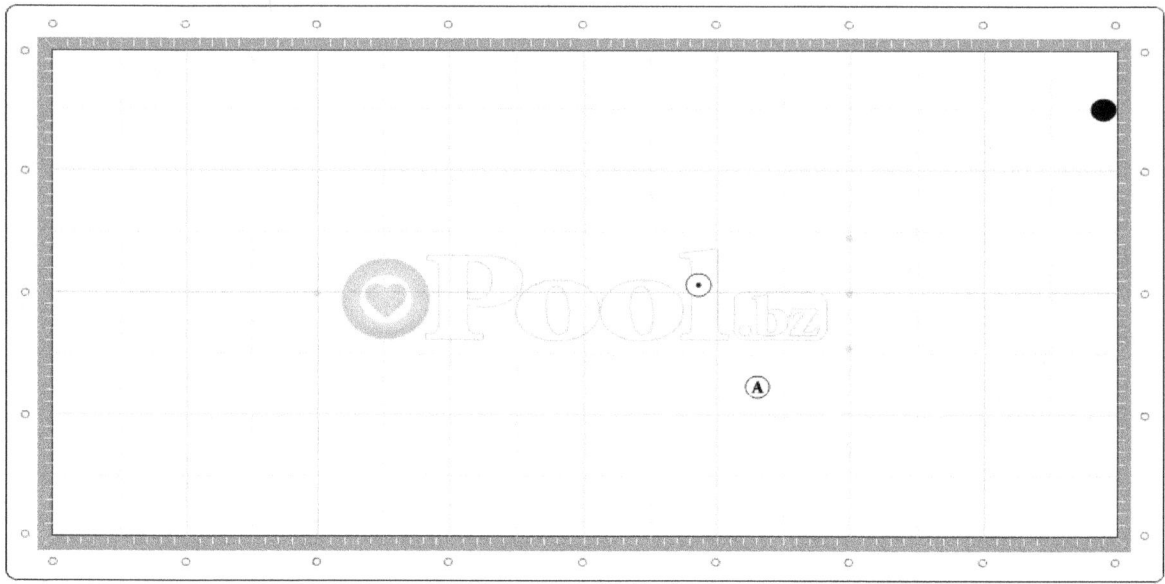

Notas e ideias:

Tiro padrão n

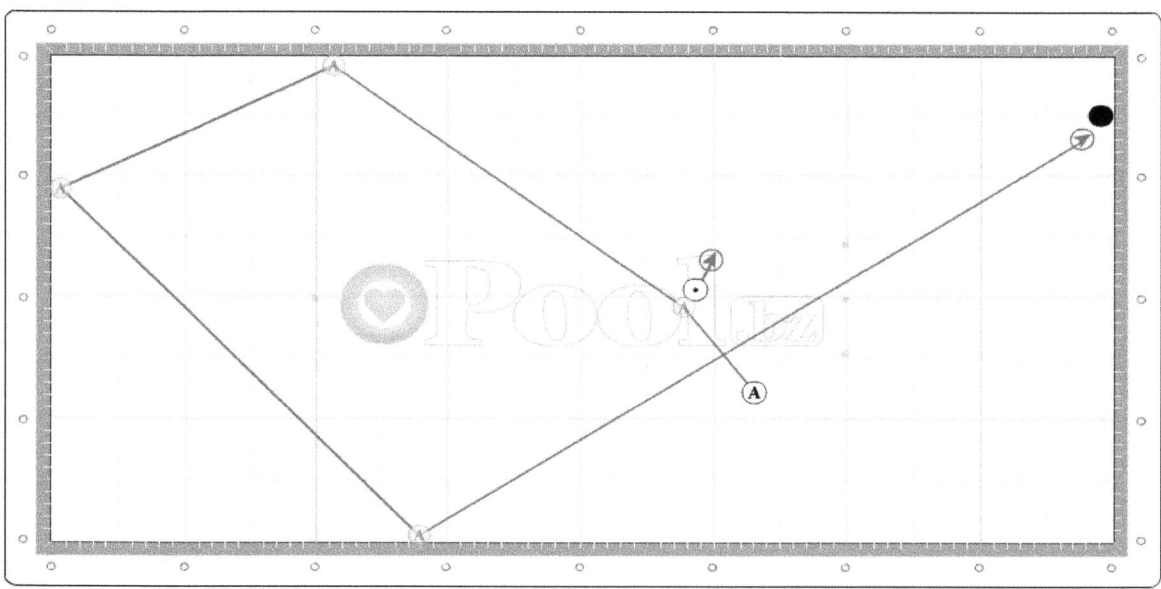

D:9d – Configuração

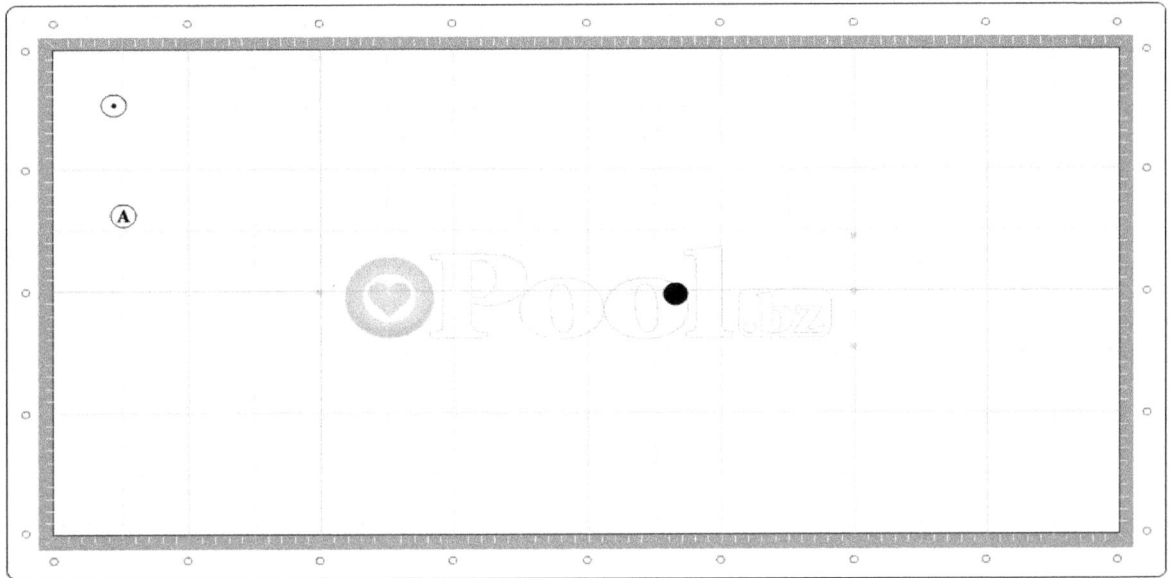

Notas e ideias:

Tiro padrão n

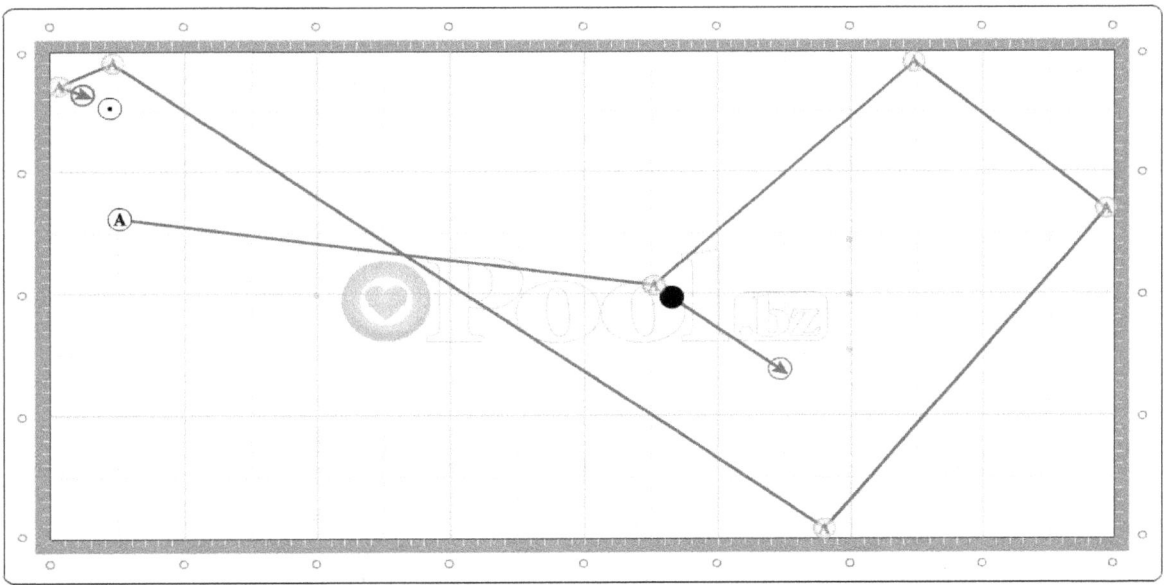

E: Siga para o canto

O (CB) sai do primeiro (OB) e nas próximas três tabelass, seguindo o padrão em torno do padrão mundial. Como o outro (OB) está no caminho do (CB) para o canto da casa, o (CB) pode acertar o outro (OB) para uma pontuação.

Ⓐ (CB) (sua bola de bilhar) - ⊙ (OB) (bola de bilhar oponente) - ● (RB) (bola de bilhar vermelha)

E: Grupo 1

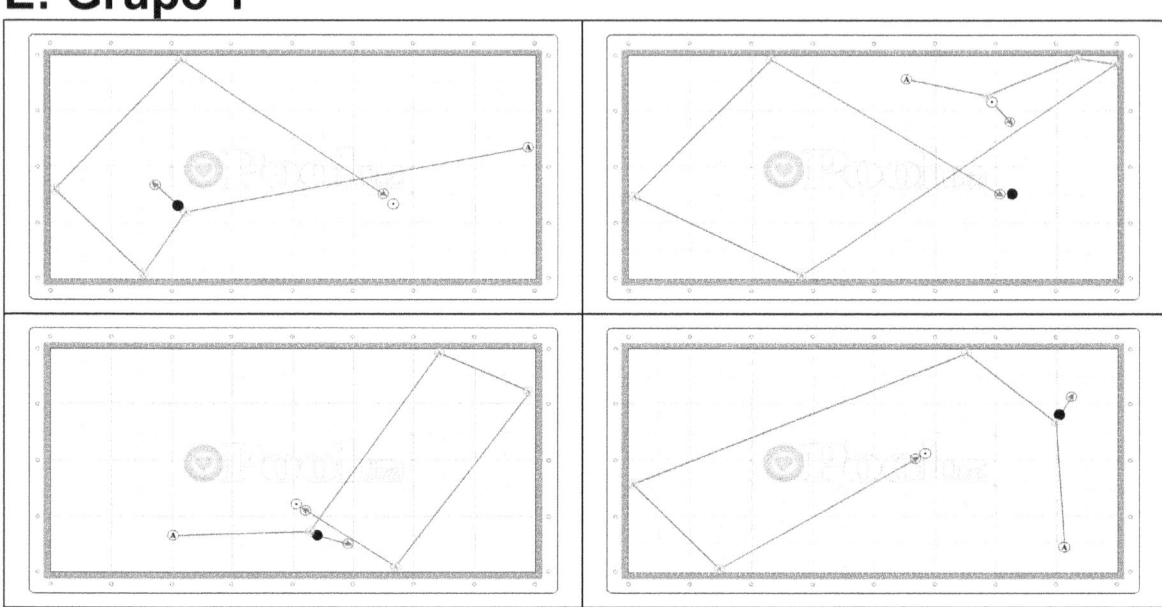

Análise:

E:1a. _____

E:1b. _____

E:1c. _____

E:1d. _____

E:1a – Configuração

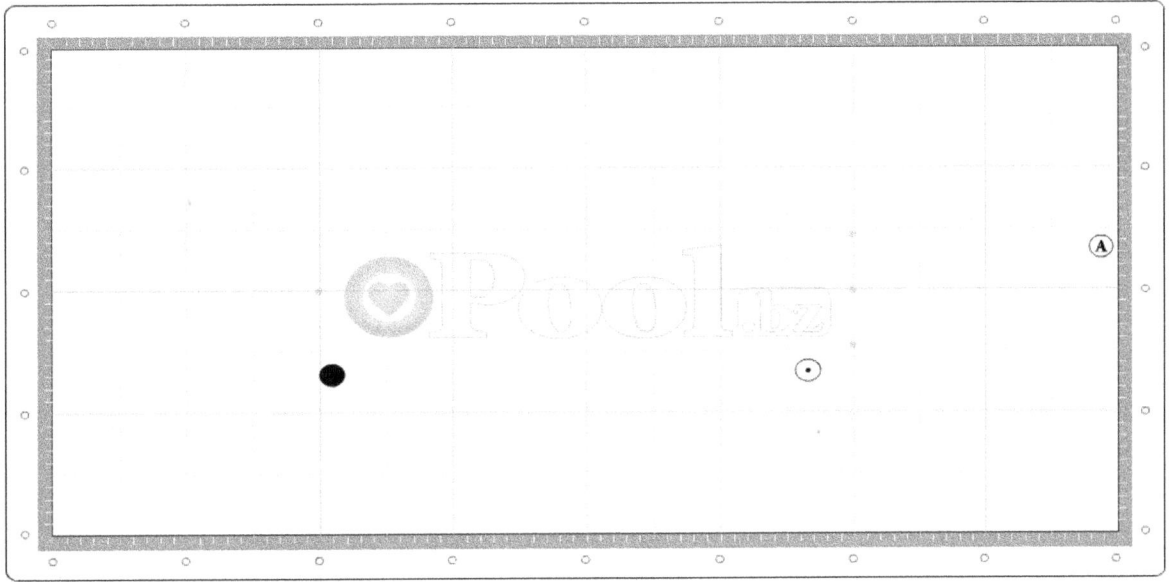

Notas e ideias:

Tiro padrão n

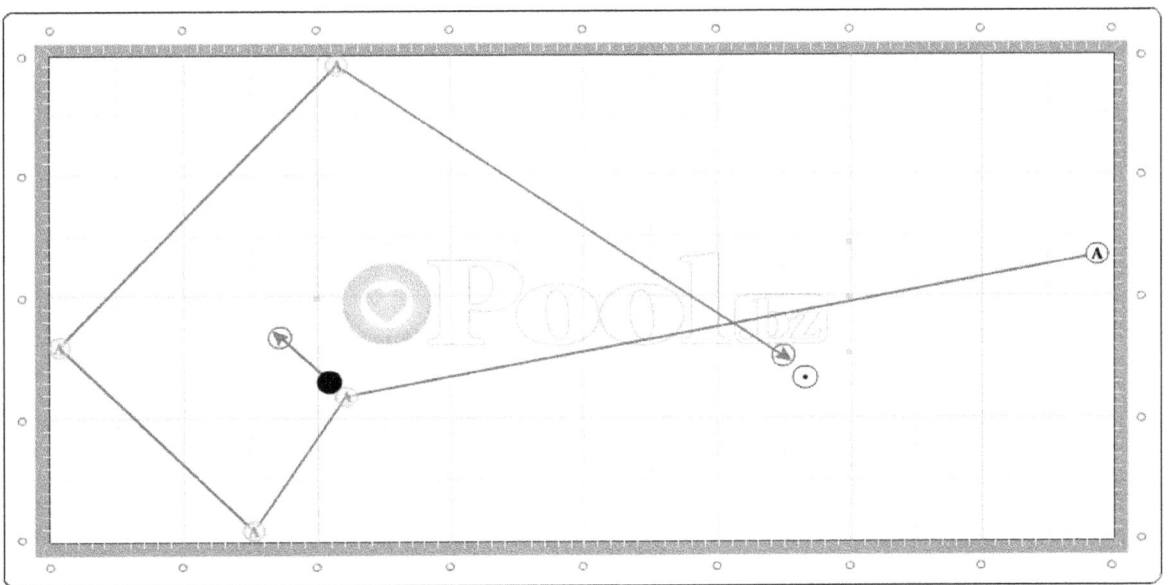

E:1b – Configuração

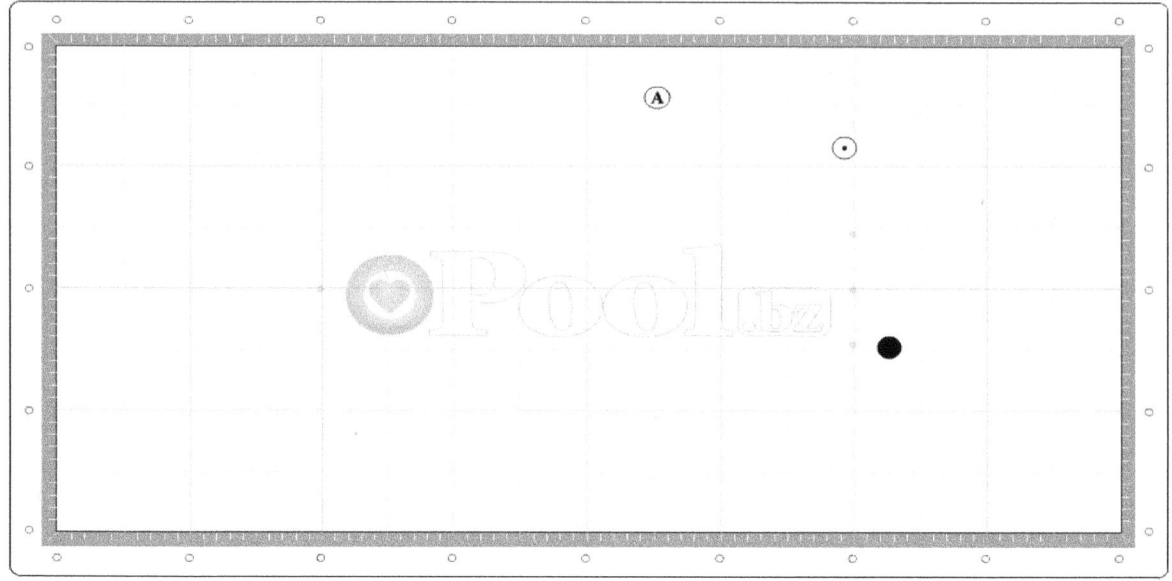

Notas e ideias:

Tiro padrão n

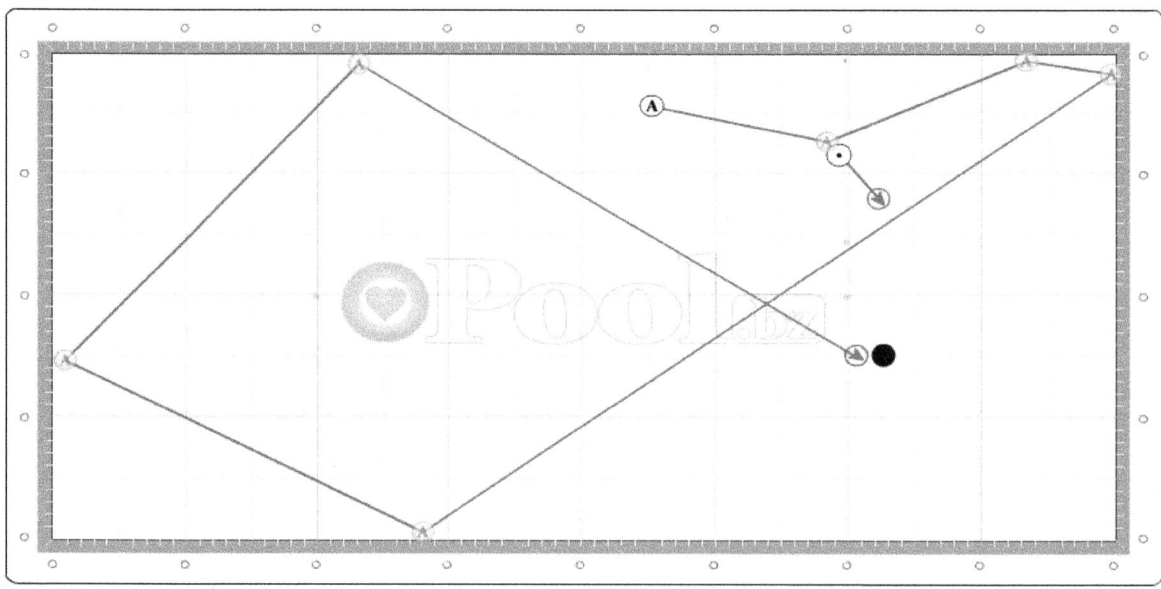

E:1c – Configuração

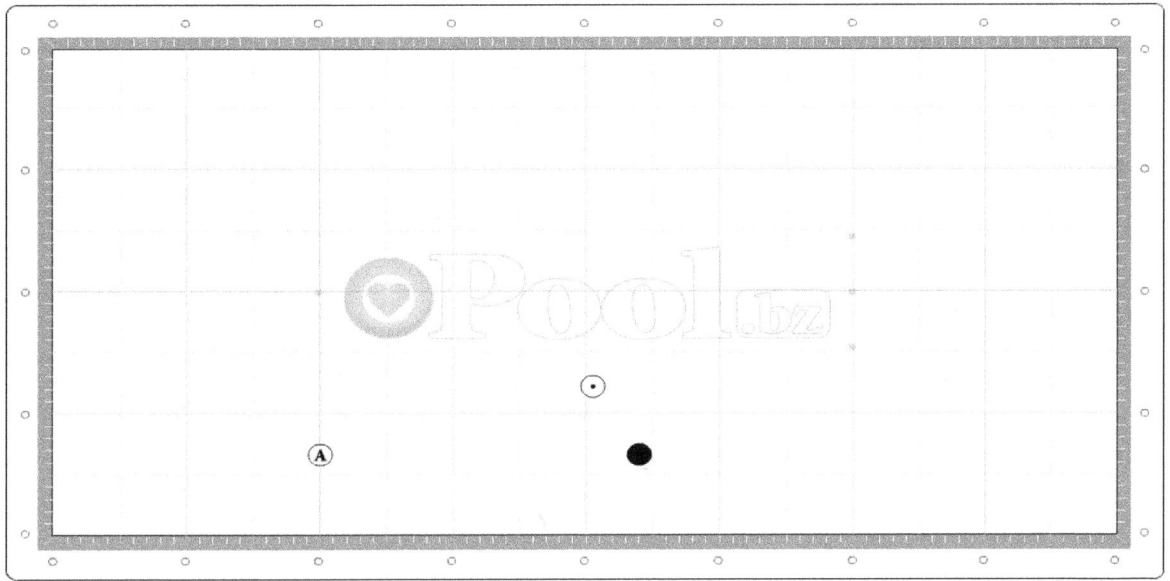

Notas e ideias:

Tiro padrão n

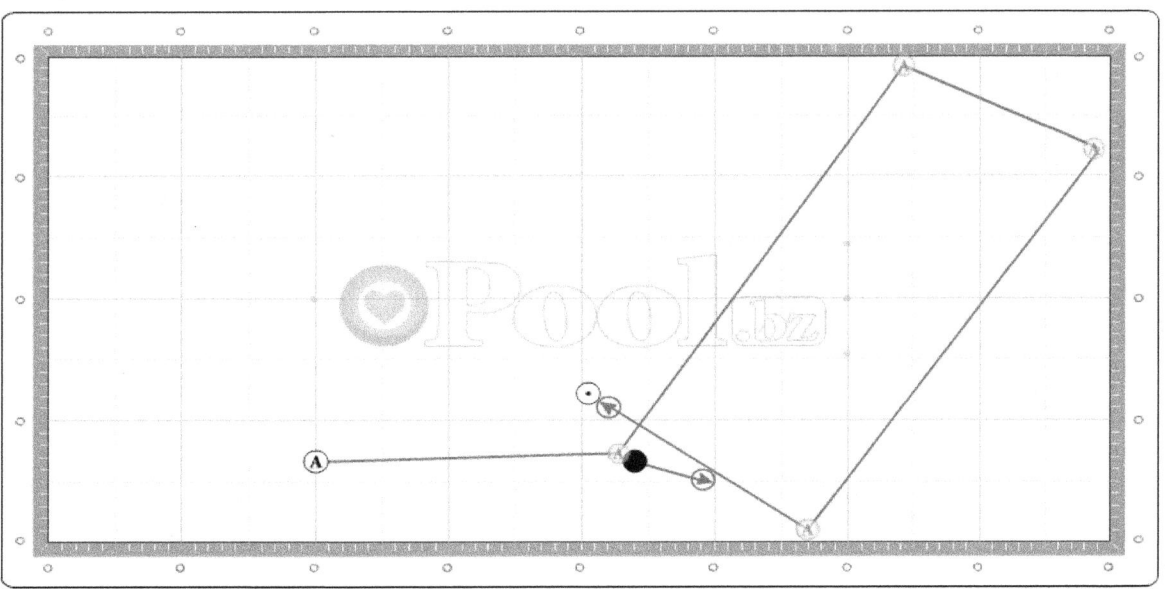

E:1d – Configuração

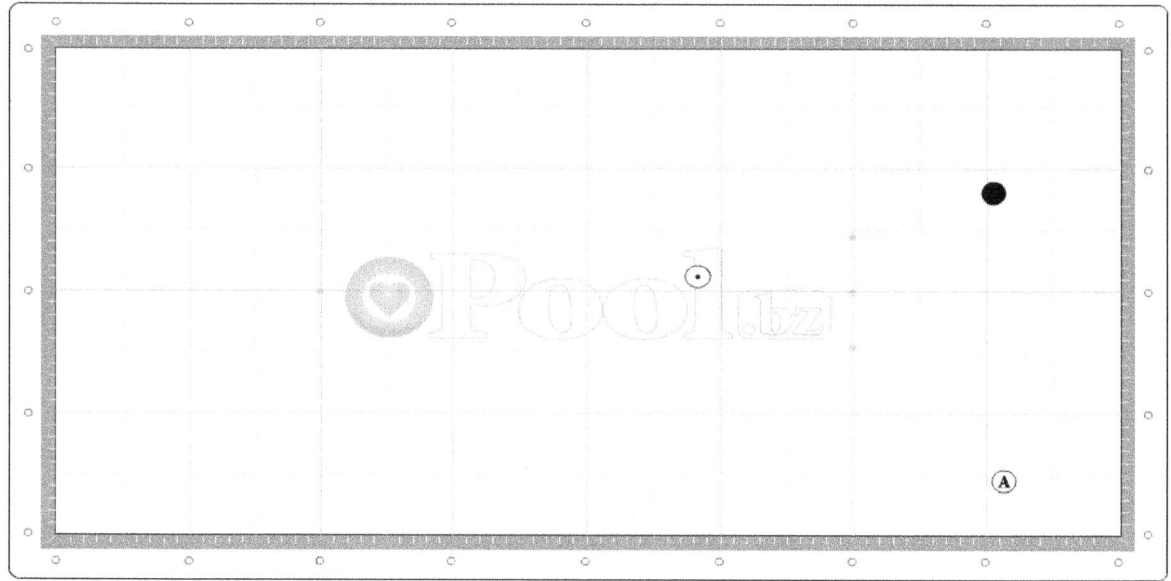

Notas e ideias:

Tiro padrão n

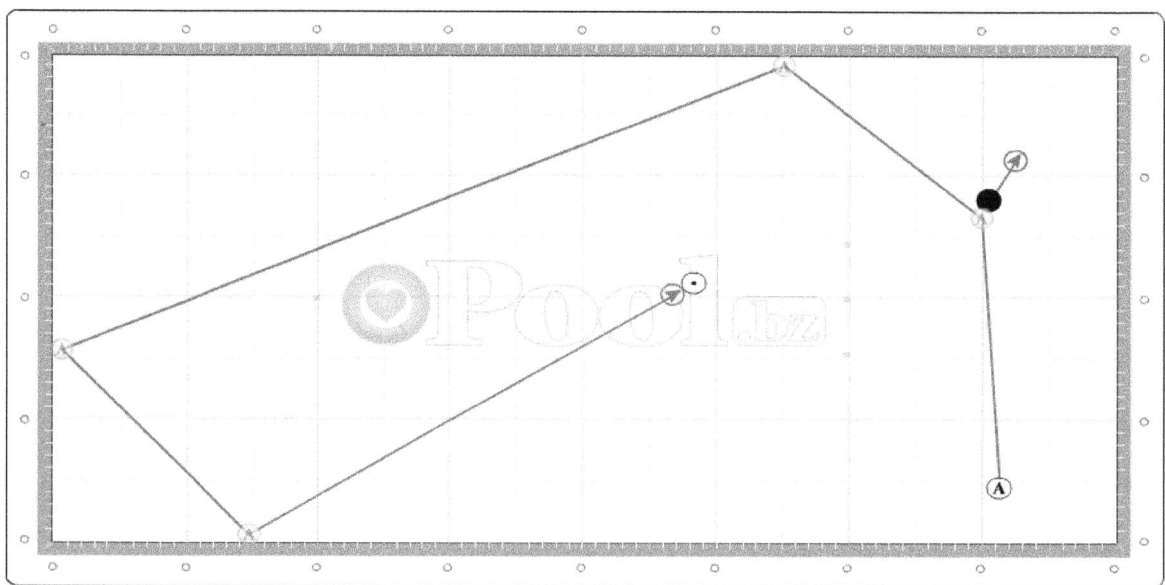

E: Grupo 2

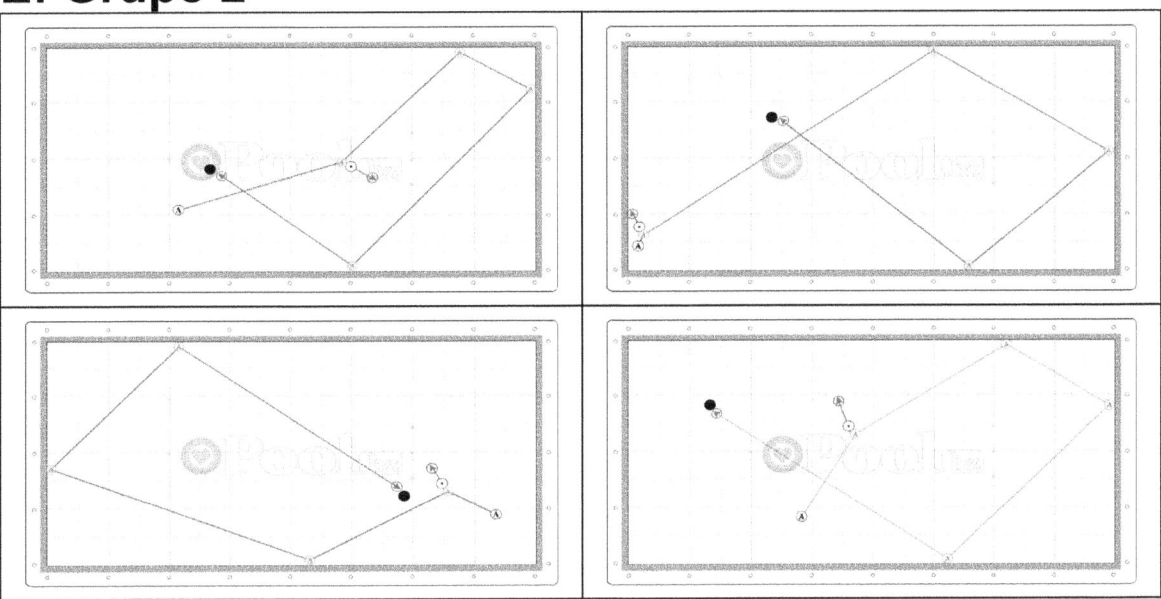

Análise:

E:2a. _____

E:2b. _____

E:2c. _____

E:2d. _____

E:2a – Configuração

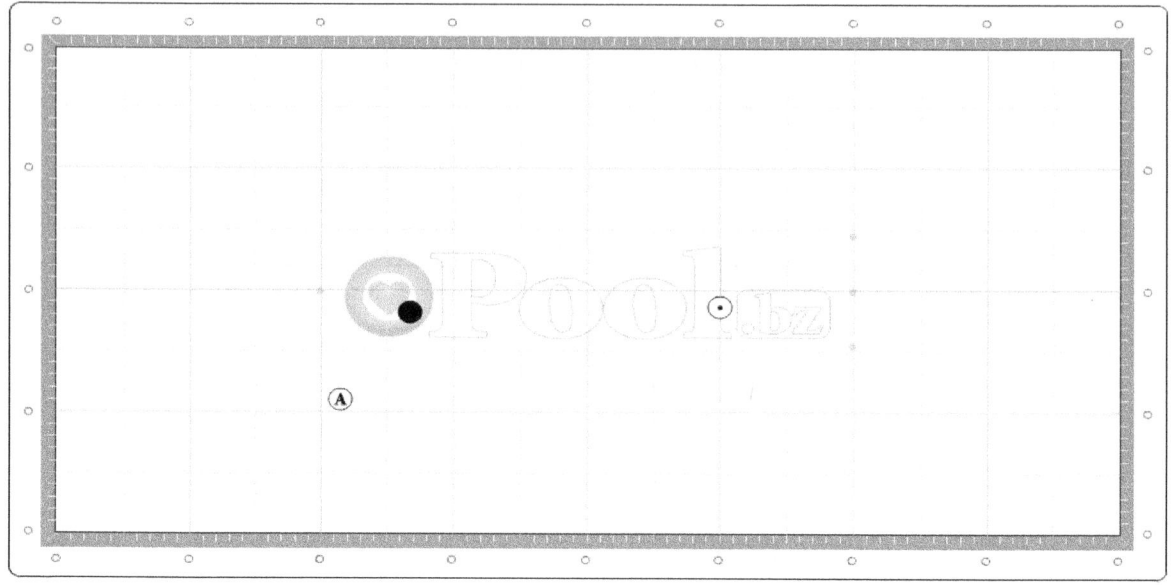

Notas e ideias:

Tiro padrão n

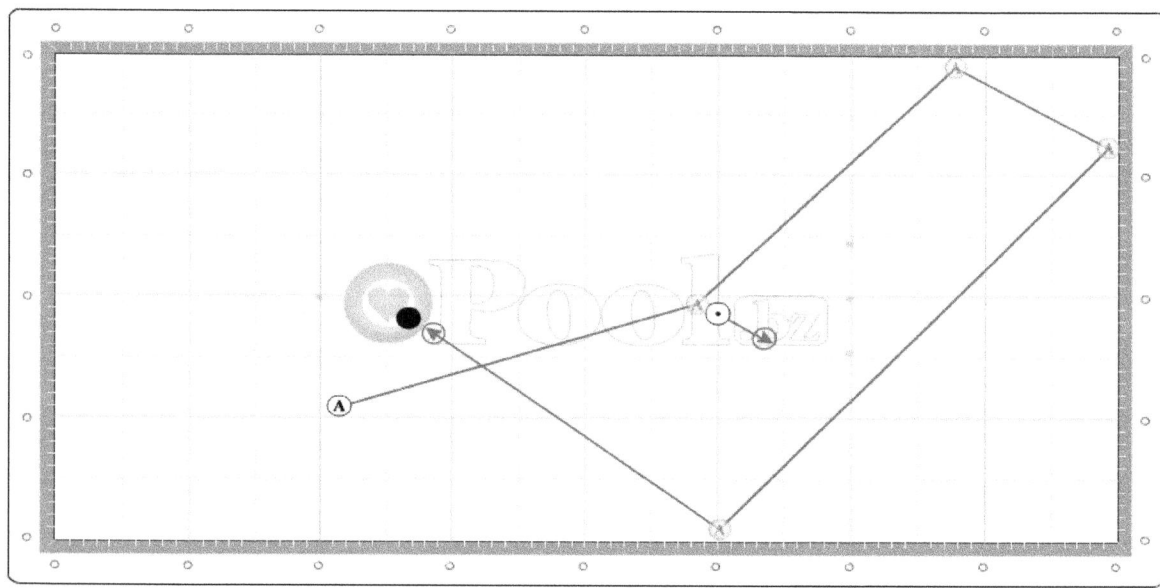

E:2b – Configuração

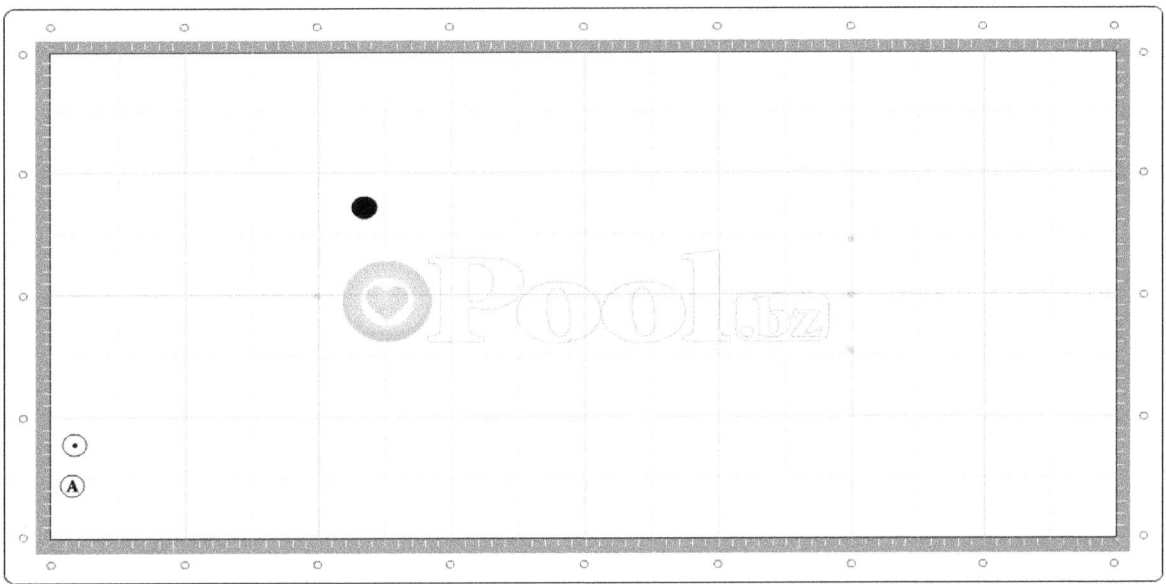

Notas e ideias:

Tiro padrão n

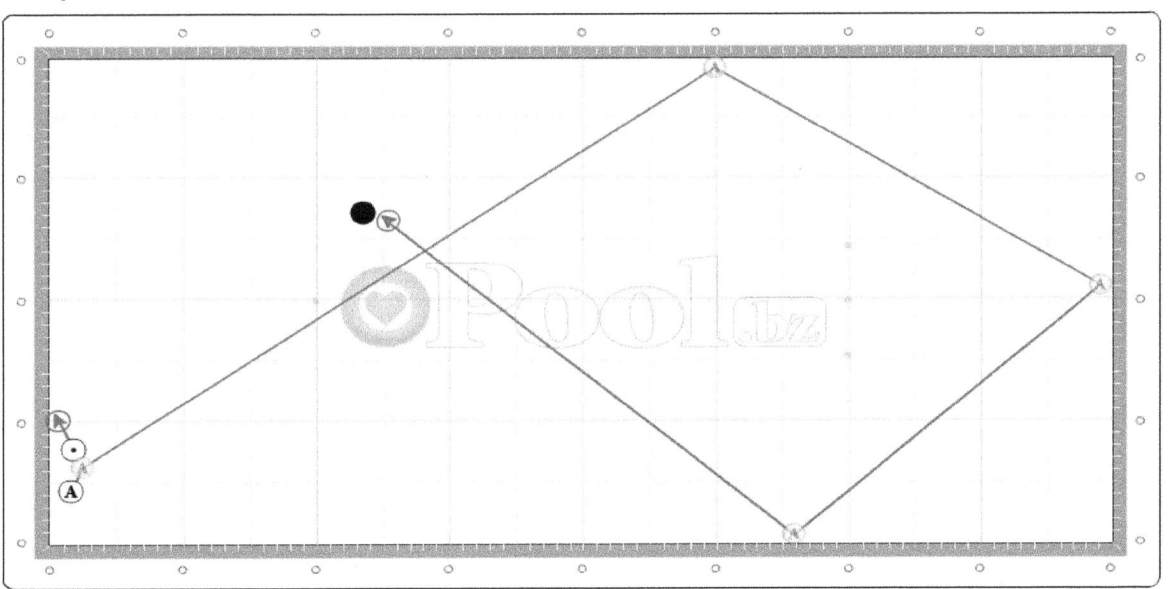

E:2c – Configuração

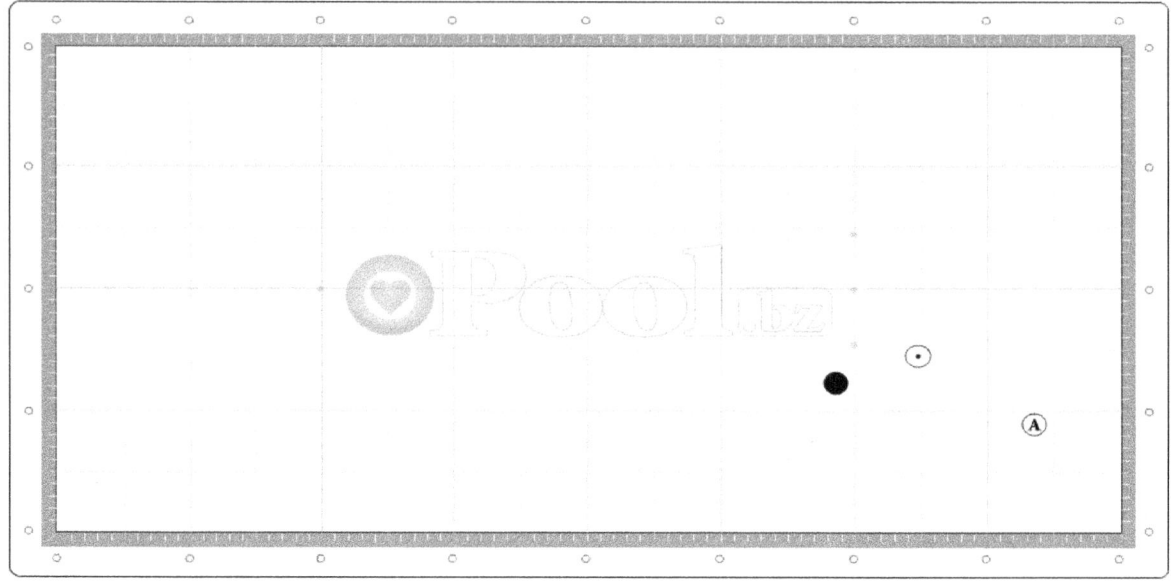

Notas e ideias:

Tiro padrão n

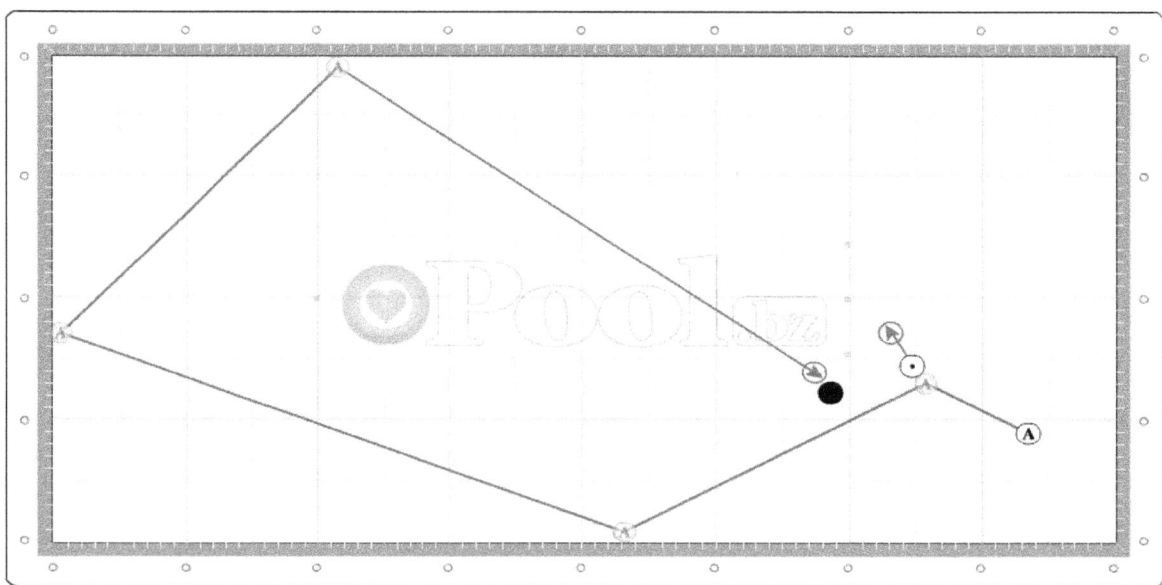

E:2d – Configuração

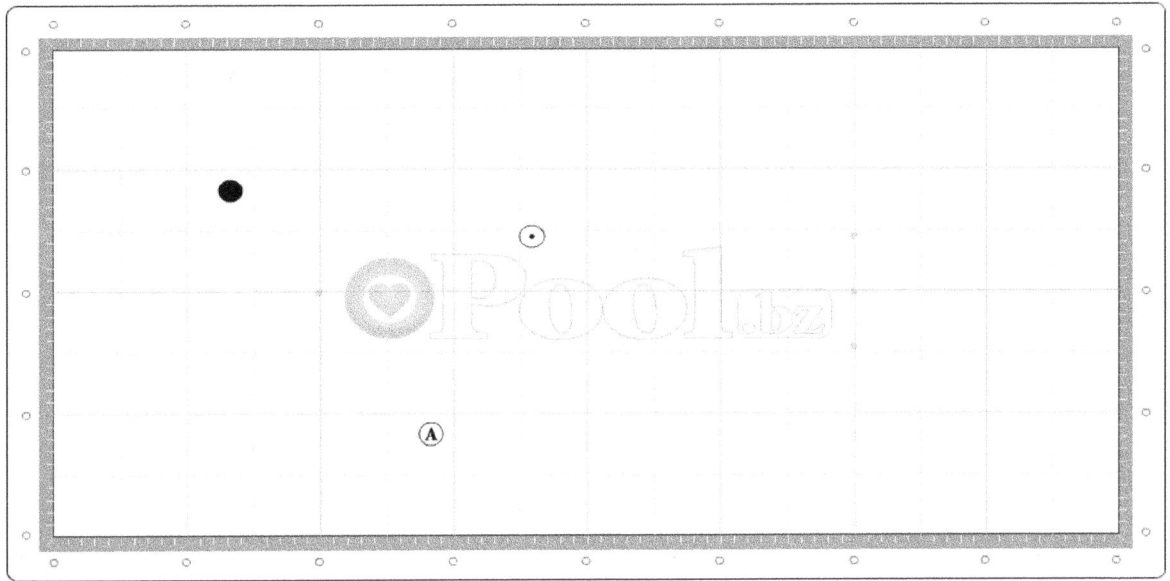

Notas e ideias:

Tiro padrão n

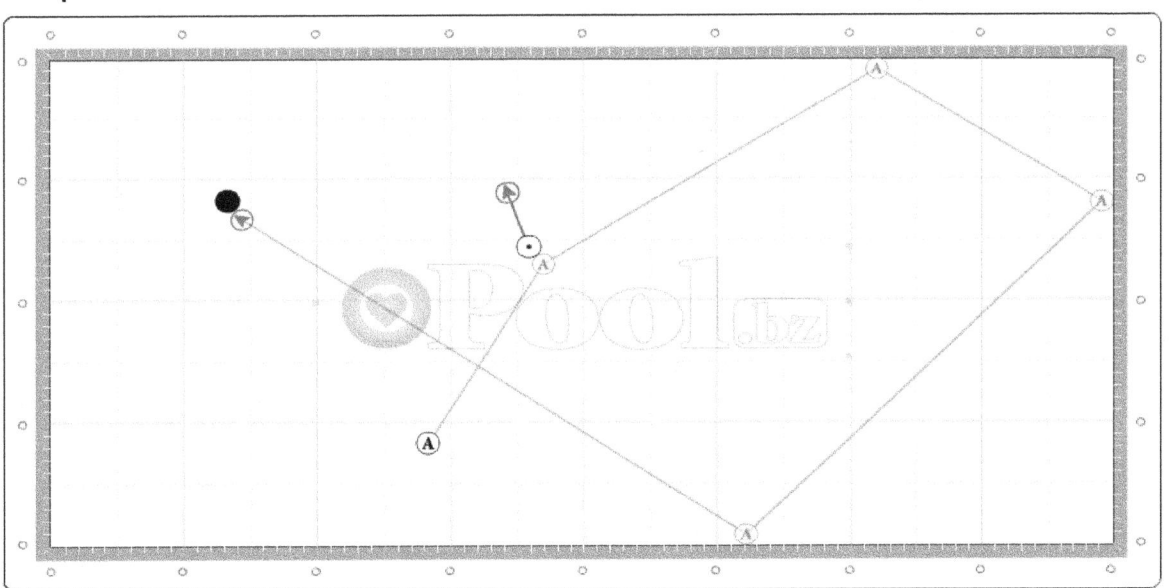

E: Grupo 3

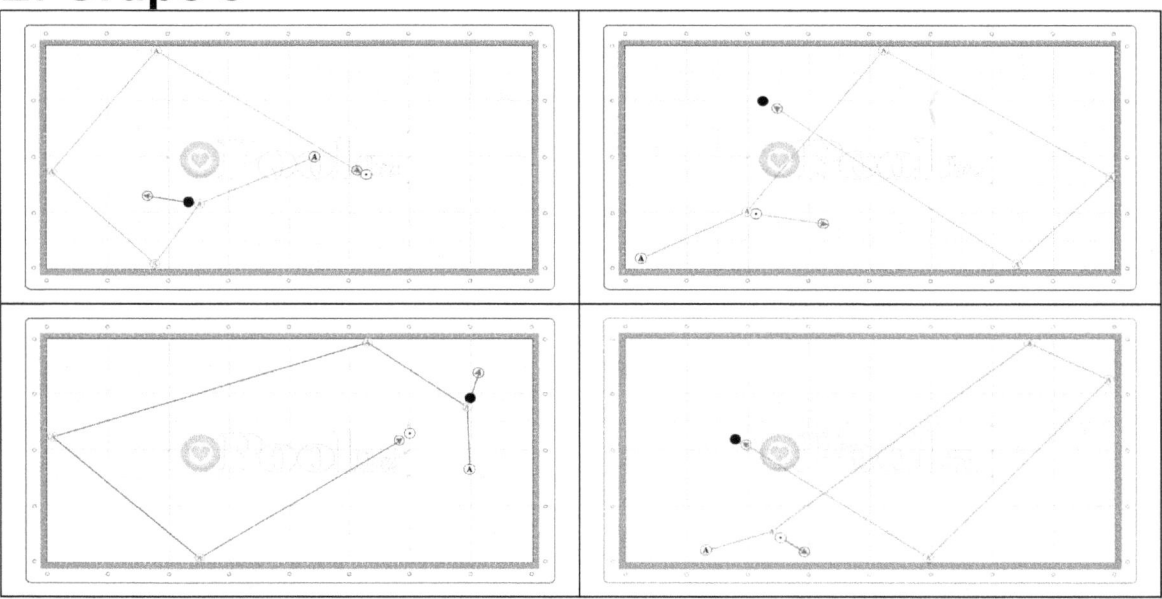

Análise:

E:3a. _____

E:3b. _____

E:3c. _____

E:3d. _____

E:3a – Configuração

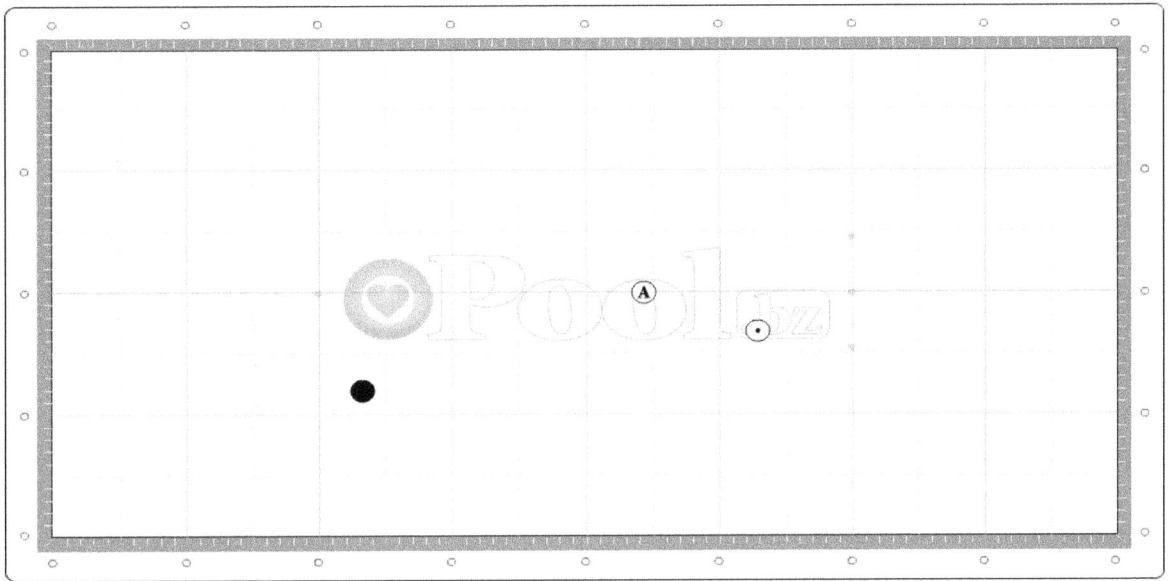

Notas e ideias:

Tiro padrão n

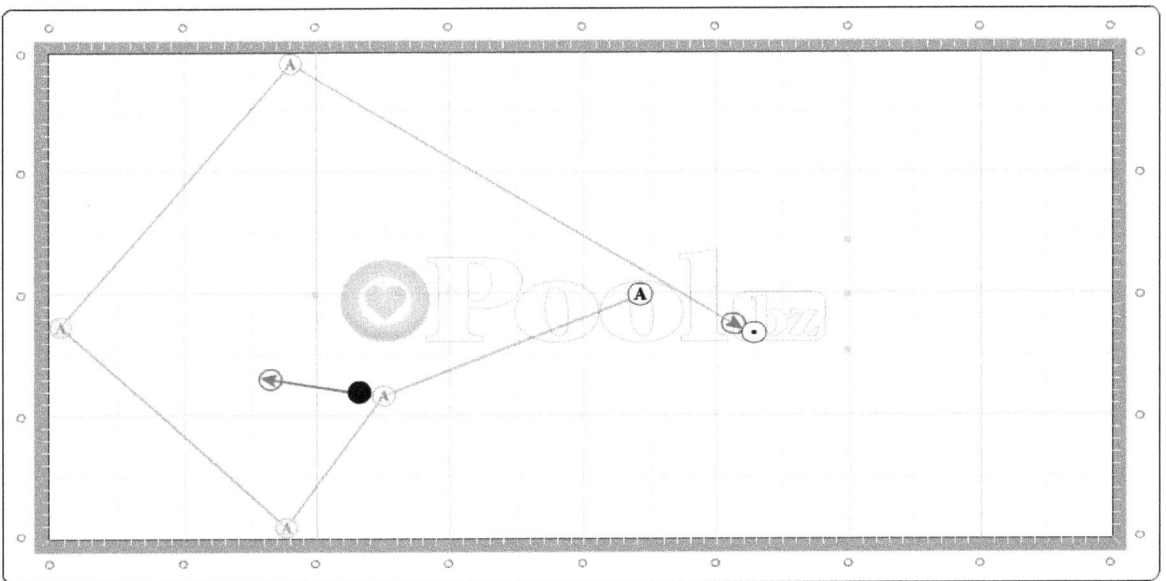

E:3b – Configuração

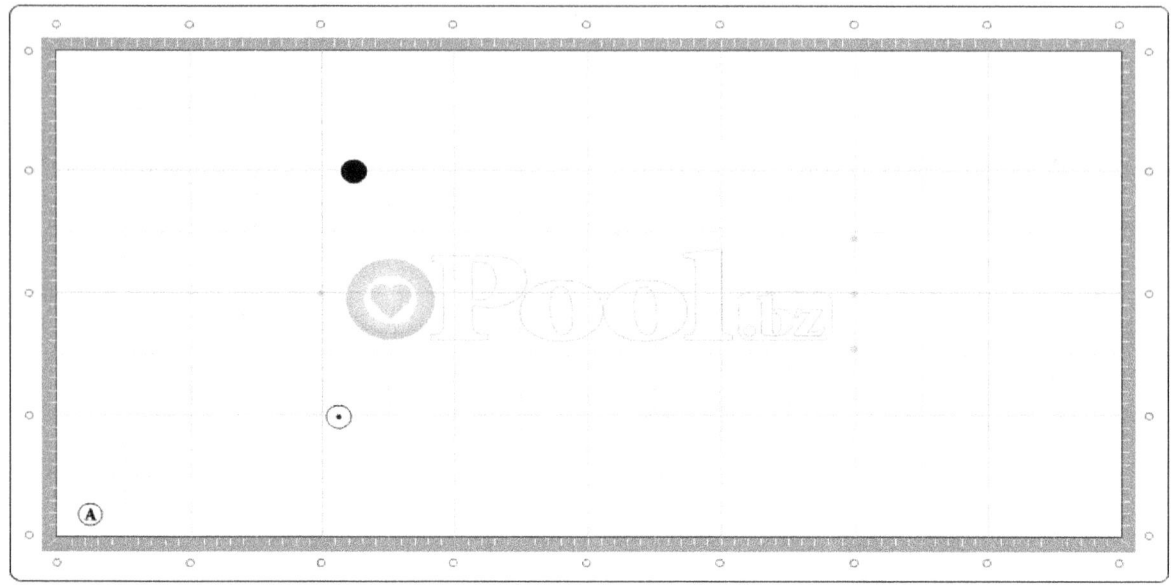

Notas e ideias:

Tiro padrão n

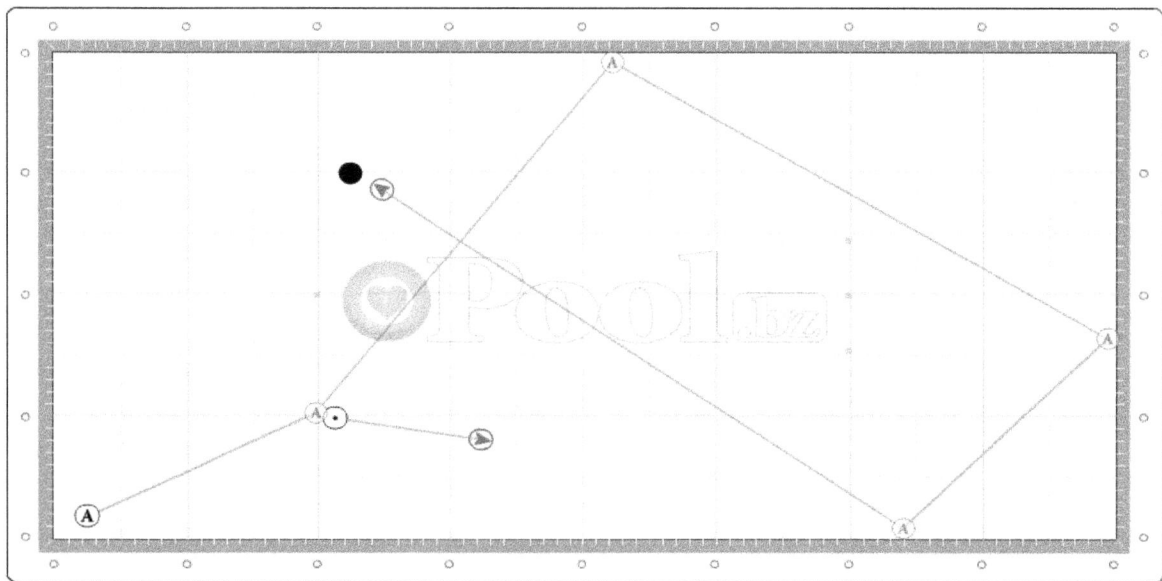

E:3c – Configuração

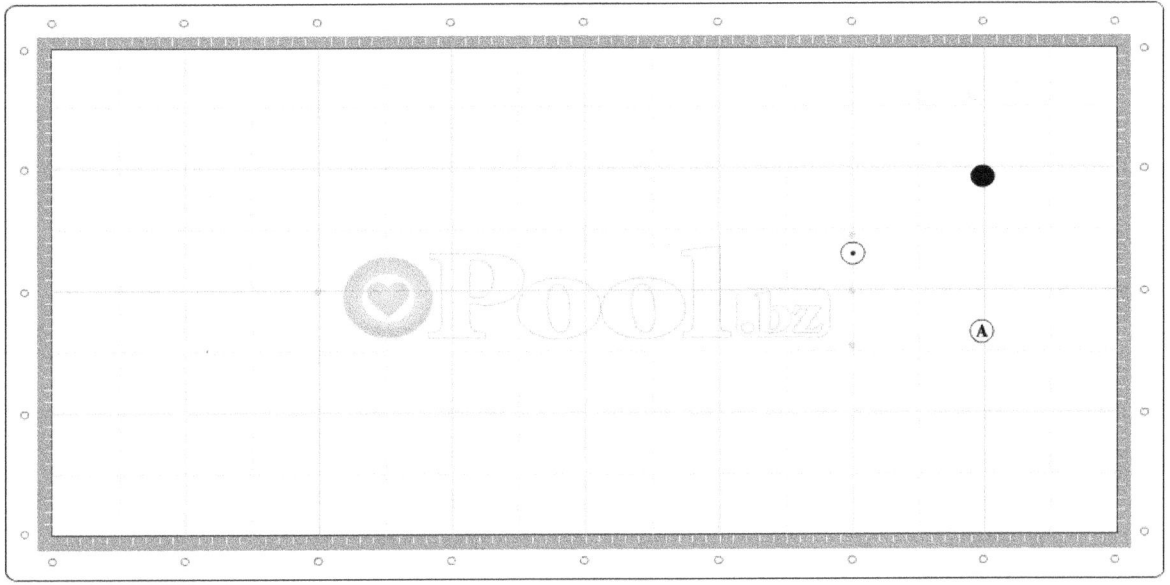

Notas e ideias:

Tiro padrão n

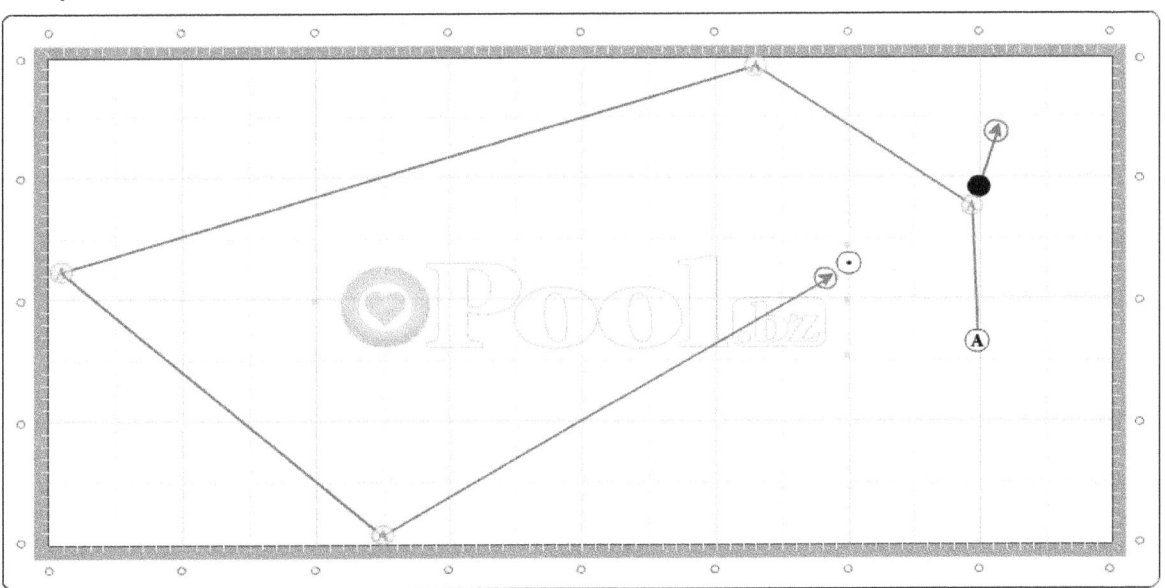

E:3d – Configuração

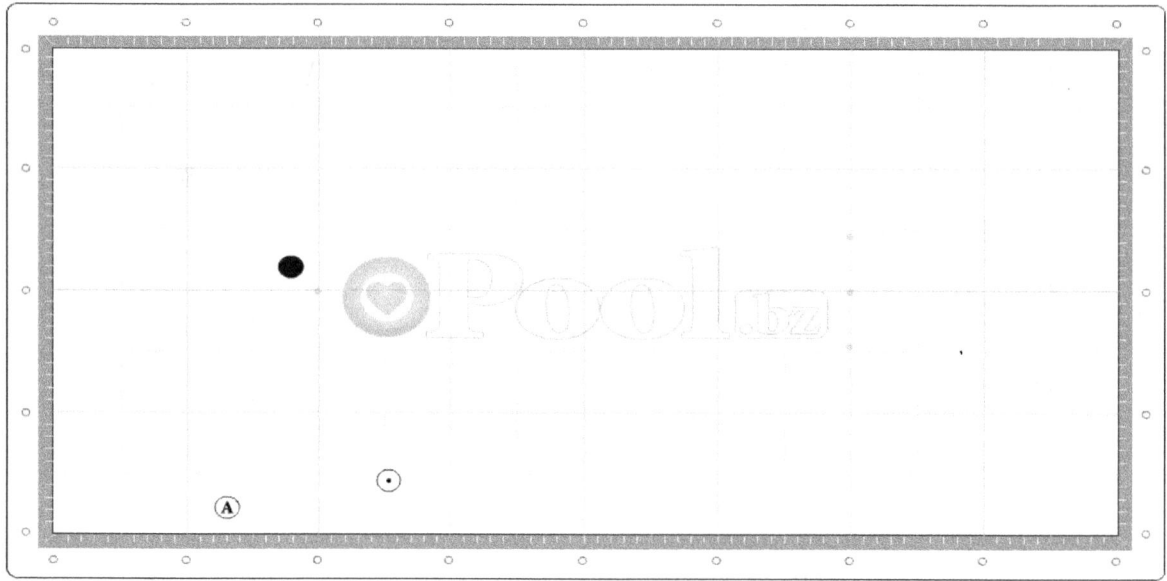

Notas e ideias:

Tiro padrão n

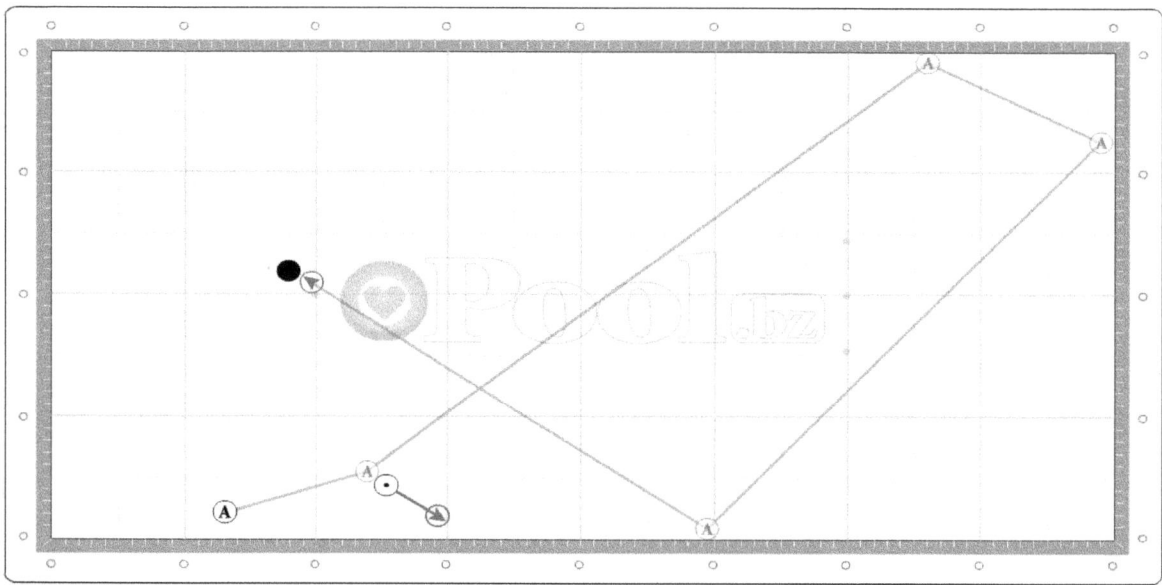

F: Perna curta (modificada)

O (CB) vai para o primeiro (OB) e segue o padrão em torno do padrão mundial. No entanto, o padrão é modificado, porque o outro (OB) não está no caminho normal para o canto da casa. Isso significa que os ângulos devem ser ajustados para realizar um golpe no outro (OB).

Ⓐ (CB) (sua bola de bilhar) - ⊙ (OB) (bola de bilhar oponente) - ● (RB) (bola de bilhar vermelha)

F: Grupo 1

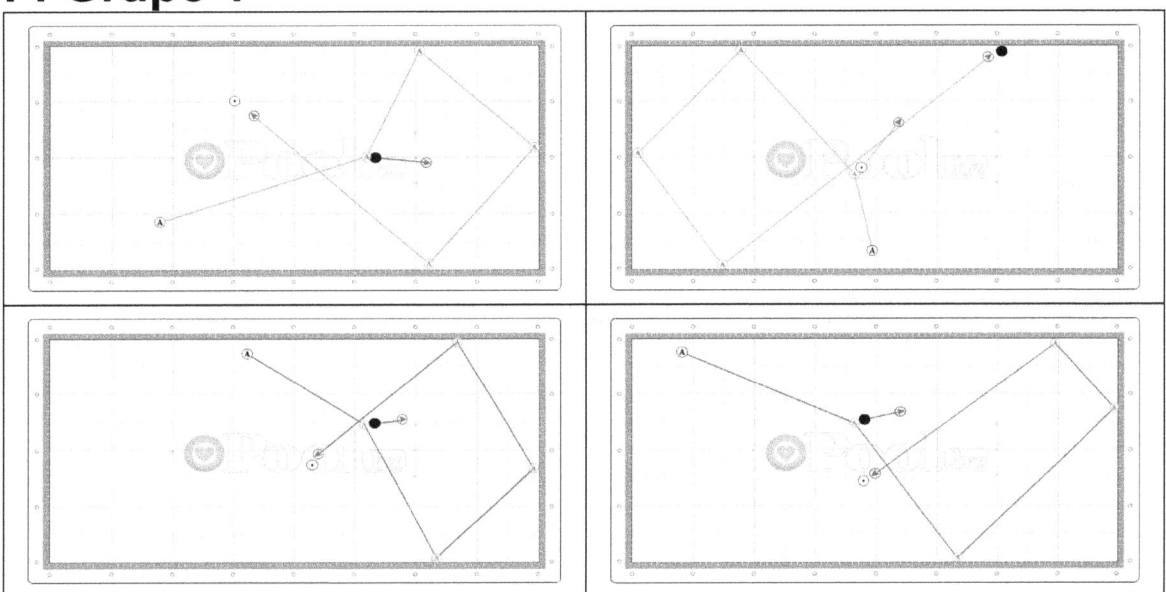

Análise:

F:1a. _____

F:1b. _____

F:1c. _____

F:1d. _____

F:1a – Configuração

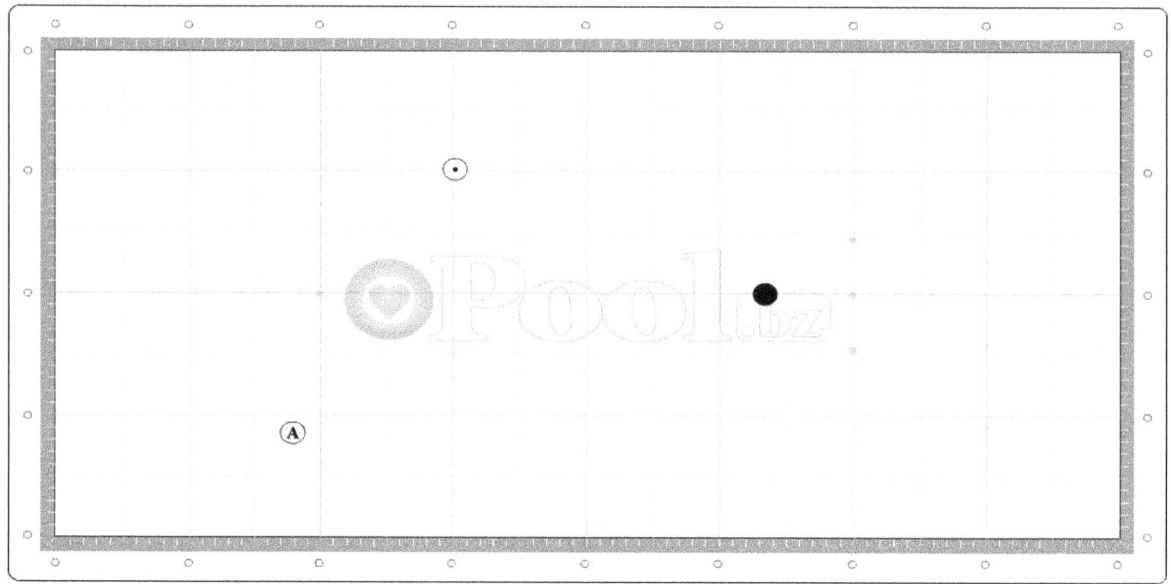

Notas e ideias:

Tiro padrão n

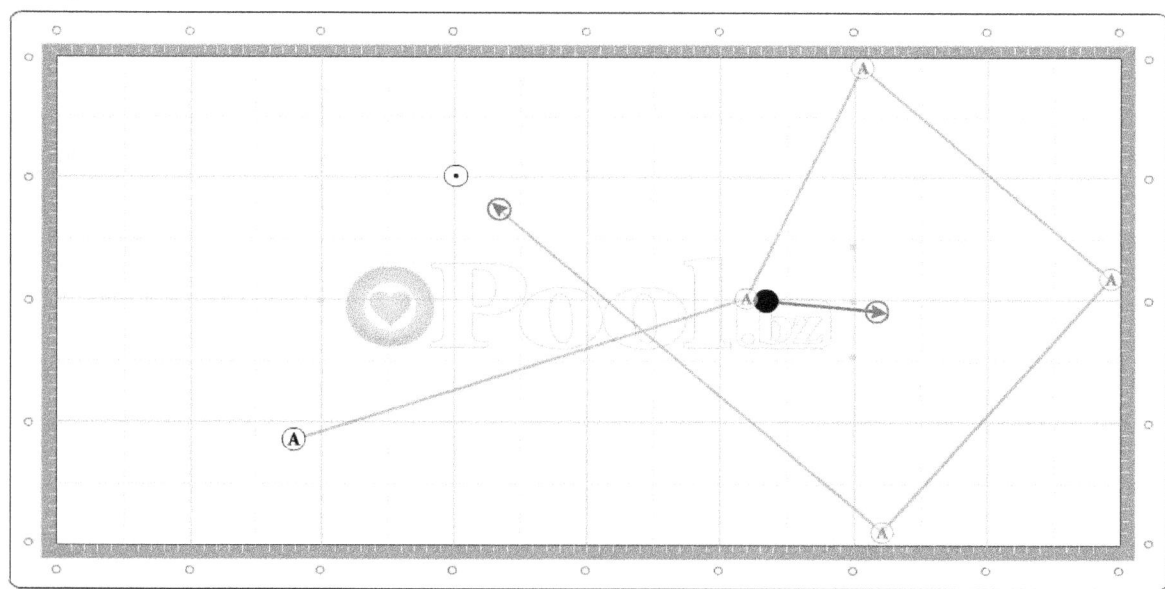

F:1b – Configuração

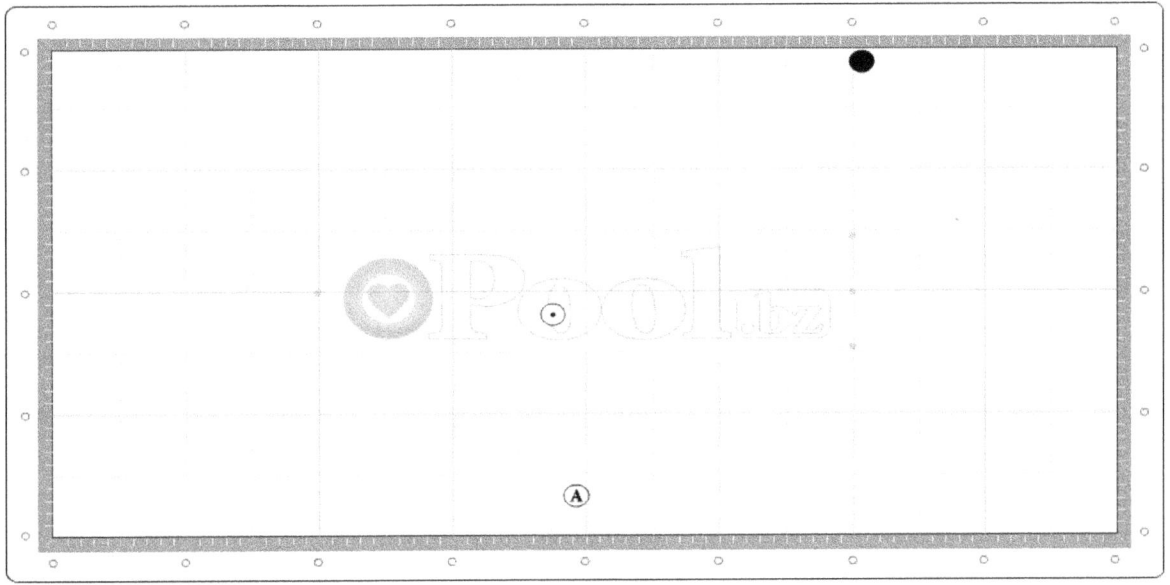

Notas e ideias:

Tiro padrão n

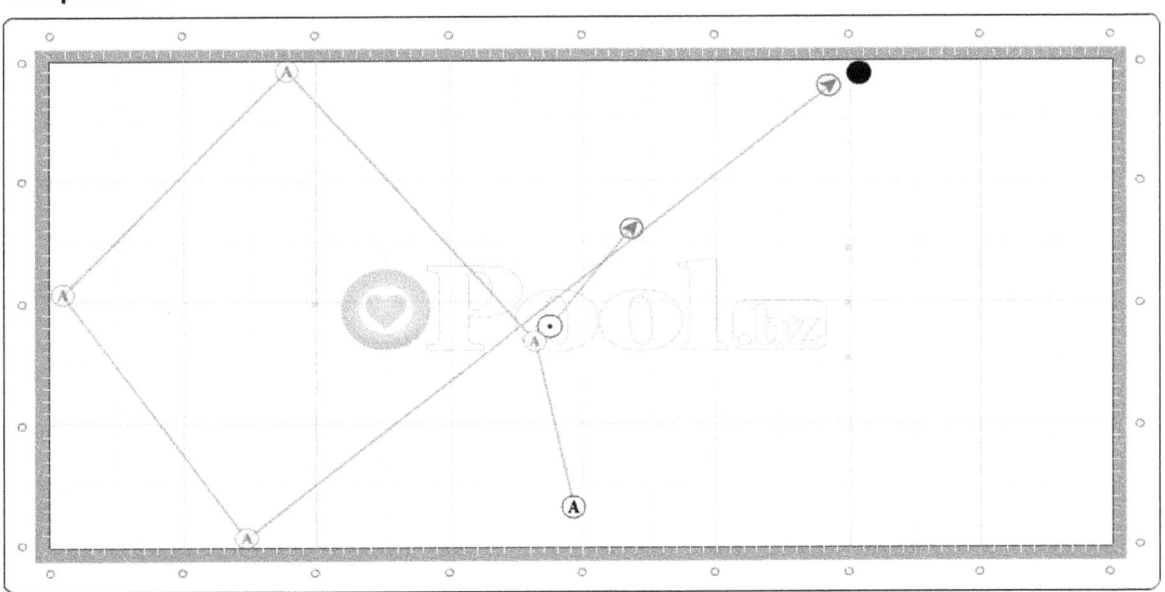

F:1c – Configuração

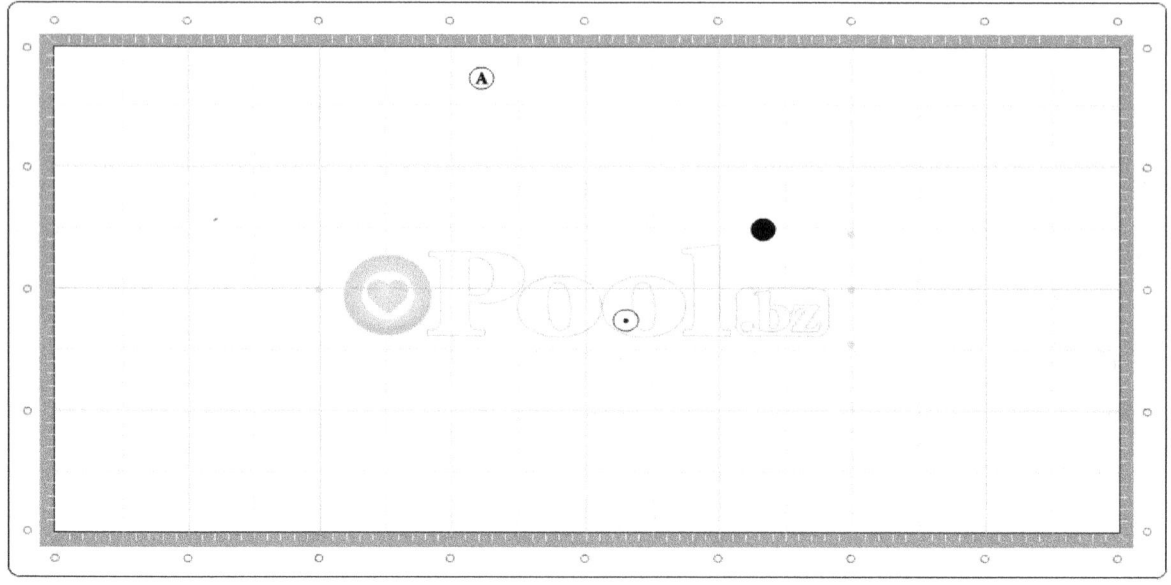

Notas e ideias:

Tiro padrão n

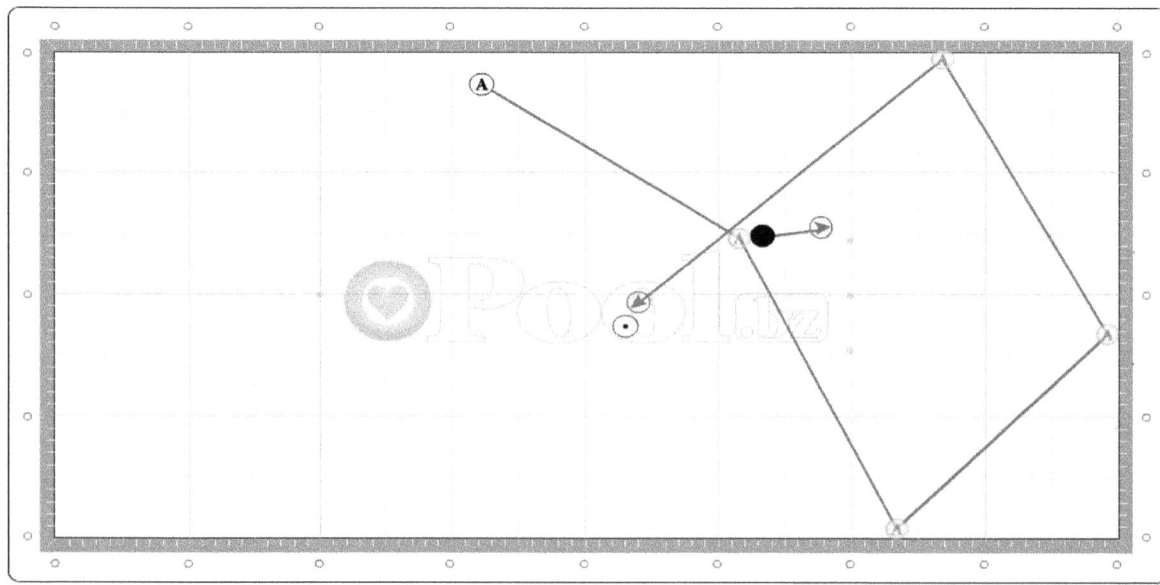

F:1d – Configuração

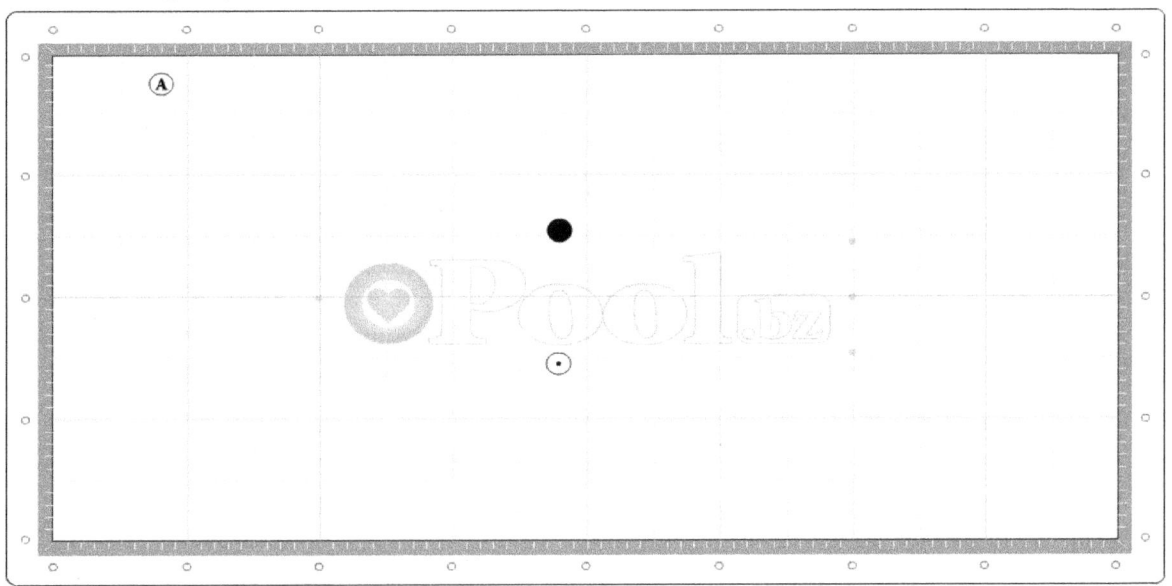

Notas e ideias:

Tiro padrão n

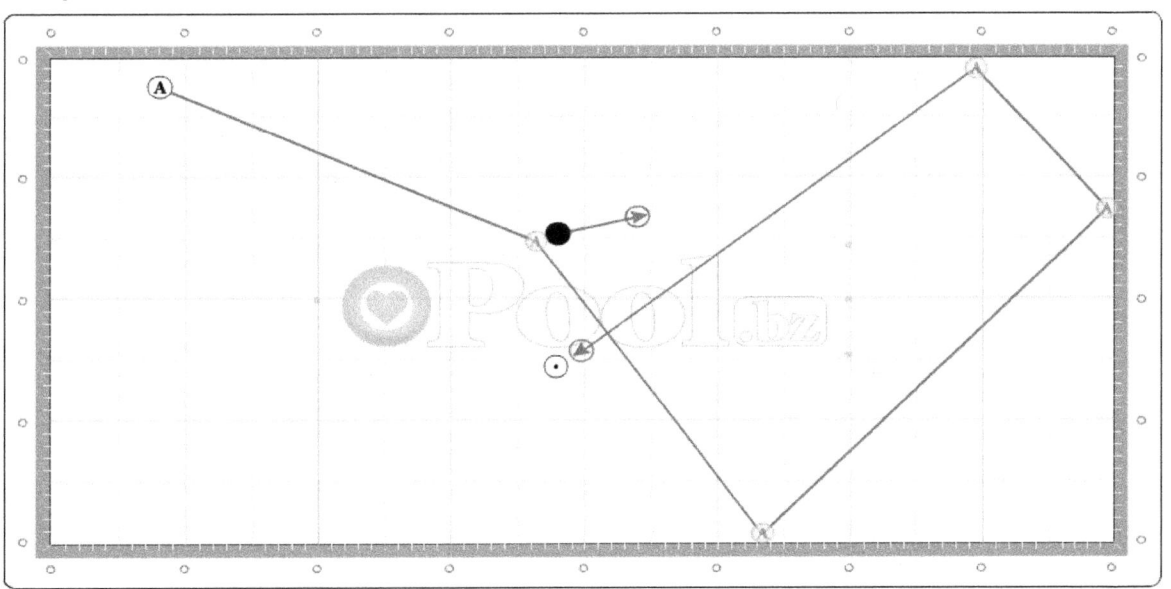

F: Grupo 2

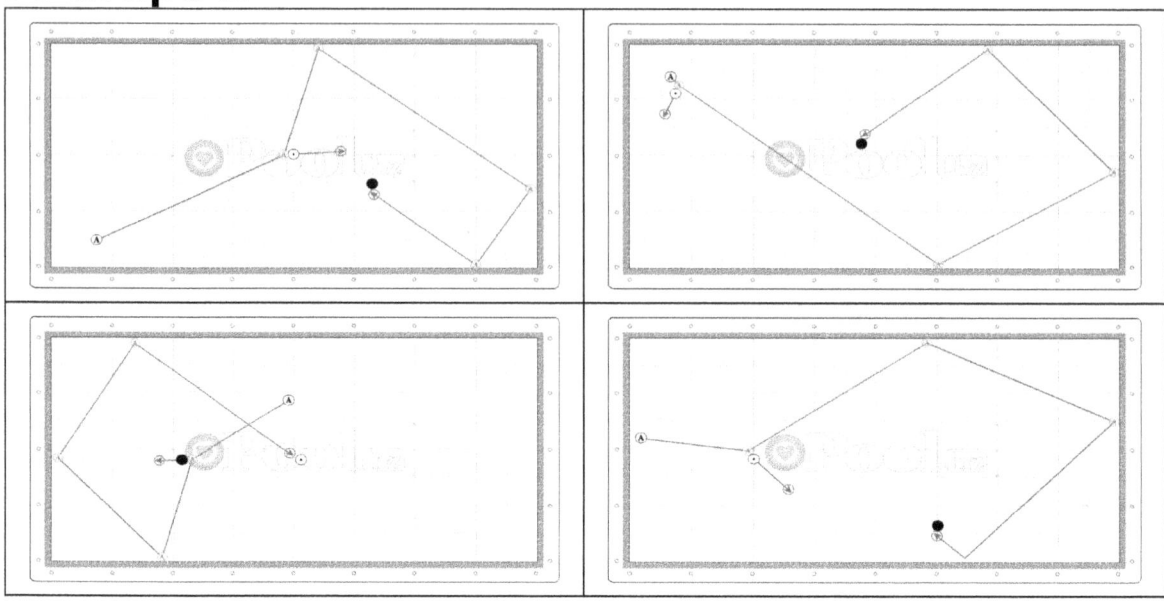

Análise:

F:2a. _____

F:2b. _____

F:2c. _____

F:2d. _____

F:2a – Configuração

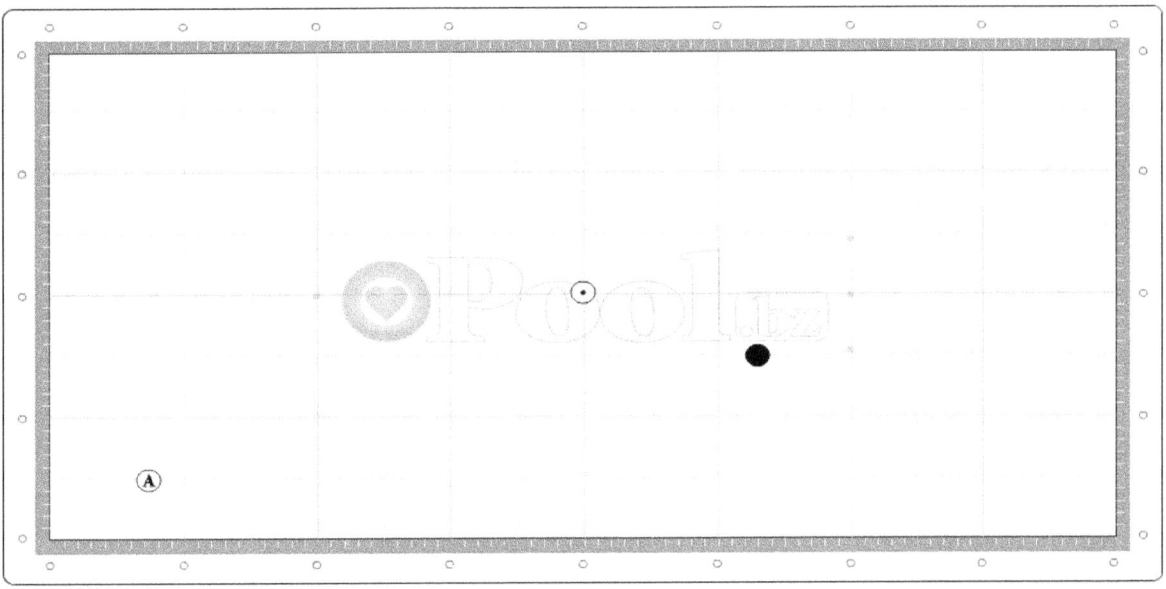

Notas e ideias:

Tiro padrão n

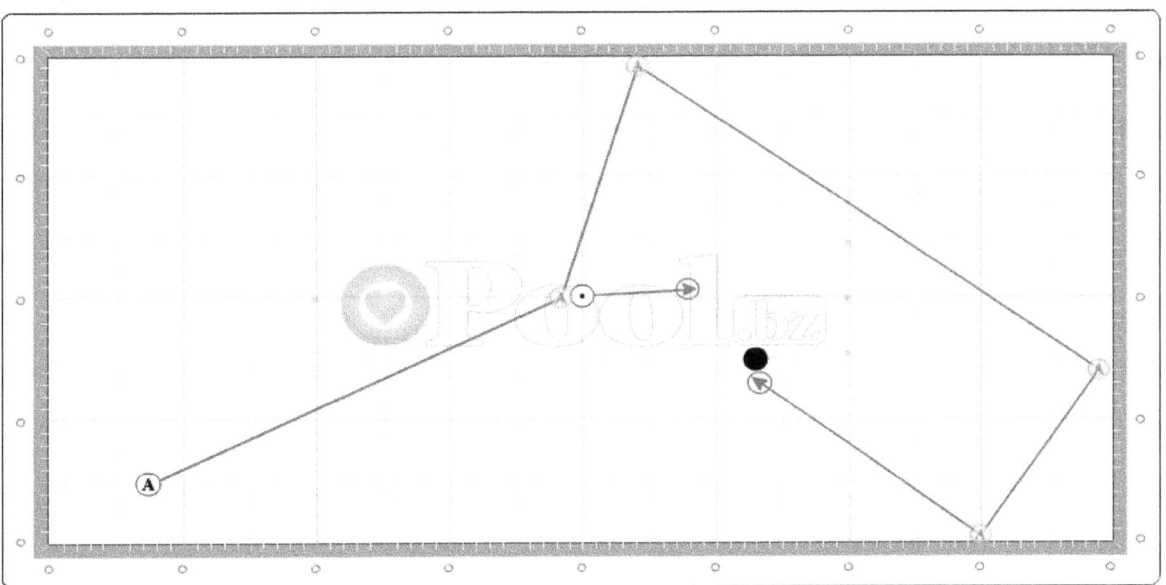

F:2b – Configuração

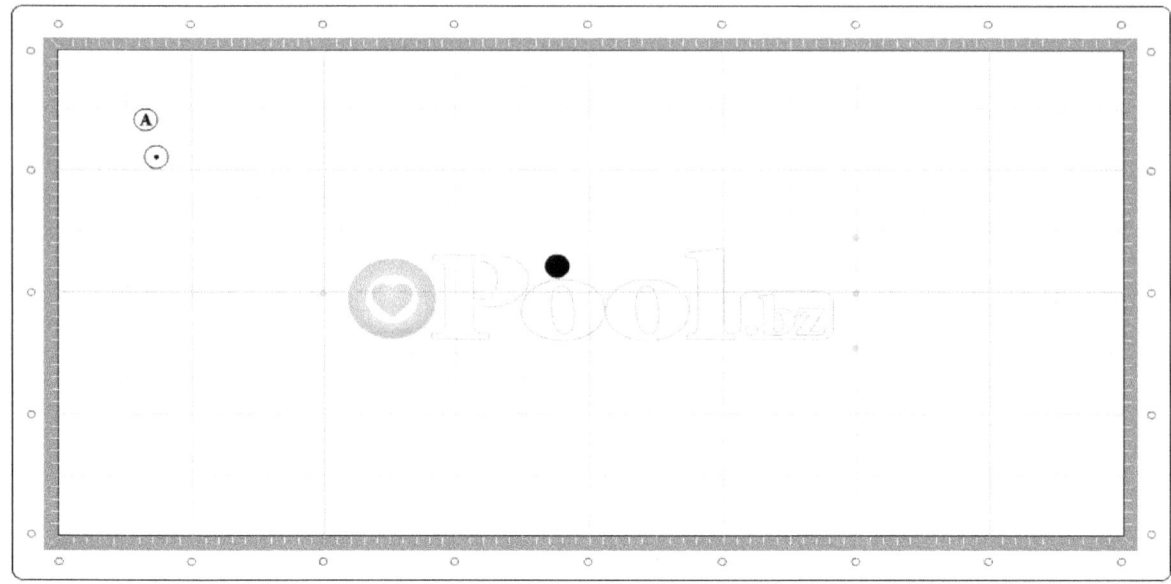

Notas e ideias:

Tiro padrão n

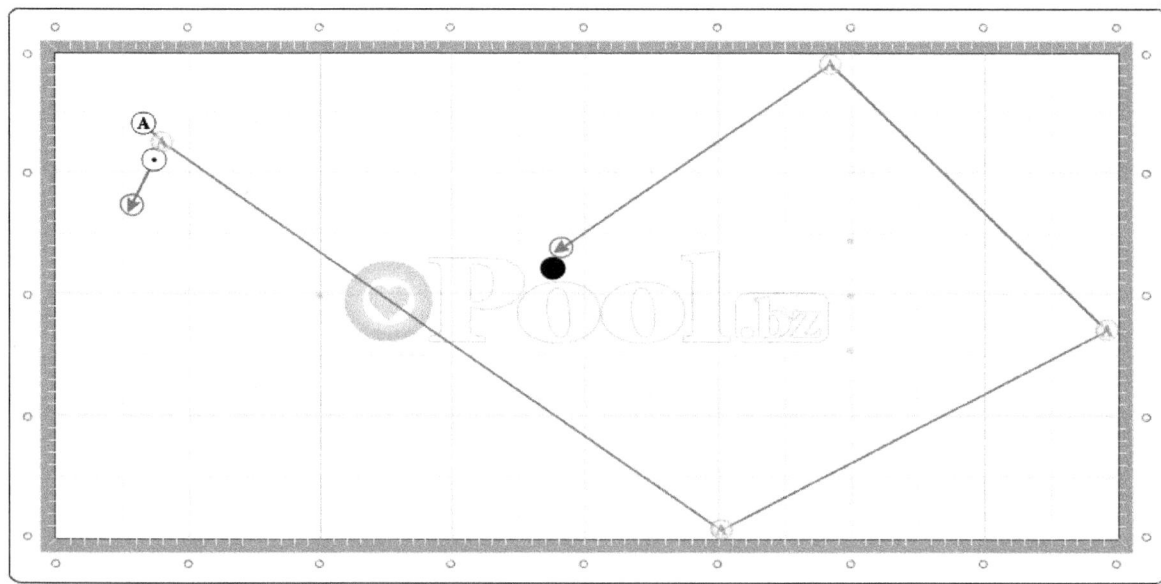

F:2c – Configuração

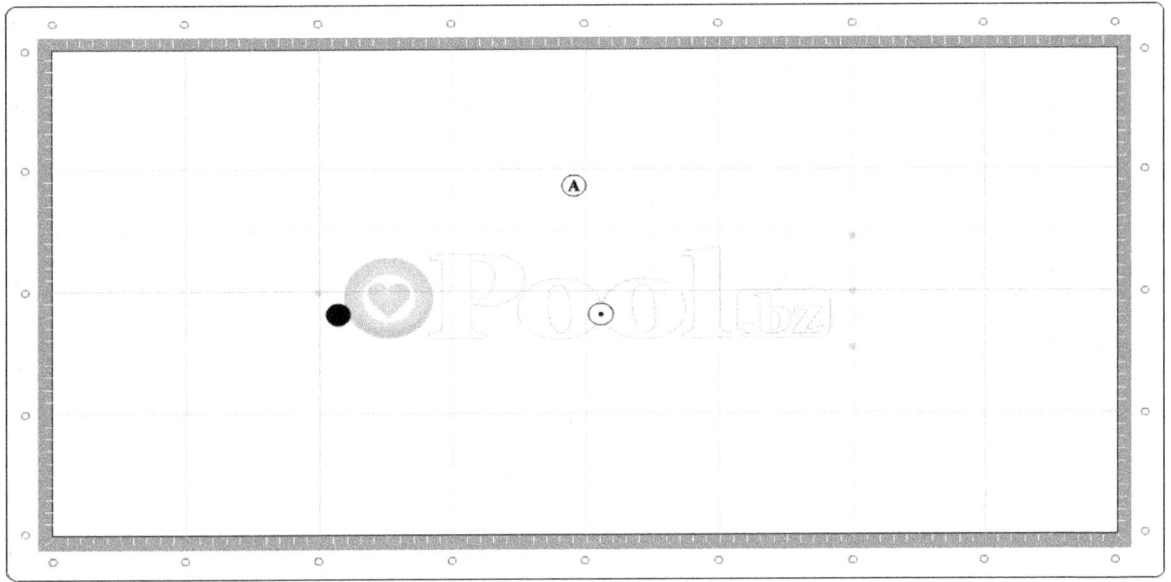

Notas e ideias:

Tiro padrão n

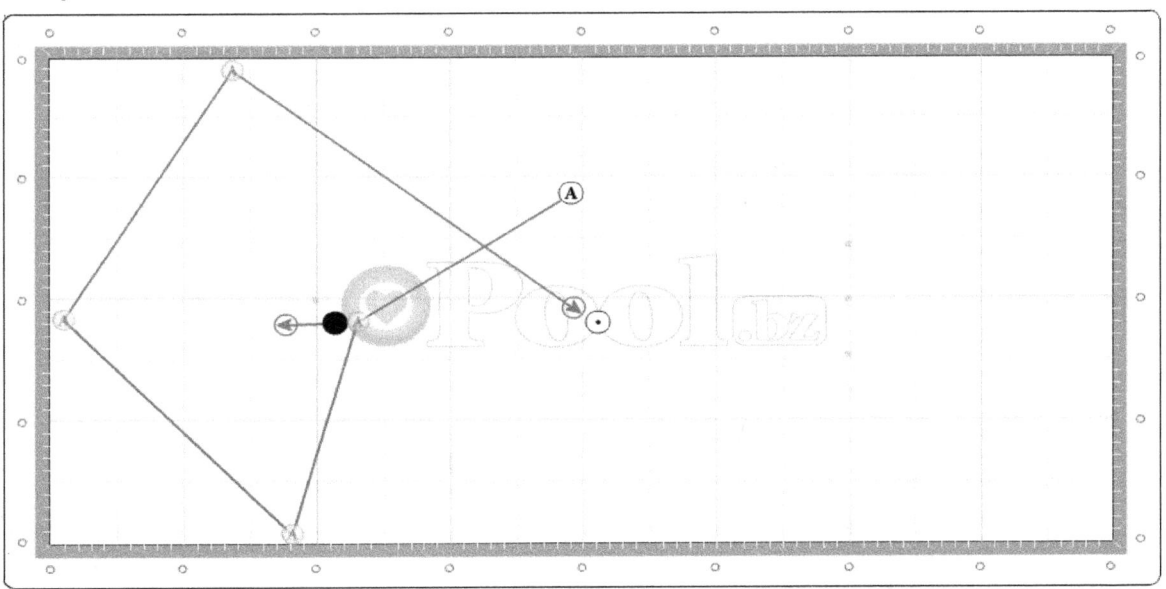

F:2d – Configuração

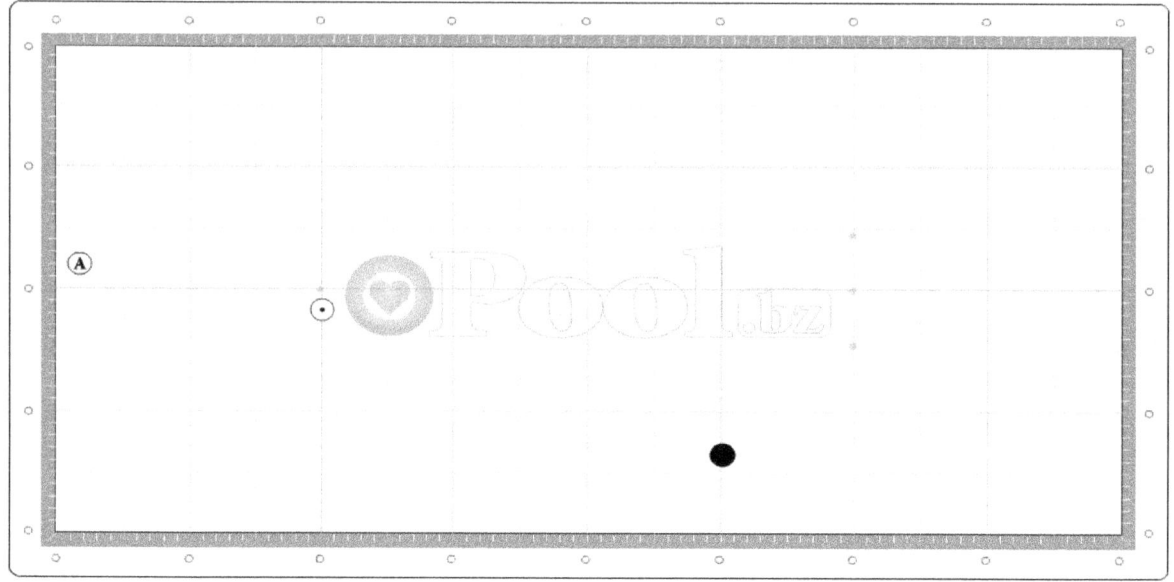

Notas e ideias:

Tiro padrão n

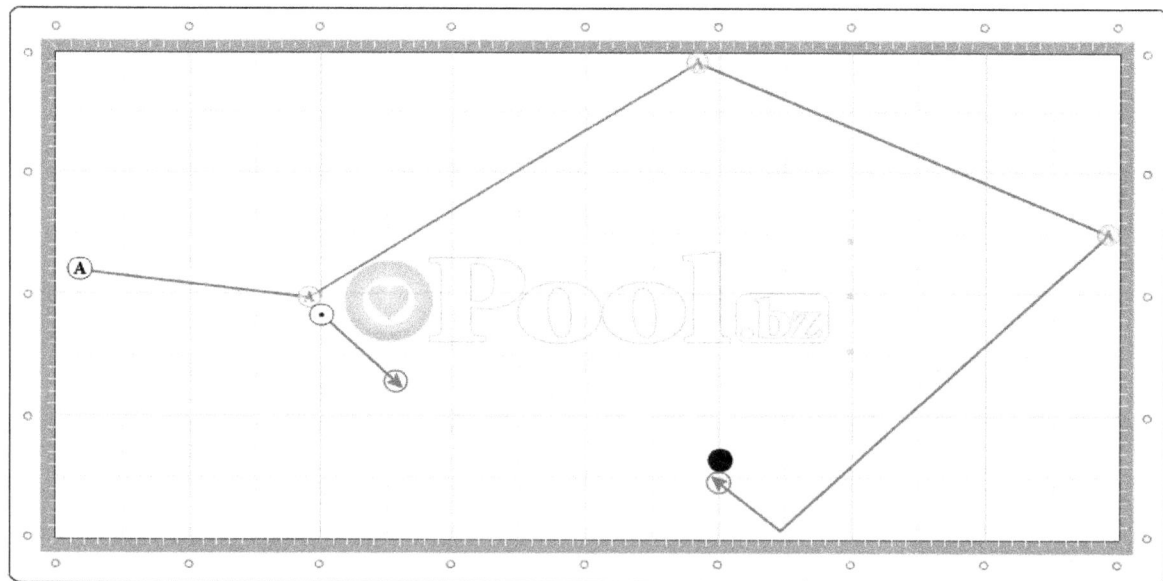